全国财政职业教育教学指导委员会审定
全国高职高专院校电子商务专业规划教材

网络营销与案例评析

陈月波　主　编
潘明风　副主编

中国财政经济出版社

图书在版编目（CIP）数据

网络营销与案例评析/陈月波主编．—北京：中国财政经济出版社，2008.8
全国高职高专院校电子商务专业规划教材
ISBN 978－7－5095－0737－7

Ⅰ．网…　Ⅱ．陈…　Ⅲ．电子商务－市场营销学－高等学校：技术学校－教材
Ⅳ．F713.36

中国版本图书馆CIP数据核字（2008）第109909号

责任编辑：马　真　　　　责任校对：王　英
封面设计：大盟文化　　　　版式设计：汤广才

中国财政经济出版社出版
URL：http：//www.cfeph.cn
E－mail：cfeph@cfeph.cn

社址：北京市海淀区阜成路甲28号　邮政编码：100142
发行处电话：88190406　财经书店电话：64033436
北京财经印刷厂印刷　　各地新华书店经销
787×1092毫米　16开　15.5印张　371 000字
2008年8月第1版　2008年8月北京第1次印刷
定价：28.00元
ISBN 978－7－5095－0737－7/F·0598
（图书出现印装问题，本社负责调换）
本社质量投诉电话：010－88190744

编委会名单

总 序

随着社会经济深入发展，我国高等职业教育蓬勃发展，培养了大量高素质技能型专门人才，高等职业教育迎来发展的春天。进入21世纪以来，教育部先后下发了《关于加强高职高专教育人才培养工作的意见》和《关于以就业为导向深化高等职业教育改革的若干意见》等文件。特别是《国务院关于大力发展职业教育的决定》和《关于全面提高高等职业教育教学质量的若干意见》[（教高［2006］16号）的颁布，标志着我国高职教育发展加强内涵建设、提高教育质量的新阶段的正式到来。

教材建设工作是整个高职教育教学工作中的重要组成部分，必须紧紧围绕课程建设与改革开展。从已出版了的高职高专教育教材上看，围绕培养高等技术应用型专门人才、特色鲜明的、高质量的高职高专教育教材不多；与行业企业合作开发课程，根据技术领域和职业岗位（群）的任职要求，参照相关的职业资格标准开发的，与推行订单培养，探索工学交替、任务驱动、项目导向、顶岗实习等有利于增强学生能力的教学模式相适应的教材不多。教材建设仍落后于高职高专教育发展的需要。因此，加强教材建设工作的力度，应该是高职教育工作今后一段时间内的重要内容。

电子商务作为商务与现代工具的结合体近几年得到了飞速发展，行业的发展带动了人才需求。电子商务专业人才培养应解决哪些问题许多专家都进行了深入的研究，目前还有一些争论。但在主要课程设置和技能要求上基本取得一致意见。中国财政经济出版社出版的电子商务专业系列教材涵盖专业的主干课程，与教学方法和手段的改革相适应，融“教、学、做”为一体，强化学生能力的培养，突出课程的实践性，体现以项目驱动带动理论学习。并与行业企业共同开发紧密结合生产实际的实训教材，以培养学生的操作技能，提高学生职业能力。

本套教材的编写围绕培养高等技术应用性专门人才开展工作。其中基础课程教材体现以应用为目的，以必需、够用为度，以讲清概念、强化应用为教学重点；专业课程教材加强针对性和实用性。同时，教材建设不仅注重内容和体系的改革，还注重方法和手段的改革，跟上科技发展和生产工作实际的需求。

本套教材积极围绕教育部［2006］16号文件的精神，突出以下编写特色：

1. 围绕培养高等技术型专门人才，尝试与行业企业合作开发课程，根据技术领域和职业岗位的任职要求，参照相关职业资格标准开发的教材。

2. 试图推行订单培养模式，探索工学交替、任务驱动、项目导向、顶岗实习等教学模式开发的教材。

3. 探索改革教学方法和教学手段相适应，融教、学、作为一体，强化学生的能力培养与提升。

4. 体现以项目驱动带动理论学习的编写特色，努力探索与行业企业相结合的应用型实训教材。

5. 打破传统的章节编写模式，按照单元模式进行编写，更有利于教学的实施和学生的掌握。

6. 实训篇围绕“技能目标”进行设计，书中穿插使用大量的软件、网页截图等，便于读者的理解和掌握。

本套教材既可以作为高职高专、大中专相关院校和各级培训班学生的教材，也可以作为电子商务专业人员自学进修、专业技能考试和国家相关证书考证的教学参考书；同时也是网络管理员、网络技术爱好者的实用参考书。本套教材秉承最新的高等职业教育理念，传承最新的电子商务专业知识体系与结构，努力编写出最新最适用的新型电子商务系列教材，更希望编写经得起市场检验的精品教材。由于时间紧，任务重，本套教材在编写过程中难免存在疏漏与不足，希望广大读者及时与 donmei1018@126.com 联系，以期在修订时不断的改进与完善，更好地适应21世纪国家高职教育发展对电子商务专业的需求。

全国高职高专电子商务专业规划教材
编审委员会
2008年7月

编写说明

本书是“高职高专电子商务专业系列教材”之一，按照案例化的要求开发。全书分为独立的十个单元，分别介绍了网络营销基础、网络营销基本理念、网络营销环境分析及案例透析、网络营销目标市场策略及案例透析、网络营销战略规划及案例透析、网络营销产品策略及案例透析、网络营销的价格策略及案例透析、网络营销的渠道策略及案例透析、网络营销促销策略及案例透析、网络营销组织实施与控制及案例透析。最后是附录：网络营销案例集锦。

本书的总参考学时数为36~48学时，全书的具体安排如下：

单元一介绍了网络营销基础，内容包括模块一：相关理论，模块二：成就民族健康：三九集团网络营销策略，模块三：7-Eleven的网络营销策略分析等；单元二介绍了网络营销基本理念，内容包括模块一：相关理论，模块二：上海大众的CRM营销，模块三：朝华数码的网络整合营销等；单元三介绍了网络营销环境分析及案例透析，内容包括模块一：相关理论，模块二：硅谷动力的网络营销分析，模块三：杜邦公司的网络营销策略等；单元四介绍了网络营销目标市场策略及案例透析，内容包括模块一：相关理论，模块二：欧莱雅选择女性网站做广告，模块三：iPrint公司的战略等；单元五介绍了网络营销战略规划及案例透析，内容包括模块一：相关理论，模块二：戴尔公司的网上直销，模块三：通用电气公司网络营销策略分析等；单元六介绍了网络营销产品策略及案例透析，内容包括模块一：相关理论，模块二：透视“亚马逊”之谜，模块三：eBay网上拍卖等；单元七介绍了网络营销的价格策略及案例透析，内容包括模块一：相关理论，模块二：亚马逊公司差别定价实验，模块三：当当网推出“搜索比价”销售等；单元八介绍了网络营销的渠道策略及案例透析，内容包括模块一：相关理论，模块二：戴尔的成功秘诀：供应链管理，模块三：搜易得抢滩地方市场，模块四：上海正广和的网上营销等；单元九介绍了网络营销促销策略及案例透析，内容包括模块一：相关理论，模块二：品牌与服务的辉煌——希尔顿网站分析，模块三：索尼公司的站点促销等；单元十介绍了网络营销组织实施与控制及案例透析，内容包括模块一：相关理论，模块二：整体大于部分之和——联邦快递公司，模块三：思科系统公司；附录主要是网络营销案例集锦，内容包括海尔“一对一”中国农村市场营销等案例和简评八个。

在本书的编写过程中，得到了中国财政经济出版社的指导，出版社对大纲提出了许多宝贵的修改意见。本书还参考了许多有关的教材和有关互联网网址。

本书由浙江金融职业学院的陈月波主编，并编写了单元七、单元八，潘明风为副主编，并编写了单元九、单元十及附录，安徽工商职业学院李红梅编写了单元一、单元二、单元三，河南财政税务专科学校李爱红编写了单元四、单元五、单元六。

本书内容丰富，结构合理，可读性强。本书也适合广大电子商务爱好用户和大专院校相关专业的师生阅读，亦可供开发设计人员参考。

编　者

2008年4月

目录

单元一

网络营销基础

知识目标

- □ 了解网络营销的基本特征
- □ 了解网络营销的内容
- □ 了解网络营销的基本步骤
- □ 了解网络营销的发展趋势

技能目标

- □ 熟悉网络营销产生的原因
- □ 熟悉网络营销对传统营销的冲击

模块一 相关理论

案例导读

海尔网络营销

作为中国家电企业的一面旗帜，海尔在网络营销上也走在了很多企业的前面。早在2002年，海尔就建立起了网络会议室，在全国主要城市开通了9999客服电话。在“非典”时真正体现出它巨大的商业价值和独有的战略魅力。海尔如鱼得水般地坐在了视频会议桌前调兵遣将。通过BBP交易平台，每月接到6000多个销售订单，定制产品品种逾7000个，采购的物料品种达15万种。新物流体系降低呆滞物资73.8%，库存占压资金减少67%。海尔集团所采用的SAP公司为之搭建的国际物流中心，是国内首个达到世界领先水平的物流中心。“网络营销远非广告和销售渠道，它更重要的是企业系统化的网络体制。”海尔集团首席执行官张瑞敏在评价该物流中心时说：“在网络经济时代，一个现代企业如果没有现代物流就意味着没有物可流。对海尔来讲，物流不仅可以使我们实现三个零的目标：即零库存、零距离和零营运资本，更给了我们能够在市场竞争取胜的核心竞争力。”海尔通过整合内部资源、优化外部资源使供应商由原来的2336家优化至978家，国际化供应商的比例却上升了20%，建立起了强大的全球供应链网络，有力地保障了海尔产品的质量和交货期。在企业外部，海尔 CRM（客户关系管理）和 BBP 电子商务平台的应用架起了与全球用户资源网、全球供应链资源网沟通的桥梁，实现了与用户的零距离。

案例启示：网络营销是一种新型的、以信息技术为依托的、全过程整合的一体化销售渠道，它与传统的市场营销有着根本的不同。互联网的出现减少了传统商务活动的中间环节，缩短了企业与用户需求之间的距离，极大地提高了商务活动的效率。海尔内外网站构成的信息化平台，能够提供一气呵成的服务。外网可以连接资料库，可以和消费者进行双向沟通，随时搜集市场信息，了解消费者需求；内网则可以根据外网提供的动态信息安排生产计划，生产出适销对路的产品。

一、网络营销的产生

（一）网络营销产生的技术基础——互联网的应用和发展

科学技术是第一生产力。计算机信息技术的广泛应用和发展，使得互联网在世界范围内得到迅速普及。互联网是一个由互相连接的计算机网络组成的、覆盖全球的大系统。通过互联网，人们可以实现资源共享和信息交换，如阅读网络报纸杂志、网络小说，加入网络社区进行主题讨论，参加各种网上游戏等。网络已经深入到人们生活的各个层面，引起了整个社会的变化。越来越多的企业开始建立自身的信息管理系统，按照互联网的特性积极探索新的营销管理模式。

（二）网络营销产生的观念基础——消费者消费理念的转变

网络经济的发展使得消费者在营销中占主导地位的时代来临，消费者的消费理念呈现出一种新的特点和趋势。在传统营销中，消费者始终处于被动地位，很难表达自己对产品或服务的想法；而在网上购物，消费者能主动地利用网络快速搜集信息，对商品进行综合比较后，再确定是否购买。同时，互联网也迎合了消费者的个性化消费需求，消费者能够以个人的意愿为基础挑选和购买商品或服务；消费者注重的不仅仅是商品的实用性，更要求商品具有独特性，能够体现个人的价值标准。

（三）网络营销产生的现实基础——激烈的市场竞争

竞争是市场经济的基本特征之一，“物竞天择，适者生存”。企业为了在激烈的市场竞争中立于不败之地，关键是要进行营销方式的创新，以低成本、高效率来有效地满足消费者多种多样的需求。网络营销的产生为企业更好地竞争提供了一个良好的平台和空间，从根本上增强了企业的竞争优势。

二、网络营销的基本特征

（一）竞争的公平性

互联网为所有企业提供了平等的竞争环境。在网络营销中，所有的企业都站在同一条起跑线上。公平性只是意味着给不同的企业、不同的个人提供了平等的竞争机会，并不意味着财富分配上的平等。

（二）空间的虚拟性

由于互联使得传统的空间概念发生变化，出现了有别于实际地理空间的虚拟空间或虚拟社会。

（三）信息的对称性

互联网可以使商家和消费者充分实现信息和资源的共享。消费者可以从网上搜索到自己想要了解的任何商品信息，大大减弱了传统营销中信息的不对称性。

（四）交互的便捷性

网络营销使交易的双方无论身在何处，都可以实现快速、准确、双向的一对一的信息交流。企业利用网络的互动性，加强和提高消费者参与营销活动的主动性，高效率地满足消费者的个性化要求，并建立良好的合作关系。

（五）成本的低耗性

互联网的使用从根本上减少了传统营销活动的中间环节，减少了各种经济资源的消耗，极大地提高了商务活动的效率，降低了营销成本。

（六）服务的全球性

企业运用互联网络进行营销，能够超越国界和地区的限制，随时随地提供全球性的营销服务。全球营销更好地适应了经济一体化和全球化的发展。

三、网络营销的内容

网络营销的内容主要包括以下几个方面：

（一）网络市场调查

信息是企业进行营销决策的依据。企业通过互联网进行市场调查，系统地进行信息的收集、整理、分析和研究，发现和确定营销机会和问题，监控营销计划的执行情况。

（二）网络消费者的心理和行为

网络消费者是最终的购买者，是网络营销研究的主要对象，其心理与行为分析是制定有效的网络营销策略的基础。因此，了解和掌握消费者的需求、购买动机和行为模式成为必然。

（三）网站建设

作为企业网络营销基础的企业网站具有十分重要的作用，网站建设水平及运营状况对企业网络营销效果会产生直接的影响。

（四）网络营销战略规划

营销战略是企业战略的重点。企业为了适应未来环境的变化，实现信息网络资源的优化配置，必须制定战略计划。战略计划可以为企业网络营销活动的开展提供十分有意义的价值指导。

（五）网络营销策略组合

企业要根据自身的特点和网络的独特优势，进行网络产品策略、价格策略、品牌策略、渠道策略、促销和广告策略等营销策略组合。

（六）网络营销管理与控制

由于网络营销的独特性，必然使其面临传统营销无法碰到的许多新问题，如信息安全问题、产品质量问题、网络道德问题、消费者隐私问题等，如果不能有效地对这些问题加以控制解决，必然会影响到网络营销的成败。

四、网络营销的基本步骤

第一步，明确目标，调查、收集和整理相关资料；

第二步，评价企业的经营状况和竞争者的网络营销状况，找出优势和不足；

第三步，评价当前产品的营销工作；

第四步，分析企业的网上顾客群，选择网上目标市场；

第五步，明确网络营销的管理部门，分配任务；

第六步，创建和提高网页水平；

第七步，网站优化与客户维护；

第八步，资源的合作与推广。

五、网络营销对传统营销的影响

（一）对传统营销策略的影响

传统的市场营销策略是以企业利润为出发点，而没有将消费者的需求放到与企业利润同等重要的地位上。网络的互动性使得消费者能够真正参与整个营销过程，而且其参与的主动性和选择的主动性都得到增强。这就决定了网络营销首先要求把消费者整合到整个营销过程中来，从消费者的需求出发开始整个营销过程。由于网络营销的产品内涵与传统营销产品的内涵有一定的差异，网络营销价格的形成极其复杂，网络营销突破了传统营销渠道的地域限制，因此企业必须更新营销观念，重新进行营销策略组合，才能在激烈的虚拟市场竞争中立于不败之地。

（二）客户关系的重新营造

在网络营销环境下，企业竞争的焦点已经从产品的竞争转向客户资源和服务的竞争，谁能维系老客户、发展新客户，并能与客户建立和保持一种长期的良好合作关系，赢得客户信任、为客户提供满意的服务，谁就能在竞争中获利。因此，作为网络营销时代的企业必须与客户保持密切的联系，掌握客户的需求和偏好，获得更快的客户信息反馈，从而有的放矢地为客户提供更快速的优质服务，建立顾客对于虚拟企业与网络营销的信任感。由于网络市场中目标市场、客户关系等都发生了变化，因此如何跨时间、跨地域、跨文化重新营造企业与客户之间的关系，成为网络营销能否成功的关键。

（三）对营销手段的影响

传统营销采用人员推销、市场调查、广告促销、经销代理等营销手段，但随着互联网技术的发展，人们对网络营销手段的掌握越来越多、越来越丰富。企业在网络营销活动中，可以利用企业网站、搜索引擎、电子邮件、新闻组、电子书等展示产品信息、实现网上市场调查和网上销售。网络营销手段的使用，可以使企业充分运用互联网上的各种资源，全面降低营销费用，促进营销效率，提高企业竞争力。

（四）对营销战略的影响

由于网络的交互性、直接性、开放性和实时性，使得企业必须以市场需求为导向，在充分分析内外部环境的基础上，适时地获取、分析、运用网络信息，研究并采用具有优势的竞争策略。如何运用网络来组成企业的合作联盟，并以联盟所形成的资源规模创造竞争优势，将是网络时代企业经营的重要手段。由于网络营销具有区别于传统营销的诸多特征及新的营销模式，因此企业必须调整思路，树立新的战略思想，不能再将传统的市场营销战略简单应用于网络营销。

（五）企业组织的重整

互联网的发展带动了企业内部网的蓬勃兴起。企业内部网改变了企业内部的作业方式以及员工学习成长的方式，使得企业的内外沟通与经营管理均需要依赖网络作为主要的渠道与信息源。在网络营销中，企业的业务人员与直销人员减少、组织层次扁平化、中间商与分店门市数量减少、营销渠道缩短，虚拟经销商、虚拟门市、虚拟部门等企业内外部的虚拟组织盛行。这些影响与变化都将促使企业对于组织结构再造的需要变得更加迫切。

六、网络营销的发展趋势

（一）网络信息技术的进步更有利于提高企业网站的营销水平

防火墙技术、信息加密技术的日趋成熟，电子邮件功能的不断丰富，这些都有利于企业以营销理念来规范、优化网站建设，更加注重网站的整体推广方案，网站的网络营销水平将进一步提高。

（二）企业的网络营销决策更加理性化

网络消费者的购买行为日趋理性化。他们不易受外界舆论的影响和左右，在综合分析商品的价格、性能、质量、售后服务等诸多因素的基础上再做出决策。而且，互联网也为企业的市场调查提供了更加便捷和有效的工具。因此，企业必须关注满足消费者的需求变化，通过网上调查，准确地反映消费者的消费心态和市场发展趋向，为更好地有效地做出营销决策努力。

（三）网络营销手段日趋多样化

在网络信息技术发展的推动下，企业将会把各种营销手段综合运用于网络营销领域，如电子邮件、搜索引擎、新闻组、网络市场调研等众多网络营销工具的使用，将使企业在网络营销的道路上越走越宽广。而且，网络广告能够在企业与消费者之间实现即时双向互动，比传统广告成本更低、传播更广、效率更高。

（四）网上电子商城的前景日益广阔

网上电子商城具有很多优点，如不需实体店铺租金，经营规模不受空间的限制，减少商品库存量，降低销售和管理成本，便于信息的发布与收集等。在网上商城中，商品的图片、文字描述、同类产品性价比等一目了然，便于消费者通过网络进行浏览、选择和购买，大大地节省了时间和精力。因此，网上电子商城的发展前景十分广阔。

模块二 成就民族健康：三九集团网络营销策略

案例导读

三九集团核心企业南方制药厂以突出的业绩，分别在销售收入、利润总额、利税总额三项主要经济指标重新排名中，独揽三项全国第一，名列全国制药企业500强之首。1999年三九集团实现营业收入76.78亿元，同比增长11%；实现利税10.58亿元，同比增长2.5%；实现利润6.53亿元，同比增长7.4%。到1999年底，三九集团总资产已达120亿元，累计向国家贡献利税20多亿元，集团“999”商标被国家工商局商标局认定为“中国驰名商标”，商标品牌价值已达49.18亿元，跃居中国最有价值品牌的第十位，蝉联全国医药品牌的第一位。

2000年4月24日，三九健康网（www.999.com.cn）正式开通。三九健康网不仅是三九集团正式进军网络的先锋，同时也将是一个依照互联网经济规律独立运作的大型实体。三九健康网带来全新的网络健康理念，在强大的内容数据库支持下，试开通不到一个月，日访量已经达到8万次，稳稳地坐上健康医药类网站的头把交椅。除了由传统医药行业转变而来的信息资源、配送渠道等优势外，三九网络与长城集团合作，将长城因特网电脑的健康类上网热键设定为三九健康网；与润迅公司合作，开通了全球首个双位数字域名的顶级邮箱：39.net；与东芝公司合作，建立B2B模式的网上专营店，东芝的全线医疗器械产品将在三九健康网上进行销售。

三九网络在全国28个城市进行了医学人士上网情况调查，准确地掌握了全国目前医生上网的所有情况，以求能够为推动中国网络医疗服务尽一份力。三九健康网已在全国拥有1300余家医院会员，可以为本地或远程医疗提供即时服务；有近两万名医生在经过认证后成为三九健康网的专业会员，这一庞大的后备资源尚无人可与争锋。同时，三九集团强大的销售网络，覆盖全国的仓储运输系统，数千家良好的商业合作伙伴将成为三九网络在电子商务领域中的有力支撑。三九集团将利用在传统健康产业的绝对优势，率先全面整合中国健康医药类网站，将网上健康产业概念推上另一个台阶。

在栏目设置上，包括新闻中心、健康大全、美容新干线、健身俱乐部、无敌求医宝典、医学大本营、药品天地、超级资料库、网上医院、健康超市等，同时还设有主页空间站和健康社区。在网站内容方面，不但包括了健康资讯、医药情报，还包括了社会经纬。关注健康，更关注整个社会，这是三九健康网的目标。即时的专业领域动态和信息吸引了大批专业人士的光顾，专题栏目关注现代人的健康问题，每一栏目下的热点话题调查体现了人们对于健康的观点和心态。

健康大全包括了对健康焦点问题的讨论，以及对于男性健康、女性健康、老年健康和儿童健康的关注。健康不仅仅是身体的健康，更应包括心理的健康，这才是现代的健康新概念。因此，三九健康网还对人们容易出现的各种心理问题进行了分析，并提出了解决方案。对于爱美的女性，在美容新干线中一定会找到自己所需要的信息，美容食谱、靓丽容颜和一些护肤诀窍是美容频道所不可缺少的；现代对于美丽的定义中还包括了身体的健美，所以健身俱乐部也是爱美之人的常去之所。超级资料库是三九健康网面对会员用户提供医药相关资料信息的大型数据库。资料库涉及内容广泛，包括国家对于医药的法律法规、药典、中西藏药的部颁标准；医药产品介绍、医药文摘和医药企业介绍。这些详尽的内容为医药产品销售提供了供求信息平台。在三九社区中，又分为公众社区、健康社区、体育社区、军事社区、音乐社区、汽车社区和旅游社区等。整个社区本着以健康为主、不唯健康的原则。在网页布局上，三九健康网采取了一般综合门户网站常采用的布局格式，这样的好处是平面的信息量大，可以一目了然。

三九集团郑重宣布，“将利用三九集团在传统健康产业的绝对优势，率先全面整合中国健康医药类网站，将网上健康产业概念推上另一个台阶”。三九健康网意识到只有聚集同类优势资源、去芜存菁、重新整合、创造新的结构和运营模式，才能造就整个行业迅速前进的凌厉态势。三九健康网的目标已不仅仅定位于做国内健康网站的航空母舰，而是要建成华人社会超级健康资讯平台，为大众提供更丰富的健康资讯和完善的医药服务，令网络健康产业真正成为网络新经济时代的重要支柱。

三九健康网运用在传统产业中积聚的资本力量率先整合，三九健康网将像一个巨大而宽敞的航空港，为各种健康医药网上服务项目创建庞大的启航、停放的平台。

案例评析

网络营销不同于传统营销。网络营销是以网络技术为依托，通过开展各种满足顾客需求的营销活动，以实现企业市场目标的过程。互联网具有的超越时间约束和空间限制进行信息交换的特点与优势，使得网络营销突破时空局限，企业与顾客可以在更大的空间、在更多的时间、有更多的机会进行营销活动。互联网的出现，对任何一个知名企业的产品和品牌都形成了新的挑战。

网站建设与网络营销密不可分。网站是企业的网络品牌形象，也是开展网络营销的基地。创建一个企业网站，不是为了追赶时髦，也不是为了标榜自己的实力，重要的在于让网站能提供特色化、个性化、实时化和互动性服务，聚集人气，培养忠诚顾客，发挥商业功能。企业网站完全是根据企业本身的需要建立的，在功能上有较大的自主性和灵活性。

因此，每个企业网站的内容和功能会有较大的差异。企业要对自身的网站有明确的定位。三九集团触网较早。根据资源环境和目标顾客的状况，三九健康网的定位很明确：关注健康，更关注整个社会，并且在栏目安排上，内容丰富，具有针对性和层次性。

三九集团的不断发展壮大，就在于能清晰地认识到，一个企业网站在不同时期、不同的经营业务对网络营销的认识和网络用户需求的理解不同，营销网站功能的设计也在不断发展变化。企业要进步，就要不断整合资源，积极探求新的运营模式。

模块三 7 - Eleven 的网络营销策略分析

案例导读

1927 年创立于美国德州达拉斯的 7 - Eleven，初名为南方公司，主要业务是零售冰品、牛奶、鸡蛋；到了 1964 年，推出了当时便利服务的“创举”，将营业时间延长为早上 7 点至晚上 11 点，自此，“7 - Eleven”传奇性的名字诞生。1972 年 5 月，日本 7 - Eleven 的第一家门店在东京开业。从此，日本的 7 - Eleven 便进入了高速成长期，当年就开设了 15 家门店。而与此同时的美国 7 - Eleven 却是处在命运的十字路口，首先是在都市市场开发的失败，接着失去理性地参与投机浪潮，最为关键的是 20 世纪 80 年代便利店竞争的白热化和郊外大型购物中心和折扣店的涌现，使之错误地采取价格折扣的形式仓促应战，结果必然是使便利店的竞争优势丧失殆尽。作为“儿子”的日本 7 - Eleven 在很短时间内，迅速变得强大起来，1987 年生命垂危的美国 7 - Eleven 为了走出困境，将特许契约抵押给租赁公司，1989 年又不得不恳请有偿转让夏威夷和加拿大的美国 7 - Eleven 店铺给这个自己曾经不屑一顾的日本 7 - Eleven 公司。1992 年，作为加盟者的日本 7 - Eleven 正式当家作主，完全接手了其总部的一切工作。现在，它业务遍及四大洲 20 多个国家及地区，共设立 23000 多个零售点，每日为接近 3000 万名顾客服务，稳踞全球最大连锁便利店的宝座。

是什么原因使得日本 7 - Eleven 公司取得如此骄人的成绩呢？其主要原因是 7 - Eleven 能与客户进行电子沟通的 e 战略的应用。

一、迅捷易用的计算机网络

20 世纪 80 年代中期，7 - Eleven 已经开始使用能够监控顾客购买行为的 POS 系统，取代了老式的现金出纳机。7 - Eleven 自己开始建立这样一个系统时，硬件设备由 NEC 公司生产，由于创建这样一套复杂的软件系统是如此困难，最后，它求助于美国软件巨头微软公司，帮助它建立了一个基于 Windows 的定制系统。1996 年该软件安装到大约 6.1 万台计算机上，这些计算机分散在 7 - Eleven 公司的商店、总部和供应商那里。1998 年耗资 600 亿日元（4.9 亿美元）的系统更新工作完成，一条直通微软公司西雅图办公室的专线为新系统提供实时技术支持，软件支持情况处于不间断的监控状况下，如果系统瘫痪就会自动修复，如果发生瘫痪状况超过两次就会及时通知当地的维修企业。若干年后分析，把软件开发交给微软来做是一个英明之举，因为随着微软在全球PC机上成为必备之品，使得7－Eleven的网络系统和顾客之间的联系变得轻而易举。7－Eleven的网络平台充分地发挥了它的功能。

现在每一家7－Eleven商店都安装了一个卫星接收器，使用卫星接收不仅比使用地面光缆成本更低，而且对于郊区商店来说，这是唯一可行的选择。处于地震高发地带的日本，卫星接收器还为商店提供了两套有保障的电话线路，其主机分别在东京和大阪。

这种能密切联系供应商、商店、员工和银行的内部网络系统，对许多零售企业来说，甚至在互联网技术已经降低了系统建设成本和复杂程度的今天仍然是个梦想。这一新技术系统与日本其他连锁零售商相比有着四大优势：

1. 可以监控顾客的需求情况。“我们认为，竞争的本质就是变化。企业要做的不是将商品推销给顾客，而是要让顾客的需求推动企业的发展。”7－Eleven公司信息系统部门总监Makoto Usui如是说。

2. 可以使用销售数据和软件改善企业的质量控制、产品定价和产品开发等工作。有了这个系统，7－Eleven公司可以一天三次收集所有商店的销售信息，并在20分钟内分析完毕。这就使7－Eleven公司更快分辨出哪些商品或包装吸引顾客。“7－Eleven的销售和产品开发的能力是令人生畏的。它感受新趋势并研制出高质量产品的能力远远高出其他的制造商。”现在7－Eleven公司正利用这些技能来增加有更高利润的自有品牌产品的开发。

3. 通过新系统可以帮助预测每年的市场趋势。顾客越来越善变，产品生命周期普遍缩短成为新的发展潮流。盒装午饭、饭团和三明治几乎构成了一家便利店一日销售额的一半曾是一种普遍的现象，但这种潮流持续的时间却非常短。7－Eleven公司宣称它可以与潮流保持同步的部分原因在于它一直关心天气的变化。来自数百个私人气象中心的报告，每天5次到达所有的商店，每一个中心覆盖20公里半径内的地区，这在日本是非常有用的，因为相距40公里远的小镇，气温能够相差5度。每份报告都会将今天与昨天的气温进行比较。

4. 7－Eleven公司的电子投资提高了公司供应链的效率。订单流动加快了，早上10点钟订货，下午4点取货，订单的电子处理过程不超过7分钟。这些货物被送往专为7－Eleven公司服务的230家配送中心。运货的卡车司机都携带着有条形码的卡片，当他们到达运货点就可以将卡放在商店的计算机扫描。如果某位司机总是迟到，调度员就会考察其行走的路线或者增加其他的卡车以减轻其运载数量，同样，7－Eleven公司还帮助供应商和制造商控制他们的补货。

7－Eleven不满足于这套基于企业网技术的系统，基于互联网技术的发展计划已在进行中，它正计划安装一个Ariba日本公司提供的电子商务软件用来进行办公用品等的大宗采购，以降低费用。这方面它已尝到甜头，过去10年中7－Eleven致力于成为一家“无纸”公司，现在每年减少700亿日元的管理费用，互联网技术的应用将使公司能节省更多。此外，在其庞大的连锁便利店基础上，7 - Eleven 要把自己变成在线交易的支付点和提货点。E - shop books（一家在线售书公司）的许多顾客就选择在 7 - Eleven 提货和支付。这一应用还帮助吸引了客流，使得 7 - Eleven 平均每天的销售是对手的 1.5 倍。

二、利用切合实际的支付方式，不断扩展自己的业务范围

1987 年安装了条形码识别系统后，7 - Eleven 公司把它的商店变成了支付公用品（水、电、煤气等）账单的地方。差不多 15 年后，这一改变（只需要在软件系统方面增加很少的投资）使 7 - Eleven 公司在这个巨大的市场上占有 3%的份额，而在这个市场的竞争对手中包括银行和邮局。

现在，公司正通过将商店改造为网络购买、取货点付账来增加其客流量。对于一个消费者对在互联网上使用信用卡心存疑虑、更愿意在商店支付现金的国家来说，这是一个聪明的举动。确实，就像 7 - Eleven 公司所说，大约 75%的网上购物者是在现实的由砖瓦构成的商店里提货付款的。7 - Eleven 商店每日销售额大约比它最大的竞争对手要高出 50%。它的网站 7Dream.com 在 2001 年 7 月开通，网站的合作企业有另外 7 家，其中包括 NEC 公司和 Nomura 研究所，该网站提供范围极为广泛的商品和服务，包括书籍、CD、音乐会门票和旅游服务。

7 - Eleven 南中国区总经理马世豪在总结这方面的管理经验时也谈到：在广州，7 - Eleven 成为首家设立“好易”自助缴费终端的 24 小时零售店铺，该终端除了提供缴纳各种费用的功能以外，还可以为顾客购买保险及订购机票。而在深圳，7 - Eleven 则通过一系列的市场调查，发现深圳顾客比较喜欢以现金缴付手机话费，鉴于此，7 - Eleven 开辟另类缴费途径，积极在深圳拓展手机现金缴费服务平台，成为首家 24 小时实时代收中国移动话费的零售网络。顾客只需到深圳全线 7 - Eleven 分店的收银台前说出所需缴费的电话号码，付款后即完成整个缴费手续。

为满足广大网民的需要，7 - Eleven 利用现在的账单缴费服务平台，扩大了应用范围，为网站提供“e - currency”网点预付服务。首个利用这项服务的是拥有庞大浏览量和注册会员的新浪网（sina.com）。新浪网自近年推出网上收费平台“SinaPlay（新浪乐元）”后，广受网民欢迎，注册用户不断提升，为使这项服务更为普及，新浪网通过 7 - Eleven 的零售网络，整合这项崭新的网点预付服务，让用户更容易购买到“SinaPlay 新浪乐元”；与商务网上书店 CP1897.com 合作中学教科书订购及提取服务，目的主要是为家长及中学生提供一站式书店的购物便利；与吉仕科技 gipex.com 组成策略联盟，为 7 - Eleven 提供全新冲晒及数码影像服务。

近年来，7 - Eleven 根据顾客要求，不断补充服务内容，更利用 7 - Eleven 店铺网络之便，扩展 8 大项 24 小时便民服务，包括：

1. 电讯有关服务：包括各类电话卡、手机充值卡、补换 SIM 卡及提供手机充电等；

2. 互联网相关服务：上网卡、游戏点数卡及网站点数卡等；

3. 票务服务：包括体育彩票、彩票投注卡、各类演唱会、展览会及讲座门票，以及泊车卡等；

4. 代办报名服务：代办各类培训的报名手续；

5. 订购服务：代订考试教材、潮流用品、礼品等；

6. 送货上门服务：根据不同区域的顾客需要，提供送货上门服务；

7. 传统便民服务：出售邮票、复印、传真等；

8. 除了利用店铺网络优势之外，7 - Eleven 还利用柜台处理交易的特点，成为首家在市场提供另类缴费途径的网络，发展缴费服务。

案例评析

在信息社会里，企业为了在激烈的市场竞争中取胜，不断推出各种营销手段来吸引消费者，传统的营销手段已经不能帮助企业取得优势，企业必须寻求营销方式的创新，降低营销成本，提高营销效率。互联网的产生给企业带来了新的契机。互联网从根本上减少了传统商务活动的中间环节，缩短了企业与用户需求之间的距离，同时也大大减少了各种资源的消耗。网络营销是以信息技术为依托，使商务活动中的信息流、物流、资金流形成一个动态而又一体化的营销管理体系。网络营销的最大特点是以消费者为中心，消费者行为的变化是网络营销发展的动力。企业开展网络营销，在经营方面可突破地域的限制，方便地收集并反馈顾客信息。

网络营销是一种整合营销，网络营销是一种柔性营销。在网络营销中，企业和消费者之间是一种一对一的营销关系，企业必须了解消费者的个性需求，必须尊重消费者的感受和体验，让消费者主动地、高兴地接受企业的营销活动。

7 - Eleven 的成功，就在于建立了密切联系供应商、商店、员工和银行的内部网络系统，有效地了解消费者的需求情况，积极主动地与消费者沟通、交流，通过为顾客提供满意的产品和服务，得到顾客的认同和信赖；通过收集整理相关反馈信息，进行产品质量控制，预测市场趋势，从而降低了企业自身的营销成本，提高效率，赢得竞争优势。

本单元实训

试分析企业如何在网络时代赢得商业先机。

本单元习题

1. 简述网络营销产生的原因有哪些方面？
2. 网络营销具有哪些特点？
3. 简述网络营销的主要内容和基本步骤。
4. 网络营销对传统营销有哪些影响？其发展前景如何？

单元二

网络营销基本理念

知识目标

- □ 了解网络营销的基本观念
- □ 了解直复营销的基本概念
- □ 了解整合营销的基本概念
- □ 了解定制营销的基本概念
- □ 了解柔性营销的基本概念
- □ 了解关系营销和 CRM 的概念

技能目标

- □ 熟悉网络直复营销理论的主要观点
- □ 熟悉网络整合营销理论的主要观点
- □ 熟悉网络定制营销理论的主要观点
- □ 熟悉网络柔性营销理论的主要观点
- □ 熟悉网络关系营销和 CRM 理论的主要观点

■ 模块一　相关理论

案例导读

DELL 成功的营销策略

DELL 电脑有限公司是电脑行业中的佼佼者。从 2001 年以来，DELL 公司一直是全球市场占有率最高的厂商之一。2001 年，DELL 的营业额达到了 318 亿美元，成为《财富》美国企业 50 强之一；就在这一年，整个行业正处于萎缩期，全球的销售量急剧下跌。以亚太地区为例，在这个财政年度中，该地区的销售总额下跌了 9%。而 DELL 公司在这年市场的付运量却比上一个年度增长了 28%。DELL 的首席执行官 Michel Dell 的理念非常简单：按照客户的需要和要求去制造产品；绕开中间环节，直接向最终用户销售，既减少了产品成本，又能直接有效和明确的了解他们的需要，继而迅速做出反应。DELL通过首创的直销模式，与大型跨国公司和企业、政府部门、教育机构、中小型企业和个人消费者建立直接的联系。

为加强与用户的联系，DELL建立了全面的营销渠道：电话沟通渠道、网络沟通渠道以及面对面的人员沟通。同时，DELL实行订单加工生产的先进市场营销观念，取代以产品为中心的传统营销观念，始终将用户放在市场营销的中心。根据不同的需求，客户可以选择任何一种方式非常方便地同DELL进行沟通。以网络沟通渠道为例，DELL开发了一整套的网上营销工具，用于客户方便地在网上购买DELL产品。同时，DELL把售后服务和技术服务办到了网上，缩短了对客户需求的反应时间，吸引了更多的客户，还极大地降低了成本。

为此，DELL也获得了极大的收益，公司营业收入的40%来源于网上交易。

案例启示：合适的营销观念和策略是DELL成功的重要因素之一。DELL在网络营销中贯彻以消费者需求为出发点的现代营销思想，将顾客的需求和利润最大化放在同等重要的位置。从顾客需求出发开始整个营销过程，而且在营销过程中不断地与顾客交互，每一个营销决策都从消费者出发，而不是传统的从企业的角度出发。DELL公司充分利用互联网低成本地跨越地域空间和突破时间限制与消费者实现双向沟通交流，从而可以迅速、准确、个性化地获得信息和反馈意见，提供满意的产品和服务，最大化地满足消费者个性化的需求。

一、基本的网络营销观念

（一）营销观念

实现组织诸目标的关键在于正确地确定目标市场的需要和欲望，并且比竞争对手更有效、更有利地传送目标市场所期望满足的东西。不仅要重视对互联网上提供的交互工具、信息传送工具的使用，还要重视利用各种客户需求调查与分析软件工具。通过这些工具，不仅可以准确地确定目标市场及其需要和欲望，还可以快速地向客户传送其期望满足的东西的信息，如果还构建有基于互联网的完善的物流系统，肯定比竞争对手更快更好地把客户需求的产品送到客户手中。

（二）生产观念

客户喜爱那些可以随处得到的、价格低廉的产品。网络市场以企业可以承受的尽可能最低的价格提供产品，还要构建界面友好、性能可靠、易于浏览的高速web网站系统和完善的快速配送体系，让客户可以方便地接触并获取企业的产品。

（三）产品观念

客户最喜欢高质量、多功能、具有某些创新特色的产品。除了应该开发高质量、多功能、具有某些特色的新产品外，更应该运用多媒体技术、超文本技术，在有影响力的门户网站、行业站点和本身的网站上，在网络市场上向客户充分展示产品的优良性和特色。只有让客户全面了解其产品的优良性和特色，客户才能产生购买的欲望，才能把潜在的购买转化为现实的购买力。

(四) 推销观念

如果让客户和企业自行选择，他们不会足量购买某一组织的产品，因此组织必须主动推销和积极销售。重视通过广告（传统广告、网络广告）、销售促进（传统的销售促进、网络促进）、公共关系等对其产品进行充分的宣传；还应该重视对产品的改进，使有力度的宣传和高质量的产品达到和谐的统一，从而使组织最终获得和谐统一后产生的共振效应所带来的硕果。

(五) 社会营销观念

组织的任务是确定诸目标市场的需要、欲望和利益，并以保护或提高客户及社会福利的方式，比竞争者更有效、更有利地提供目标市场所期待的满足。有能力承担网络营销的企业，不仅可以提高客户和社会的福利，还能在客户中树立良好的社会形象，让更多的客户选择组织的产品，从而赢得企业和社会最终的双赢。

二、网络直复营销观念

作为网络营销活动的一部分，直复营销与现代消费者的联系越来越紧密。直复营销中的“直”是“直接”的意思，是指不通过中间营销渠道而直接通过媒体连接企业和顾客，利用网络进行销售，顾客可以通过网络直接向企业下订单；“复”是“回复”的意思，是指企业与顾客之间的交互，顾客对这种营销努力有一个明确的回复，即买还是不买，企业可统计到这种明确回复的数据，由此可以对以往的营销努力进行评价。直复营销是指依靠产品目录、印刷邮件、电话或附近有直接反馈的广告以及其他相互交流形式的媒体进行的大范围营销活动。

直复营销最重要的特征就是营销活动的效果的可测量、可评价。通过互联网可以在任何时间、任何地点为企业与顾客提供广阔的平台，实现一对一的信息交流与沟通。

三、网络整合营销观念

网络的互动性使顾客能够真正参与营销管理的全过程，而且网络的高效性使顾客的选择余地变得更大，个性消费的复归也使得他们的主动性大大增强。因此，企业必须将满足顾客的需求和追求利润最大化放在同等重要的位置，将顾客整合到网络营销过程中来。以舒尔茨教授为首的一批营销学者从顾客需求的角度出发研究市场营销理论，提出 4C 组合：Customer，Cost，Convenience，Communication。菲利普·科特勒归纳说：“4P 反映的是销售者关于能影响购买者的营销工具的观点；从购买者的观点来看，每一种营销工具都是为了传递顾客利益。”按照菲利普·科特勒的观点，4P 应向顾客传递的价值就是相应的 4C。

据此论述，网络营销与传统营销的整合，就是整合营销。也就是通过企业和消费者之间的信息双向沟通，迅速、准确、个性化地了解每一个消费者的 4C 需求后，从这个前提出发，做出相应的使企业利润最大化的 4P 策略，最终实现消费者满足和企业利润最大化。而且由于消费者个性化需求的良好满足，及对企业的产品、服务形成良好的印象，那么在第二次需求该类产品时，会对公司的产品产生偏好，优先选择原来的产品；如此交互进行，产品和服务可能更好地满足消费者的需求。如此重复，一方面，顾客的个性化需求不断地得到越来越好的满足，建立起对公司产品的忠诚意识；另一方面，由于这种满足是针对差异性很强的个性化需求，这就使得其他企业的进入壁垒变得很高，即其他生产者即使生产类似的产品也不能同样程度地满足消费者的个性化消费需求。这样，企业和顾客之间的关系就变得非常紧密，甚至牢不可破，从而形成了所谓的“一对一”营销关系。

目前互联网正处于商业应用阶段，该阶段已经到了将网络整合到公司营销计划的时代，企业和公司应认识到利用网络的必要性，并将网络与传统营销整合起来。

四、网络定制营销理论

所谓定制营销，是指企业在大规模生产的基础上，将每一位顾客都视为一个单独的细分市场，根据个人的特定需求来进行市场营销组合，以满足每位顾客的特定需求。定制营销的适用范围十分广泛，不仅可以用于汽车、服装、自行车等有形产品，也可以用于无形产品的定制，如金融咨询、送货服务等。定制营销具有以下几个特征：大规模生产、数据库营销、细分极限化、顾客参与性。

随着个性化消费的回归，现代消费者对厂商的要求日益提高，这主要体现在两个方面：一是希望厂商能提供为自己专门设计的定制商品；二是希望定制商品能尽快送到自己手中。以消费者需求为中心，制造商只有不断提高自己的定制营销能力，才能赢得更多的顾客，增加自己的利润。通常制造商有以下三种途径来实现对自己产品的定制：(1) 产品的重新设计。企业对产品进行重新设计时，要尽量实现产品的模块化。实现模块化一方面有利于厂家将共同的部分事先组装起来，一旦顾客提出自己的特定要求，便将这些满足要求的部件迅速组装上去，这样可以提高速度和效率；另一方面厂家可以在同一时间生产不同的模块，这样可以节省生产的总时间；另外这样做还便于检查产品的质量问题。在进行产品重新设计时，要防止其增加的成本高于定制所带来的利润。(2) 生产过程的重新设计。将生产过程进行解剖，划分为相对独立的子过程，再进行重新组合，这样同样可以有效地满足规模定制的要求。(3) 供应网络的改进。通常，制造商的分销中心或仓库只具有储存功能。在定制营销中，制造商的分销中心不仅要具有储存制成品、负责一定地区的产品配送功能，还要具有加工工厂的作用。即它储存各种产品模块，接到顾客的订单后，再对模块进行组装。这样做的优势是，一方面便于将分销中心尽可能靠近最终顾客，可以有效地节省库存成本；另一方面制造商可以快捷地接受顾客的需求信息，并及时将最终产品送到顾客手中。

随着消费者对个性化产品需求越来越大，定制营销必将为各家消费品公司所重视，制造业和零售业必将展现出定制的大趋势。

五、网络柔性营销理论

网络柔性理论是针对工业时代的以大规模生产为主要特征的“强势营销”而提出的新理论，它强调企业在进行市场营销活动时，必须同时尊重消费者的感受和体验，让消费者愿意、主动地接受企业的营销活动。

柔性营销与强势营销的根本区别就是柔性营销的主动方是消费者，而强势营销的主动方是企业。传统营销活动中的传统广告和推销人员是最能体现强势营销的两种促销手段。它们以一种信息强硬灌输的方式，企图在消费者心目中留下深刻印象，却根本不考虑消费者需要不需要、喜欢不喜欢。在互联网上，由于信息交流是自由、平等、开放和交互的，强调的是相互尊重和沟通，网上使用者比较注重个人体验和隐私保护，所以在网络上以企业为主动方的强势营销是行不通的。网络发展之初是杜绝商业行为的，网上居民对赤裸裸的强势商业行为有着一种与生俱来的厌恶与抵制，企业在网上提供信息必须遵循一定的规则，即网络礼仪，网络礼仪的有效利用可以获得一种微妙的营销效果。

消费者在心理上要求自己成为主动方，而网络的互动特性又使他们成为主动方变为可能。消费者会在某种个性化的需求驱动下自己去寻找一些相关信息和产品广告，这时企业会在那儿静静地等待消费者的寻觅，一旦消费者找到你，此时就应该使出浑身解数把消费者留住，设法让消费者满意而归，取得他的信任。

六、关系营销与 CRM 理论

关系营销是用系统论的方法把一切内外部利益相关者纳入研究范围，考察企业所有活动及其相互关系。关系营销的核心是保持顾客，为顾客提供高度满意的产品和服务价值，通过加强与顾客的联系，提供有效的顾客服务，保持与顾客的长期关系。并在与顾客保持长期的关系的基础上开展营销活动，实现企业的营销目标。互联网作为一种有效的双向沟通渠道，使得企业与顾客之间可以实现低费用的沟通和交流，它为企业与顾客建立长期关系提供有效的保障。这是因为：首先，利用互联网企业可以直接接收顾客的订单，顾客可以直接提出自己的个性化需求。其次，利用互联网企业可以更好地为顾客提供服务和与顾客保持联系。

CRM（Customer Relationship Management），即客户关系管理，是以“客户价值”为中心的企业管理理论、商业策略和企业运作实践，也是一种管理软件。它主要是指通过对客户详细资料的深入分析，来提高客户满意程度，从而提高企业竞争力的一种手段。

CRM 理念正是基于对客户的尊重，要求企业完整地认识整个客户生命周期，提供与客户沟通的统一平台，提高员工与客户接触的效率和客户反馈率。一个成功的客户关系管理系统至少应包括如下功能：通过电话、传真、网络、移动通讯工具、电子邮件等多种渠道与客户保持沟通；使企业员工全面了解客户关系，根据客户需求进行交易，记录获得的客户信息，在企业内部做到客户信息共享；对市场计划进行整体规划和评估；对各种销售活动进行跟踪；通过积累大量的动态资料，对市场和销售进行全面分析。实施 CRM 时要注意一点，就是要设置好收集信息的机制，要收集有用的客户资料和信息，对于无用的信息则要丢弃。

模块二 上海大众的 CRM 营销

案例导读

在互联网上的创新，使得上海大众的 CRM 取得了“四两拨千斤”的效果。刘磊：“我们一直在评估互联网对潜在客户的影响，当其影响超过 50% 后，互联网就变成了我们最大的品牌集散地”。在刘磊看来，近年来，国内汽车业最大的变化不是车，而是车主。“现在，来经销商展厅看车的顾客都是专家，有人对车的了解甚至比销售代表还多。”当潜在客户开始拨打上海大众 800 客户销售热线询价或到展示厅“摸车”之前，他们中的大部分人早已通过汽车产品网站、各类汽车论坛把车都“摸透”了，要“对付”这些顾客的需求，难度越来越大。由于顾客行为与心理发生了巨大变化——他们成天泡在各种汽车论坛里打听消息，或凭借想象力用搜索引擎“挖掘”与车有关的各种信息，所以汽车企业如今卖车的过程与前几年已经大不一样。对此，上海大众“以变应变”——开始尝试用互联网卖车。如今，在上海大众的网站，从桑塔纳、帕萨特、高尔夫到其新品牌斯柯达明锐，几乎所有品牌网站都在谈车以外的话题。其车主俱乐部社区的网友们最近的讨论热点是好莱坞夏季大片《变形金刚》，而“2008 大众一心”子网站的主题则是 2008 北京奥运会。

用互联网卖车的模式，在 2006 年 7 月的“POLO－MSN 博客大赛”上初现锋芒。这次为期 3 个月的博客大赛有 3.5 亿次的点击量，参赛选手达 1600 万人。这次为 POLO 激情上市的市场预热，超过了上海大众以往任何一次营销活动的规模。在这些热情高涨的车主网友中，产生了大量对 POLO 忠诚度很高的“民间意见领袖”，这些“领袖级”车主网友无论写文章或发表留言，都会对潜在客户产生潜移默化的影响。其中，一位名叫“胖兔子粥粥”的博客，在博客圈内颇有几分名望，他参赛后迅速聚集了大量网络人气。最后，其读者对他的文章和 POLO 汽车都感兴趣。

刘磊发现，把精力转移到培养这些免费的“企业代言人”上，其实成本并不高，但效果却出奇的好。这种“四两拨千斤”成本既低，还可以改卖车为“卖一种生活方式”。打开这种生活方式大门的钥匙就是互联网，“不理解车主的生活，是卖不好车的。”刘磊说。目前，上海大众的潜在客户有 50% 以上来自互联网。而几年前，情况则不是这样的。2002 年，上海大众认为 CRM 项目只是一个“投石问路”的实验性项目：270 平方米的呼叫中心里不过才有 25 个座席；2002—2003 年，收集到的 2.4 万名潜在客户中，仅实现销售 1460 台。当时，国内汽车行业开始发生巨大变化，出现“井喷”现象——国产轿车销量大涨 53%，2003 年的轿车年总销量达到 197 万辆。在汽车销量节节攀升的同时，经销商的积压库存也随之上升，2003年库存比2002年翻了一倍。这两组巨大反差的数字提醒了刘磊，“以往的汽车批发模式存在很大问题，我们只关心卖给经销商多少台车，而对经销商能把多少车交给顾客则无法回答”。于是，刘磊开始调整CRM的定位，从2004年开始，上海大众的CRM由最初的“联系电话”开始转变为“主要营销平台”，其中最重要的变化是将“上海大众——经销商——潜在客户——车主”的正向营销模式，变为“车主——潜在客户——经销商——上海大众”的逆向营销模式。在逆向营销模式中，车主成为切入点，上海大众开始不断强化“民间意见领袖”在汽车论坛、网络活动中的作用，力图通过互联网将“车主影响潜在客户”的口口相传模式变成“病毒式”传播。刘磊说：“POLO－MSN大赛最后的效果已经超越了广告主选择媒体投放广告的概念。这几年，我们一直在评估互联网对潜在客户的影响，当其影响超过50%后，互联网就变成了上海大众最大的品牌集散地。”他觉得，如果仅仅是增加互联网广告的投放是达不到影响潜在客户的效果，“关键是要进行互动式交流”。事实上，如果不借助互联网，上海大众的逆向营销也无法展开。“我们卖出了350万辆车，如果在全国各地去建立车主俱乐部，建设成本与管理成本巨大，而互联网恰好把这个难题轻易化解了。”刘磊说。目前，上海大众拥有一个200座席的呼叫中心，但想发动车主、组织活动，即使2000个座席也无济于事，最后还必须依靠互联网。在互联网上“小试牛刀”的效果激发了刘磊在互联网上进行更多新的应用的信心。Google中国（谷歌）曾经给刘磊提供的一份报告显示，一个潜在客户从了解品牌到考虑购车、试乘试驾和最终实现购买，甚至重复购买的整个购买流程闭环中，几乎每个阶段都在使用搜索引擎，“有94%已买过车的客户认为，搜索引擎对购买决策非常重要”。当刘磊看到这份报告后，就把搜索引擎也加到了互联网卖车的模式之中了。说到底，是互联网在客户生命周期中各个环节的“接触点”增多，让上海大众不得不增加了对应的“控制点”。在互联网的影响下，上海大众的客户关系管理的内涵和外延也随之丰富与扩大着。

用互联网卖车，是上海大众CRM的一个组成部分。刘磊说：“M可以理解为管理（Management），也可以是营销（Marketing）。”上海大众的CRM既是一种后台的管理，同时也是前台营销。在“驾驭”互联网进行互动交流、提升品牌、挖掘商机之前，上海大众的CRM经过了5年、3个阶段的发展：从2002年开始搭建CRM，系统经历了功能整合与经销商广域网的发展期，现在处在2007—2008年的服务营销阶段。从结果上来看，上海大众的CRM在2006年生成潜在用户7万人，实现销售8200台；2007年上半年，其车主俱乐部成员猛增到70万人。在未来的规划中，CRM将更像上海大众的“一个基于互联网的品牌生活平台”。

早在1999年前后，上海大众就已经开始在互联网上投放广告，但这与用互联网持续地传递品牌生活、进行营销还有很大距离。来自互联网的“四两拨千斤”尽管效果不错，但上海大众花在网下的功夫并不轻松。从2007年7月起，上海大众的“奥运关爱里程”活动正式启动。这个要持续到2008年8月的活动主线是上海大众新车的“试乘试驾”——每次试驾将产生一个关爱里程，预计到活动结束将产生100万个关爱里程，上海大众将捐赠100万元给与联合国儿童基金合作的“爱生学校”。这个看似简单的想法背后却有着相当复杂的环节：一方面，新车试驾不仅需要准确、完整的潜在客户数据，还需要随时收集试驾后的跟踪数据。上海大众在全国有400家经销商，数据分散、难以收集；另一方面，以“爱心、慈善”为名的商业活动比比皆是，如何树立公信力，让顾客觉得活动真实而有效？这个在试驾者眼里不过只需上网填写试驾信息的活动，最后几乎动用了上海大众 CRM 的所有资源——经销商广域网、短信平台、网站、博客社区、呼叫中心及刚刚上线不久的 WAP 移动网。

“公益活动如果有一个环节做的不细致，结果就有可能变味”，刘磊说，“表面上看这是一个在互联网上开展的活动，其实背后却有一系列紧密的流程在配合。”在活动中，上海大众可以拿到试驾者的第一手信息，凭借的是其于 2005 年搭建完毕的经销商广域网，这帮助他们打通了信息壁垒；当试驾者收到短信通知后，在“2008 上海大众关爱里程”网站上注册，就可以浏览到全国各地的爱心试驾者的实时信息，还可以上传头像与发布爱心宣言，这解决了公开、公正性的问题；之后，上海大众将通过博客社区的形式，公选出爱心大使，并跟踪报道他们去山区与学生互动的情况，让参与者知道“钱最后都花到哪里了”；最后，在中国移动梦网的“人文奥运”栏目里，网络用户随时可以查到最新的相关信息。刘磊指出，因为有了互联网平台，才让“奥运关爱里程”这样的活动成为可能，而更为重要的是，“我们 5 年来对 CRM 系统的不断整合功能、积累客户数据库，才有了厚积薄发的效果”。当“管理”得到保证以后，“营销”自然会更有想象力。前不久，上海大众和太平洋汽车网策划了一次“驭境探优”的活动。这次活动源于刘磊与上海大众试车厂负责人的一次聊天。他发现，每辆车下线之前的试车过程相当苛刻，有很多不为消费者所知的试车方法，恰好是对车质量的最好体现，“可是一段 30 秒的电视广告是没法表达这些东西的。”于是，他把试车过程中不为人知的事情“偷偷”发布在互联网上，结果极大地激发了网友们的“偷窥欲望”；反而将它们大白于天下。对上海大众来说，这些活动的最终目的都是为了促进销售。据业内报告显示，2006 年，中国汽车行业售后服务市场是 1100 亿元，到 2010 年将达到 2000 亿元。以上海大众现有的市场份额，1 个百分点的客户保留率将等于几亿元的收入。可以说，上海大众不断对 CRM 后台进行整合，正是为了向这个目标靠近。

案例评析

客户是企业生存和发展的基础。谁拥有客户，并与客户保持一种长期的、良好的合作关系，赢得客户的信任，为客户提供周到、满意的服务，谁就能在市场竞争中获胜。CRM 的核心是以客户为中心，让客户时刻感觉到企业的存在，企业随时了解客户的变化。

一个企业要做好客户关系管理，并长期保持这种优势，根本要求就是通过客户与企业间的不断接触，收集客户意见、要求和建议，并通过挖掘分析给客户提供完善的个性化服务。上海大众深感在网络营销条件下，客户处于主动地位，企业通过与客户进行富有意义的交流沟通，理解并影响客户的行为，才能提高客户的忠诚度。“关键是要进行互动式交流”。那如何维系老客户，并在此基础上发展新客户呢？上海大众采取逆向营销模式，以车主为切入点，不断强化“民间意见领袖”在汽车论坛、网络活动中的作用，力图通过互联网将“车主影响潜在客户”的口口相传模式变成“病毒式”传播。当然，其所产生的效果远远超过了传统媒体广告。

身处网络营销时代的企业必须面对更多的客户、更多的信息、更多的竞争者和更短的反应时间，了解客户的行为进而满足客户的需求就变得十分困难。上海大众充分利用强大的数据库，对大量的数据进行综合分析，识别在市场竞争中的潜在客户群。由于对客户一切信息尽在掌握中，上海大众能够有的放矢地提供及时、周到、优质的客户服务，通过客户服务的最优化来实现企业利润的最大化。

模块三 朝华数码的网络整合营销

案例导读

时代在发展，潮流在涌动，网络正在有序而迅猛地延展，网络作为最主流的传播载体已经成为一个无可争议的事实。中国网民的数量直线逼近2亿群体，中国的网站高速增长，而作为国内首屈一指的门户网站，新浪、搜狐的事业也是蒸蒸日上，盛大陈天桥的神话更是让大家认识到网络的力量无穷。摆在我们面前的事实是网络的发展会更快，网站的繁荣才刚刚开始，网站的细分会更明确，网站的数量会更多。

面对这样一个载体，有很多企业感到无所适从，无从下手，网络上除了网络广告、网上活动，网络到底还能为我们的企业宣传起什么作用，网络的资源如何应用才能达到事半功倍。作为网络整合营销体系始作俑者之一，势能公关公司凭借多年的公关传播经验和对网络媒体的深刻理解提出了网络整合营销传播体系，通过网络公关传播、网络动漫传播、网络广告、网络营销和网上活动五大策略将实现企业在网络上的整体营销传播，从纵向的深入到横向的全面广泛地将网络传播做到细致而精确。

势能公司从2004年11月开始为朝华数码做网络整合营销传播，在此期间势能公司充分应用了网络整合营销体系的五大策略，为实现朝华数码的品牌提升和产品的销售促进而量身定制了朝华数码网络整合营销传播方案，通过各种形式的传播，有效整合了网络资源，达到了传播的目的和要求，受到了客户的好评和业界的认可。

一、网络公关传播

在为期半年多的网络整合营销中，势能咨询结合网络的特点，把主要力量集中在网络公关传播这项内容上。网络公关传播涉及网络文章的发布、网络专题的策划制作和网络论坛的传播。网络文章的发布方面，势能咨询按月根据朝华数码的品牌和产品需求发布网络文章，平均每月达到近100篇的传播，近400个频次左右，有效地覆盖了与朝华数码相关的20多家网站，如大众类的网站如sina、sohu，专业类的网站如imp3，渠道类的网站如太平洋在线、中关村在线，区域类的网站如广州视窗、天俯在线等。网络文章在传播上为了能达到受众群体的关注和文章的阅读量，势能咨询加大了在策划选题上的力度，基本达到网络文章的传播在3级页面以上。而3级页面以下的网络文章每月近300篇都不属于传播的量，以此保证网络文章的传播效果。2004年为朝华策划推出的“MP3普及风暴”、“99系列的传播”在网络的传播上深受众人注目。在专题制作上，势能咨询每月都会与各网站沟通合作做原创专题和配合专题，如“女性MP3选择指南”、“五一出游装备全攻略”、“国产MP4难以抗拒你容颜”等原创专题近10个，配合专题做到近40个，基本上能做到参与大部分重点网站与朝华数码产品相关的选题。曾有人戏称，势能咨询为朝华在网络上把钱省到家了。论坛作为有效的网络公关传播方式，对朝华数码的信息传播、信息反馈、产品形象及品牌形象的维护起到了重要的作用。势能每月都会自主地发布正向引导的原创大帖近10条，每天都有专业的论坛传播人员进行信息的发布，将论坛中的意见和建议收集并及时反馈到朝华数码产品部门、客服部门、市场部门。随时回复论坛中有关朝华产品的咨询及问题，每天处理近30条信息，一个月合计达到1000条的回复，确保了在各个网站的论坛中朝华的正面形象和产品信息的及时有效传达。从目前来看，还没有一家企业能在论坛中与朝华数码相抗衡。从论坛的直接效果来看，通过大帖的转帖，小帖的回复，各网站的论坛对朝华的点击量每月合计达到近5万次的流量。通过对论坛中相关人员的抽样调查，发现在这5万次的流量当中，有近60%的人是朝华的直接用户，20%的人是想购买朝华产品的用户，15%的用户想购买MP3，另外的5%是平面媒体或网站的人到论坛中搜集信息的人群。

二、网络动漫传播

作为网络整合营销的有效传播方式,动漫传播借助于互联网的广泛传播性而深受大众的喜爱和接受。这种传播方式在对企业的信息传播中容易让受众接受,在娱乐的同时自觉地接受了产品的信息,目前已经被越来越多的企业所使用。在朝华数码这个项目上,势能公司凭借强大的创意策划能力和高端的设计制作能力,为朝华量身定做了多款网络动漫传播内容,比较有代表性的如发布于春节期间的新年贺卡,新春QQ皮肤,情人节QQ皮肤等,仅情人节皮肤三天的下载量就达到了14000多次。为朝华产品QQ51量身定制的Flash动画,以龙宽九段美妙的音乐为背景,通过形态活泼的QQ51原形小熊的动作,而深受广大学生的喜欢。

三、网络营销

网络营销主要是与销售及渠道搭建有关，网络营销的内容主要是三部分：数据库营销、商城销售平台的建设、网站建设及维护。在朝华数码这个项目上，在数据库的营销方面以大量的受众数据作为支撑点，通过网上调查、网上活动，以及在相关网站及大型调研机构的数据购买，通过电子期刊的形式广泛传播，在广泛传播的同时也注重对个体的传播，如对朝华数码经销商的传播、对朝华数码用户群的传播、对相关媒体记者的传播等，使朝华数码的信息通过即时高效的方式得到传播。网上商城通过网络实现销售而得到大家的认可，这种零库存的销售方式，没有店面费用，没有物流费用，所产生的价值和意义随着网络的应用会越来越广泛。在朝华这个项目上，最初建设了近50家商城，对于渠道的拓展和销售起到了一定的作用。通过这50家商城，势能咨询向朝华销售部门提供了大大小小近50条销售信息，最大的一个订单为2万元的订单。到后期考虑到维护和实际销售目的，势能咨询开始精编缩减了一些流量不大的、更新缓慢的商城，最后保留了5家商城。而这5家商城就成为了朝华数码在网上销售的有力组成部分，目前销售正在进行。对于朝华的网站部分，势能公司主体上是在作朝华网站的论坛部分，涉及维护和建设几个层面。通过势能咨询的公关力量、策划力度，有效地实现了传播目的。

四、网络广告及网上活动

这两部分是大多数企业已经认识和习惯于操作的网络传播方式，作为朝华也有自己的网络广告投放部门，势能主要是从广告的发布策略及发布规划上协助朝华。对于网络活动，这个已经在网络上泛滥的网络传播方式，被各个企业应用到了极至，然而却少有新意，势能在这方面虽然有一些好的活动方式，但因为费用的问题而不能得到很好的应用，这个问题也是摆在网站、企业、咨询公司面前的一道题，相信随着网络的更加规范，网站的更加合理，网上活动必将成为互联网上一道亮丽的风景线。

案例评析

整合营销是综合运用多种传播方式和手段，并加以最佳组合，发挥整体效应，使消费者在不同的场合、以不同的方式接触到同一主题内容的信息，强调用一个声音说话。整合营销注重通过对消费者有关资料的收集、整理和分析，及时发现消费的走向和消费者的关注点，从而影响特定受众的行为，建立起与目标消费者之间稳定的、双向的联系。

朝华数码通过量身定制的网络公关传播、网络动漫传播、网络广告、网络营销和网上活动五大策略，实现了在网络上的整体营销传播。通过各种形式的传播，有效整合了网络资源，达到了朝华数码的品牌提升和产品的销售促进目标，受到了客户的好评和业界的认可。

本单元实训

网络营销工具的使用。

本单元习题

1. 简述网络整合营销的基本观点。
2. 简述网络定制营销的基本内容。
3. 试述网络直复营销的主要内容。
4. 什么是柔性营销？柔性营销与传统的强势营销相比，有什么不同？
5. 什么是关系营销？关系营销的主要观点有哪些？

单元三

网络营销环境分析及案例透析

知识目标

☐ 了解网络营销环境的基本概念
☐ 了解网络营销环境的构成要素
☐ 了解网络营销微观环境的基本概念
☐ 了解网络营销宏观环境的基本概念

技能目标

☐ 熟悉网络营销微观环境的构成
☐ 熟悉网络营销宏观环境的构成

模块一 相关理论

案例导读

索尼爱立信借力网络营销

在刚刚公布的第三季度业绩中，这家2001年才成立的手机企业——索尼爱立信同比增长达到31%，全球的市场份额也提升一个百分点，达到了9%，位居全球第四。取得这样一个令人骄傲的成绩，一个很重要的原因是索尼爱立信在品牌塑造上的成功，特别是大量使用了网络品牌营销。通过在网络社区的市场营销活动，索尼爱立信品牌被赋予了年轻、朝气、富有活力的形象，在年轻一代的消费者中被广泛接受。特别是在2006年初，索尼爱立信更是大胆创新，直接启用网络红人“天仙妹妹”，倾力推出“简·悦”系列手机。此举使“简·悦”系列手机在市场上获得了巨大的成功。经过六年的尝试与实践，索尼爱立信已经建立起一个多样化的网络营销运作组合模式，现在其已经成为仅次于电视媒体的、索尼爱立信的第二大营销媒体。

案例启示：任何一个企业都是在不断变化着的社会经济环境中运行的，都是在与其他企业、目标顾客和社会公众的相互联系中开展网络营销活动的。互联网的使用使得人们获取信息的方式方法可以打破时空限制，网络深入到人们生活的各个层面，引起了整个社会的变化。许多企业纷纷按照互联网的特点积极改组企业内部结构和探索新的营销管理模式。网络营销环境是不断发展和完善的，企业必须采取适当的措施，经常监视和预测其周围的营销环境的变化，并善于分析和鉴别由于环境变化而造成的主要机会和威胁，及时调整营销中的各种可控因素，使其经营管理与营销环境的发展变化相适应。

一、网络营销环境概述

网络营销环境是指对网络营销活动所面临的各种内外部条件的总称。营销环境是一个不断发展和完善的动态概念，由多方面的因素组成。随着社会的发展，特别是网络技术在营销中的运用，环境更加变化多端。企业的决策者必须采取适当的措施，经常监视和预测其周围的市场环境的发展变化，并善于分析和鉴别由于环境变化而造成的主要机会和威胁，及时调整营销中的各种可控因素，使其经营管理与营销环境的发展变化相适应。

互联网络自身构成了企业营销的整体环境，从环境构成上来讲，它包括以下几个要素：

（一）信息

企业网络营销活动的有效开展，必须建立在对市场信息全面收集、整理和分析的基础上。互联网的特性和优点满足了企业的这种要求，可以随时随地为企业提供各种信息，指导企业的网络营销活动。

（二）即时反馈机制

互联网是一个信息交流和沟通的场所。不同行为主体间频繁、迅速地交互，形成不断强化的正反馈机制。

（三）影响

每一个上网者在接触网络的同时，都会受到互联网或多或少的、直接的或潜在的影响。

（四）动态变化

互联网络不是一成不变的，而是不断变化、不断更新的。

二、网络营销微观环境分析

网络营销的微观环境是由企业内部影响管理决策的各个部门、营销渠道商、消费者、竞争者等构成。

（一）企业内部环境

企业系统是由一系列部门构成的有机整体。企业内部环境包括市场营销部门之外的某些部门，如：财务部门、研发部门、采购部门、生产部门、销售部门等。这些部门之间的工作是相互关联、相互影响的。营销部门根据企业最高决策层制定的目标、任务和战略开展各种营销活动，离不开其他部门的配合和支持。因此，为了保证网络营销活动的顺利进行，必须认真分析企业的组织结构、管理体制和管理水平等。

(二) 营销渠道商

营销渠道商包括各类资源的供应者和各类营销中介。资源供应者是向企业及其竞争者提供生产经营所必需的原料、零部件、能源、劳动力和资金等资源的企业或个人。供应者提供资源的价格、品种等，直接制约着企业的成本、利润、销售量以及生产进度等。因此，企业能否寻找到质量和效率都信得过的供应者，对企业的营销业务有实质性的影响。营销中介是指为企业融通资金、推销产品和提供各种便利营销服务的企业和个人。主要包括经销中间商、代理中间商、营销服务机构、实体分配公司等。

网络技术的运用使流通领域的经济行为发生了分化和重组。生产者、批发商和零售商可以通过网络销售商品，不再遵循传统的业务运转流程。网上销售一方面使企业与企业、行业与行业之间的分工越来越不清晰，形成产销合一、批零合一的销售模式；另一方面，凭订单采购、零库存运营、直接委托送货等新业务的出现，使服务网络销售的各种中介机构也应运而生。

(三) 消费者

消费者是企业的营销对象,是企业产品销售的市场。互联网已经形成一个全球体系,企业运用网络进行营销,能够跨越时间和地理空间的限制,随时随地提供全球性的营销服务。而消费者也可以随时查询所需商品信息或进行购买。网络使企业与消费者之间的直接交流与互动更加便捷。因此,企业必须适应网络经济条件下消费者消费观念、消费方式的变化,以消费者为中心,处理好与消费者之间的关系,提高消费者的忠诚度,从而带来丰厚的利润和上升空间。

(四) 竞争者

网络的开放性、全球性和模糊性，使得在同一产品市场上，企业会面临更多的竞争者，他们之间的竞争也更加激烈、更加复杂。因此，每个企业都应充分了解网络消费者的购买决策过程，确定目标市场上谁是主要的竞争对手，其策略是什么？产品各自有什么特长？以做到知己知彼，扬长避短，以自身的优势去吸引目标市场的顾客，提高市场占有率。

一般来说，竞争对手会将自己的服务、业务等方面的信息展示在网站上。因此，研究网上的竞争对手主要从其网站入手。

三、网络营销宏观环境分析

宏观环境是指一个国家或地区的政治法律、经济、社会文化、自然条件、人口和科学技术等因素，影响企业进行网络营销活动的宏观条件。企业及其所处的微观环境都受宏观环境的制约和影响，这些影响力是不可控因素，其发展趋势既给企业带来机会，也会形成威胁。具体而言，企业的宏观环境主要包括以下六个方面的因素：

(一) 政治法律环境

企业的网络营销活动必定受到政治与法律环境的约束。一方面，随着政治经济形势的变化，国家在不同阶段和不同时期，依据不同的经济目标制定和调整方针政策，这必然会对企业的网络营销产生直接或间接的影响；另一方面，法律法规是对经济活动中企业的权、责、利的界定，企业的各种网络营销活动都必须在法律允许的范围内进行，开展公平竞争。

（二）经济环境

经济环境是指企业营销活动所面临的社会经济条件及其运行情况和发展趋势。企业不仅要关注消费者的收入状况、支出结构和需求结构及储蓄、信贷情况，还要研究经济体制、经济增长、经济周期与发展阶段以及经济政策等宏观方面的内容。

（三）社会文化环境

社会文化环境是指由价值观念、生活方式、宗教信仰、职业与教育程度、风俗习惯等构成的环境。不同的地区、不同的社会，社会文化环境所蕴涵的内容是不同的。这种环境不像其他营销环境那样明显，但对消费者的购买需求和购买行为产生强烈而持续的影响，进而影响到企业的网络营销活动。因此，企业应善于及时把握不断变化的社会文化环境，制定相应的营销决策。

（四）自然环境

自然环境是指一个国家或地区的自然资源、气候、地形和地理位置等客观因素。自然环境制约着经济活动的内容和形式，企业的营销策略和目标的确定也必然面临生产、消费、资源、生态等各方面的权衡和选择。因此，企业在营销决策中必须考虑环境成本的因素。企业在营销过程中所涉及的自然环境，主要是指企业本身的资源环境。

（五）人口环境

人口是构成市场的基本要素，是企业网络营销活动的最终对象。在收入接近的情况下，人口决定着市场容量。人口环境的现状及其发展趋势，对商品需求量及其需求结构产生深刻影响。因此，企业应密切关注影响人口环境的诸多因素，包括人口规模、人口构成、人口分布等方面情况，以便根据行业优势，选择网上目标市场并制定相应的营销策略。

（六）技术环境

科学技术是在网络经济时代对企业的营销活动影响最直接、最关键的因素。计算机信息技术的发展使得网络已经深入到人们生活的各个方面，引起了整个社会的变化。在全球范围内，人们参与网上购物的活动广泛而活跃，网上购物用户数不断提高。互联网已经成为企业不可或缺的营销工具。

模块二　硅谷动力的网络营销分析

案例导读

硅谷动力（www.eNet.com.cn）成立于1999年6月，公司市场主要立足于中国的IT行业，主要致力于向国内的IT厂商、经销商和用户提供增值信息的服务，是国内领先的电子商务平台服务的提供商。2000年3月，硅谷动力成功地从三家国际顶尖的风险投资公司吸纳了1000万美元的投资，在引进风险投资之后，开始大刀阔斧地展开业务。2000年4月，硅谷动力投入1000万元建立了中国最大的IT产品评测中心，作为硅谷动力提供增值的IT产品信息的核心力量与重要来源。2000年5月，硅谷动力推出中国最大的中文搜索引擎，它具备强大的搜索功能，可以在最短的时间内（平均搜索时间0.18秒）搜索到最全的内容，搜索率达到90%。2000年7月，硅谷动力投资3500万元推出了中国IT电子商务公用平台，专门为中国IT业伙伴精心制作的EC（eCommerce）交易平台是业内标准的电子商务开放平台。该平台同期推出两大拳头产品：硅谷商城www.eShop.com.cn和动力网店。作为一家诞生不久的电子商务企业，硅谷动力的“内容×商务”的模式是独特的。

一、商务模式

（一）内容×商务

硅谷动力的商务模型是内容×商务。内容就是以IT为核心的增值信息，包括新闻、学院、社区、软件和游戏等，是为了吸引网民、吸引用户上网浏览增值的信息。商务就是组成中国IT电子商务公用平台的动力网店和硅谷商城两个拳头产品。动力网店和硅谷商城可以为买方导购和为卖方促销，完成网上的电子商务交易。

内容和商务相乘的部分就是硅谷动力的产品频道www.eProduct.com.cn、IT产品库、产品评测中心和购物指南，是一个以产品为核心的导购内容。硅谷动力的丰富内容可以吸引网民上网去浏览，而产品频道则可以把网上的浏览者变为购物者，商务会帮助购物者完成网上交易。由此可见，内容、产品和商务相对独立的同时又是有机的整体，产品与商务、商务与内容、内容与产品之间可以随意地链接。

（二）三大支柱

构成硅谷动力“内容×商务”商务模式的三大支柱是：评测中心、IT产品库、EC平台。

1. 评测中心：硅谷动力全线IT产品评测中心投资1000万元，建筑面积达510平方米，拥有20多名专职的评测工程师和数十名兼职工程师，其中包括来自于计算机世界评测实验室和个人电脑评测实验室的骨干成员。硅谷动力全线IT产品评测中心拥有200多个网络节点和多台专用测试仪器，可评测的产品包括整机类、外设类、网络类、软件类、板卡类和存储类，共含36类硬件和14类软件。

2. IT产品库：以产品为核心，紧密集成电子商务功能，形成完善、丰富的导购中心，不断充实和更新业界最具实用价值的产品库，对于每个产品提供规格、照片、评价、生产商等详细信息。目前产品库中的IT产品数量有13400多种。

3. EC平台（硅谷商城、动力网店）：即中国IT电子商务公用平台，是一个专门为中国IT业伙伴精心制作的EC（eCommerce）交易平台。平台由硅谷商城和动力网店两部分组成。

硅谷商城（简称“商城”）是针对广大消费者、企业和政府的需求而提供的IT产品专业导购平台，是连接IT消费者与商家网店的桥梁。

动力网店（简称“网店”）是为IT商家与其经销商提供的全方位在线销售电子商务解决方案。

二、市场策略

硅谷动力在市场方面采取了多种方式，如：活动促销、广告宣传、网上直销、网上热卖等。

（一）活动促销

特点：针对性比较强，既面对B（商家）又可面对C（直接消费者），可以根据自己的特点采取不同特色的活动，以达到市场和销售目标。优点：目标对象针对性强，可以自己进行有效的控制；可以根据场地、费用、人力等因素进行安排；可以单独进行。存在的问题：准备周期比较长，受天气、当地人文环境的影响比较大，准备工作的充分与否关系到活动的成败。实战：硅谷动力从2000年8月20日推出了“缔造中国硅谷动力2000世纪行”大型巡展活动，从北京出发，在上海、南京、广州、深圳、重庆、成都、西安、沈阳等全国九大IT重点城市进行活动促销，主要内容包括路演和客户洽谈会两部分。目标：市场品牌推广、网店直销、实地考察。效果：现场参加活动的网民：110000多人次；注册用户：60000多人；经销商参加人数：5400多人；意向客户：2100多家；知名度和美誉度都大幅度提高。

（二）广告宣传

硅谷动力本身是一个提供技术和服务的网络公司。其广告宣传主要分成B和C两类。面对客户B（IT经销商、IT产品代理商、IT厂商），选择一些面向B的媒体做面向收费客户的广告，如：商情广告（联合商情、慧聪商情、华纳商情等）。另一方面，面对客户C，即是否有足够多的IT产品购买者上网。这是发展客户（B）的基础和本质。对此，硅谷动力采取的措施是选择一些网民喜欢阅读的媒体进行宣传。

（三）网上直销

特点：网上直销的目标是促进IT消费者在网上消费，保证网上交易的活跃程度，提高网站对C的粘性和B对网上交易的兴趣。主要形式是在网上做一些有奖促销等活动。硅谷动力根据情况，先后在网上举办了“金秋送大礼”、“网上拍卖”等富有特点的活动。

（四）网上热卖

硅谷动力和其网上客户共同举办活动，不断地推出一系列产品以超低的价格进行竞买，提高用户对活动的参与性。效果：通过一系列活动，硅谷动力的网上交易量大增，提高了人气。

三、策略合作

硅谷动力在策略合作方面投入了比较大的精力和人力，取得了丰硕的战果。

（一）与实达集团合作

2000年6月22日，实达电脑公司与硅谷动力共同宣布了一个名为“推动梦飞”的电脑网络营销方案，实达电脑将为其300家经销商在硅谷动力即将开通的电子商务平台设立网上商店，开店费用及前三个月的维持费用由实达电脑承担，总金额为270万元。本次合作是在距硅谷动力的电子商务平台的正式发布还有一个月的情况下进行的。

根据协议，实达电脑全国各地的经销商将可以利用硅谷动力的软硬件、系统资源和完整的网上营销方案实现网上产品宣传、产品订购销售和网上支付等一系列商业活动。本着用户至上、互利合作的精神，三个月后将由各经销商视自己在硅谷动力上开店所享受服务的质量和带来效益的大小，自行决定是否继续维持该虚拟商店的存在。硅谷动力与大部分声称免费服务的网络公司不同，它将基于自己所提供的高质量的商务平台，在经销商已在该商务平台获得利润之后，视经销商所享受服务的范围收取相应的维护费用。硅谷动力为买主和卖主开展电子商务交易所提供的是最为先进和完整的工具与平台。

（二）与IBM合作

2000年10月中旬，硅谷动力和IBM就其全新NetVista桌面机系统家族的发布达成合作协议。硅谷动力作为IBM公司NetVista发布的独家合作伙伴，将全程参与IBM新产品NetVista的发布活动。硅谷动力将在NetVista的发布期间，为IBM提供包括网络宣传、开设新闻专栏、新产品拍卖等在内的全程、全方位的市场宣传推广。

根据协议，IBM鼓励其优秀的代理商和经销商进驻硅谷动力“动力网店”。借助这一资源，将会使硅谷动力在市场获得更大突破，为其成为国内最大的IT电子商务平台服务提供商而打下坚实的基础。而IBM也将充分利用硅谷动力EC平台先进的技术与服务，武装其代理商和经销商，使得其在与众多竞争对手的竞争中获得优势，抢得先机。

（三）与赛乐氏连锁店合作

2000年8月初，赛乐氏和硅谷动力达成协议，全面进驻动力网店。

赛乐氏走的是软件销售业的传统老路，从1995年成立连锁加盟店开始，松散代理制一直走到1998年底。在1999年，由于分销市场竞争激烈，许多商家为争市场和渠道而使单纯分销市场利润薄得惊人，并且连锁店在管理上容易出现问题，赛乐氏又逐渐回到零售直营店的形式。赛乐氏回归老路后在零售市场做得相当不错，在业内属于上等，最好时一个店月流水达到20多万元，平均来说每个店也有3万~4万元的月收入。赛乐氏市场目标是以精品直营店的形式来带动连锁加盟店，年底将在北京、上海、广州、沈阳等城市建设30家直营店。

对于双方的合作，赛乐氏的戴总经理说："进驻动力网店，初衷是树立赛乐氏网上品牌，但经过与硅谷动力的深入合作，发现硅谷动力这种模式非常值得一做，而网上软件销售在未来将成为主流，我们不想失去这块市场。"换句话就是虽然在传统分销渠道上业绩不俗，但更要开辟网上软件销售这一第二战场。

四、营销成果

硅谷动力所坚持的"务实经营"就是从市场出发，扎实地研究市场需求，发展并完善自身的服务，并在市场上获得了良好的反响：网站访问量和注册用户每月以30%以上速度增加，网店用户持续增长，达到2000家左右，成交额大幅度增长。自2000年8月硅谷动力的"缔造中国硅谷动力2000世纪行"巡展以来，硅谷动力在国内的知名度大增，在各地的经销商与政府机关中获得了较强的反响。硅谷动力在2000年10月中旬与国际知名IT厂商IBM的合作，反映了市场对硅谷动力所提倡的新的电子商务营销模式的肯定，市场前景颇为看好。

案例评析

硅谷动力通过"内容×商务"的商务模型使其成为100%垂直于IT行业的门户站点，为用户提供新鲜、全面和权威的IT增值信息，建立以IT为中心的社区。同时运用最先进的互联网技术和电子商务交易系统搭建高效、强大的IT电子商务平台，全心全意为IT厂商、经销商和消费者提供服务。可以说，硅谷动力的商务模式是独特的。如果只有商务没有内容就很难吸引大量的网民上网，也很难在大量的人群里筛选出具有高商业价值的购物人群，而只有内容没有商务就很难实现真正的盈利，所以内容和商务的整合才能形成强有力的核心力，形成网上虚拟市场，为买方同时也为卖方服务。

硅谷商城和动力网店的服务周到、方便快捷，使"内容×商务"的模式更加具有可操作性和新颖性。硅谷商城拥有互联网上最大的中文IT产品数据库，它涵盖了IT产品市场上大约98%以上的主流产品，在商城提供的国内最先进的搜索引擎的配合下，可以在最短的时间内找到用户所关心的信息。在整个过程当中，用户可借鉴国内最大的全线IT产品评测实验室提供的相关产品评测报告，在货比千家中完成自己的购买决定。商家可利用动力网店迅速建起具有在线支付、运费计算、订单跟踪等先进功能的网店，可利用网店后台管理系统维护网店和运作网上商务。动力网店强大功能与整个平台所提供的深层客户服务相结合，帮助商家从技术、服务上跨越电子商务支付和配送门槛，成为商家开展网上营销的首选平台。

硅谷动力的电子商务平台内容全面，营销策略灵活多样，市场定位清晰，这都使得其在实际运营过程中取得不俗的成绩。

模块三　杜邦公司的网络营销策略

案例导读

杜邦公司（www.dupont.com）与洛克菲勒、福特、摩根、卡耐基等老牌美国工业巨头并列，人称化工大王。杜邦公司是一家以科研为基础的全球性企业，提供能提高人类在食物与营养、保健、服装、家居及建筑、电子和交通等生活领域的品质的科学解决之道。杜邦公司成立于1802年，在全球65个国家经营业务，共有员工94000人。

杜邦以“创造科学奇迹”为企业目标，杜邦美国总部和设在世界各地的投资企业均设有研究实验室，参与研究的科学家、工程师和技术人员超过12000名，此外，还有4000多名工程师和技术人员专门从事新产品的开发工作，其成果数以千计。许多20世纪的革命性产品都诞生在杜邦实验室，其中包括尼龙、氯丁橡胶和不粘涂料等。杜邦所实现的科技飞跃，不仅为其产品带来了突破性的发展，使其业务得以不断拓展到新的领域，更具意义的是，杜邦的努力推动了人类科技文明的共同进步。

据《远东经济评论》第六次的年度调查结果显示，杜邦公司被列为亚洲的优秀公司之一。参与这次调查的包括200家在亚洲从事经营活动的公司，其中90家被认为是总部不在亚洲、但在亚洲从事经营活动的优秀公司，杜邦公司在这90家公司中名列第34，比上年提前了3位，比1997年提升了8位。

杜邦是化工巨头，但其站点并没有定位于化工，而是以科学为目标，“科学创造奇迹”贯穿整个网站，紧贴人们生活。在杜邦的产品导航中，我们看到的是一个巨大的记事本，散落的图片看似漫不经心，却涵盖了杜邦的所有产品的分类。那些来自世界各地内容各异的图片更说明了杜邦的产品遍布世界各地，涉及人们生活的方方面面。面对杜邦千千万万的产品，杜邦没有平铺直叙，更没有专业术语成堆，杜邦的行文特色就是喻理于情，处处从人们的生活事件入手，在最关键的时候导入杜邦的产品，配以来自世界各地的生活化的画面，其效果是不言而喻的：杜邦的产品是值得全世界信赖的产品，杜邦早已渗透到全世界的各个角落。例如，在介绍除草剂时，杜邦首先说的是：“现在60亿人在地球居住，到2050年将达到120亿人。我们怎样以所能承受的方法满足成长的人口的必需？”在这个不容回避的问题面前，全世界都在寻找一个很好的解决方案，那么杜邦找到了吗？“杜邦的研究人员为世界带来了Sulfonylureas（SU）知名的除莠剂家族，它们像其他的除莠剂那样除净杂草，提高了农作物产量，并且对环境没有污染，对人也很安全。”再例如在介绍所开发的防治艾滋病病毒的药物时，杜邦首先告诉人们的是艾滋病给个人、家庭、社会所带来的危害：“在1998年以前，爱滋病开始流行之后已有1390万名成年人和孩子已经因感染免疫缺损综合症而死亡，其中的120万人是孩子，为了减少艾滋病病毒和艾滋病传播，杜邦开发防治艾滋病病毒的药品。”杜邦成功了吗？杜邦成功了。“杜邦批准并开发了第一个防治艾滋病病毒的药物”，该种药于1998年在美国研制成功，1999年在加拿大和欧洲也取得了成功，“杜邦在发展中认为迅速生产这种防治艾滋病病毒的药物并尽可能地应用于全世界是极其重要的，杜邦的调查显示：发展和处理医药发送上的商务问题在与艾滋病病毒和其他疾病的战斗中是亟待解决的又一个焦点问题。”

在中国（www.dupont－china.com.cn），除了在企业内部进行科研活动外，杜邦更利用其在人造纤维、电子、农药、化学品、聚合物和其他专利产品方面的先进技术和专业知识，积极与国内有关部门、科研机构和企业合作，资助研究工作的开展。杜邦在华所支持的技术交流项目涉及汽车产品、聚合物产品、电脑三维模拟技术和生命科学等领域。目前，通过技术转让，杜邦有10多种专利技术在中国近20个科研及生产设施中得以应用。进入杜邦在中国的网站，除了杜邦的最新新闻外，最引人注目的是几张黑白图片，在其他网站以鲜艳花哨的图片吸引人的时候，杜邦的这几张黑白图片更显得凝重永恒，充满韵律的笔调将公司的百年辉煌浓缩于其中，在信心、勇气、想象、未来的飞跃中，更显出杜邦的深沉大气。特别是那抬起的半只脚和脚下深深的足迹，让人一下子想起了阿波罗登月宇航员著名的月球足迹，虽未有太多说明，但巨大的想象空间已留给了每一个访问者。第一次看到此图的人，恐怕首先想到的是登月宇航员阿姆斯特朗“这虽然是我的一小步，但却是人类跃出的一大步”的著名感叹。“以往的成绩并不是依靠保守的经营作风”，杜邦这么说，那么依靠的是什么？依靠的是飞跃的步伐，才取得了今天的成就。这些如石雕般的黑白图片，代表了全人类的智慧结晶和不懈求知的愿望。在其他各页中，杜邦展现给人们的是简洁的画面、详尽的介绍，这是杜邦的精神和特色：实实在在，不以花哨取悦他人，在企业网站中最显深沉大气、独树一帜。

杜邦深信这200年的基业，并非是终日眷恋着过往成绩的结果，而是不断向前迈进的实证。今天杜邦首要的目标，是要确保未来100年的业务继续发展。因此，杜邦必须再次突破现在的层面，为公司的组织架构、技术及产品注入新意，让公司在21世纪仍可在业内稳占翘楚之位。为了迎接这个挑战，杜邦已明确确定了自己的角色及存在价值——一家以科研为基础的公司。过去，杜邦之所以能够为顾客及股东带来莫大的价值，全赖多项重大的科学发现和不断技术改良，创造出很多科技上的“飞跃”，全面改变了人类的生活。一直以来，杜邦的业务均建立在化学及物料科学上，但近几年，生物科学的重要性也日渐提升。杜邦能以其独特的能力，结合这两个不同领域的科研成果，而且至为重要的是成功应用在商业层面上。杜邦一直注重创制新产品，以迎合人类在生活上的需求。正如公司主席及行政总裁贺利得所说：“我们是一家以人为业务对象的公司，所以会继续开发及实行一切具创意、完整性和持久性的解决方案，以提升人类的生活质量。我们亦深信公司的存在，就是要满足人类基本的需求。”

杜邦只是一个化学公司吗？杜邦将要成为一个生物科学公司吗？从很多方面来说，这些都是错误的说法，杜邦决意要建立的是一个时代延续的公司，杜邦是一个强大的、在世界范围内探索人类基本需求并为之提供解决之道的公司！

创造科学奇迹和实现可持续增长都离不开科技创新，杜邦将发展方向确定为一家全球领先的、“可持续增长”的科学企业，而“创造科学奇迹”也成为杜邦新的企业口号。

案例评析

随着市场竞争的日益激烈，企业为了争夺客户资源，在竞争中获取优势，必须寻求营销方式的创新，提高营销效率。网络营销从根本上增强了企业的竞争优势。杜邦的网站建设目标十分明确，“科学创造奇迹”。网站的页面不华丽，但一个巨大的记事本涵盖了杜邦的全部业务信息、产品和服务，使用户一目了然，为网站留住用户争得时间。网站内容既紧贴人们生活，又充分展示了企业的专业特性；文字内容娓娓道来，实用、易懂。而且，杜邦公司非常了解目标顾客的需求，以标准色作为网站的主色调，协调统一了整个网站的视觉，简洁中体现出网站的沉稳大气。

在想象的飞跃、信心的飞跃、勇气的飞跃中，杜邦以科学创造奇迹，以奇迹改变人们的生活。杜邦的愿望就是使这个世界更美好，通过不断地解开自然界的奥秘，为创建更健康、更安全的世界做出了贡献。

本单元实训

使用搜索引擎进行网络信息查询。

本单元习题

1. 什么是网络营销环境？网络营销环境由哪些要素构成？
2. 试述网络营销宏观环境的构成。
3. 试分析网络营销微观环境的构成。
4. 调查一企业，并做出宏观环境分析。

单元四

网络营销目标市场策略及案例透析

知识目标

- □ 了解网络市场的概念
- □ 了解网络市场和网络消费者的特征
- □ 了解影响网络消费者购买的若干因素
- □ 了解网络组织市场的购买行为
- □ 掌握网络目标市场的选择方法
- □ 掌握网络目标市场细分的方法和原则
- □ 掌握网络目标市场细分的标准
- □ 掌握网络目标市场的定位策略
- □ 掌握网络目标市场的营销组合策略

技能目标

- □ 熟悉网络市场的规模和结构
- □ 熟悉消费者购买行为决策的过程
- □ 熟练评估细分市场的吸引力
- □ 熟悉选择目标细分市场的方法
- □ 熟练为每个目标细分市场确定可能的定位
- □ 熟练网络 B2C 市场细分的标准
- □ 熟练选择企业的网络目标市场

模块一　相关理论

案例导读

美国米勒啤酒公司的营销之道

20 世纪 60 年代，美国啤酒业是寡头竞争的市场。市场领导者安修索·布希公司（AB）

的主要品牌是"百威"和"麦可龙"，市场份额约占25%。佩斯特蓝带公司处于市场挑战者的地位，市场份额占15%，米勒啤酒公司处于"老八"的位置。1969年，米勒啤酒公司被菲利浦·莫里斯公司（PM）收购。PM公司兼并米勒啤酒公司之后，在营销战略上做了根本性的调整。

在做出营销决策以前，米勒公司进行了认真的市场调查。他们发现，若按使用率对啤酒市场进行细分，啤酒饮用者可细分为轻度使用者和重度使用者两类。轻度使用者人数虽多，但其总的饮用量却只有重度使用者的1/8。同时他们还发现，重度使用者有着下列特征：多是蓝领阶层；年龄多在30岁左右，每天看电视3.5小时以上；爱好体育运动。根据此特征米勒公司决定把目标市场定在重度使用者身上，把"海雷夫"献给那些"真正爱喝啤酒的人"。

案例启示：米勒啤酒对市场准确的细分，增加了其对消费者的了解，提高了营销的针对性，为准确的市场定位创造了条件。恰到好处的市场细分及定位是整个营销成功的关键。

在对现代营销学之父菲利普·科特勒博士的访问中，有记者问道："您认为成功的营销战略包括哪些内容？"他的回答是："只存在一种成功的战略，那就是仔细定位目标市场，并且直接向该目标市场提供一流的产品或服务。产品或服务在一个或几个方面的独特表现必须是一流的，如更好的质量、更多的特色、更低的价格或者物超所值。不然，企业的产品或服务就只能是对他人产品或服务的简单模仿，缺乏吸引消费者的独创特质。"

一、网络市场分析概述

市场是企业营销活动的出发点和归宿点，对于网络营销经营企业而言，深刻认识网络市场的特点、准确把握网络市场的购买行为，才能科学地确定产品销售对象，有针对性地制定产品、价格、渠道和促销策略，提高网络营销效率，在充分满足顾客需要的前提下实现业发展目标。购买者行为研究始于20世纪50年代，它涉及经济学、心理学、社会学和人类学等许多有关学科，现在已经形成了自己完整的科学研究体系。

（一）网络市场含义

营销学专家菲利普·科特勒指出，"市场是由一切具有特定欲望和需求，并且愿意和能够以交换来满足这些需求的潜在顾客所组成。"因此，市场规模的大小由具有需求且拥有他人所需要的资源，且愿意以这些资源交换其所需的人数而定。

所以说，网络市场或者网上市场，指的是网络上那些具有某种特定欲望和需求并且愿意和能够购买这些需求的顾客的总和。这些顾客总的购买潜力(总金额)称为该类欲望和需求所对应的网络市场规模，或称网络需求总量。

很显然，网络市场的规模受网络人口（网民）、网民购买力和网民购买欲望的影响。成功的网上市场，其扩张速度和发展直接影响着电子商务的发展速度和前景。

(二) 网络营销市场的规模与结构

自20世纪60年代末以来，网络市场也和传统意义上的市场一样，经历了消费者市场、企业市场和中间商市场三个发展阶段。Internet上的网络市场是今天和未来最有潜力的新兴市场。以下有关网络市场的调查数据，均来自于中国因特网信息中心（CNNIC）。

1. 我国网络市场的现状。据中国互联网信息中心（CNNIC）于2008年1月最新公布的中国互联网络发展状况统计报告表明：截至2007年12月，网民数已增至2.1亿人，中国网民数增长迅速，2007年一年就增加了7300万人，年增长率达到53.3%。目前中国的网民人数略低于美国的2.15亿人，位于世界第二位。

伴随着中国网民数量快速增长的是中国域名数的飞速发展。目前中国域名总数达到1193万个，比2006年同期增长了782万个，年增长率达到了190.4%。这一数据表明国内许多企业已将Internet战略列入企业经营发展的重要途径。

2. 网络市场的结构与规模。网络市场按照购买者身份不同，可以划分为网上消费者市场和网上组织市场。网上消费者市场是指为了满足自己生活性消费需要而通过互联网实现部分或全部购买行为的所有消费者，这类市场主要有B2C和C2C两种模式。一般把通过互联网实现自己部分或全部购买行为的所有组织称为网上组织市场，主要有B2B和B2G两种模式。网上组织市场又可根据组织购买产品和服务的目的不同，分为网上企业市场和网上非营利组织市场。网上企业市场又分为网上制造商市场和网上中间商市场。

网上市场规模主要取决于三个基本要素：上网人口、购买欲望和购买能力。其中人是最活跃的要素，如在线时间长短、浏览网页数量、进入的不同网站、平均每页停留的时间及访问的网站类型等，这些无疑都表现出网络顾客的差异性。例如，经过调查显示，英文雅虎与中文雅虎在26～30岁、31～35岁两个年龄段的网民数量比其他年龄段、其他网站都高，说明英文雅虎与中文雅虎在吸引这两个年龄段网民方面较为成功。国内三大门户网站中，搜狐网比较成功地吸引了26岁以上几个年龄段的网民，网易的访客集中在21～25岁年龄段，而经常性访问新浪网站的网民多集中在26～30岁。因此，充分考虑网络顾客的差异性，确定市场细分变量，选定目标群体，培养忠诚顾客，将成为网络营销能否成功的关键。

(三) 网上市场的特征

从市场运作的机制看，网络市场具有如下基本特征：

1. 无店铺的经营方式。运作于网络市场上的虚拟商店，不需要店面、装潢、摆放的货品和服务人员等，它使用的媒体为互联网络。例如，1995年10月“安全第一网络银行”在美国诞生，这家银行没有建筑物，没有地址，只有网址，营业厅就是首页画面，所有的交易都是通过互联网络进行；员工只有

10人，1996年存款金额达到1400万美元，1999年存款金额达到4亿美元。

2. 无存货的经营形式。网络上的商店可以接到顾客订单后，再向制造的厂家订货，而无需将商品陈列出来以供顾客选择，只需在网页上打出货物菜单以供选择。这样一来，店家不会因为存货而增加其成本，其售价比一般的商店要低，这有利于增加网络商家和“电子空间市场”的魅力和竞争力。

3. 成本低廉的竞争策略。网络市场上的虚拟商店，其成本主要涉及自设Web站成本、软硬件费用、网络使用费及以后的维持费用。它通常比普通商店经常性的成本要低得多，这是因为普通商店需要昂贵的店面租金、装潢费用、水电费、营业税及人事管理费用等。Cisco（思科）在其Internet网站中建立了一套专用的电子商务订货系统，销售商与客户能够通过此系统直接向Cisco公司订货。此套订货系统的优点是不仅能够提高订货的准确率，避免多次往返修改订单的麻烦，最重要的是缩短了出货时间，降低了销售成本。据统计，电子商务的成功应用使Cisco每年在内部管理上能够节省数亿美元的费用。

EDI的广泛使用及其标准化使企业与企业之间的交易走向无纸贸易。在无纸贸易的情况下，企业可将购物订单过程的成本缩减80%以上。在美国，一个中等规模的企业一年发出或接受的订单在10万张以上，大企业则在40万张左右。因此，对企业，尤其是大企业，采用无纸交易就意味着节省少则数百万美元，多则上千万美元的成本。

4. 无时间限制的全天候经营。虚拟商店不需要雇佣经营服务人员，可不受劳动法的限制，也可摆脱因员工疲倦或缺乏训练而引起顾客反感所带来的麻烦。一天24小时、一年365天的持续营业，对于平时工作繁忙、无暇购物的人来说有很大的吸引力。

5. 无国界、无区域界限的经营范围。联机网络创造了一个即时全球社区，它消除了同其他国家客户做生意的时间和地域障碍。面对提供无限商机的互联网，国内的企业可以加入网络行业，开展全球性营销活动。例如，浙江省海宁市皮革服装城加入了计算机互联网络跻于通向世界的信息高速公路，很快就尝到了甜头。他们把男女皮大衣、皮夹克等17种商品的式样和价格信息输入互联网，不到两小时，就分别收到英国“威斯菲尔德有限公司”等10多家海外客商发来的电子邮件和传真，表示了订货意向。服装城通过网上交易仅半年时间，就吸引了美国、意大利、日本、丹麦等30多个国家和地区的5600多个客户，仅仅一家雪豹集团就实现外贸供货额1亿多元。

6. 精简化的营销环节。顾客不必等经理回复电话，可以自行查询信息。客户所需资讯可及时更新，企业和买家可快速交换信息，网上营销使你在市场中快人一步，迅速传递出信息。今天的顾客需求不断增加，对产品本身要求有更多的发言权和售后服务。于是精明的营销人员能够借助联机通信所固有的互动功能，鼓励顾客参与产品更新换代，让他们选择颜色、装运方式、自行下订单。在定制、销售产品的过程中，为满足顾客的特殊要求，让他们参与越多，售出产品的机会就越大。总之，网络市场具有传统的实体化市场所不具有的特点，这些特点正是网络市场的优势。

(四) 我国网民的基本特征

1. 性别。目前网民中42.8%的女性比例低于男性的57.2%，这一点与我国的人口特征密切相关。从中国总体人口特征上看，男女性比例比较接近，但女性的受教育程度不及男性，而具备基本的文化知识是上网的必要条件。这一性别发展不平衡的状况正在逐年改善。从1997年以来的发展趋势看，网民中男女性别比例差异正在缩小。

2. 年龄。目前中国的网民群体仍以青年为主，总体网民中的31.8%都属于18~24岁的青年。这个年龄段的网民中，学生网民群体占据重要地位。互联网作为一种会给居民带来很多便利的工具，除了青年外，社会和政府应鼓励互联网往更广泛的群体渗透。从新增网民看，互联网正逐步朝这一方向发展。

3. 学历。与人口总体相比较，网民属于其中学历较高的人群。但不同学历人群的互联网使用正逐步向较低学历人群扩散。1999年以来，大专及以上学历的网民比例已经从86%降至目前的36.2%。

城镇与农村网民之间的学历分布差异较明显。城镇网民中大专及以上学历者居多，但农村网民中初中和高中文化程度者居多。

4. 职业与单位性质。学生所占的比例最大，占到28.8%。有固定单位的网民中，以在民营企业工作的网民居多，占到总体网民的41.8%。

5. 婚姻状况/收入/居住地。网民婚姻状况与网民年龄有密切关系，中国网民较年轻，未婚者偏多一些，占到55.1%。从收入上看，接近3/4（74%）的网民收入都在2000元以下。

从网民居住地上看，网民居住在城镇的较多，74.9%的网民都居住在城镇，城镇网民数已达到1.57亿人，而同期农村网民数量仅有5262万人。但农村网民数量增长非常迅速，年增长率超过100%，已达到127.7%，远高于城镇网民38.2%的增长率。

但城镇与农村的互联网发展水平仍存在很大差异，城镇居民的互联网普及率是27.3%，农村仅为7.1%。

6. 非网民不上网情况。了解非网民的情况对互联网的发展非常重要。调查结果显示，只有非网民的受教育程度、收入水平等提高，社会整体的上网规模才能进一步提高。

非网民回答的不上网原因中，主要可以分为四类，一类是非网民自身素质问题，即不懂电脑或网络，与非网民受教育程度有关；一类是硬件限制，没有上网设备或者当地无法接入互联网，与居民的月收入水平及社会经济水平相关；还有一类是主观原因，不感兴趣等；最后一类是互联网方面的原因，互联网的质量不佳使人远离互联网。

目前，我国用户上网的主要目的还是将互联网看做是一个信息工具，网络应用的使用率按高低排序依次是：网络音乐 > 即时通信 > 网络影视 > 网络新闻 > 搜索引擎 > 网络游戏 > 电子邮件。体现互联网娱乐功能的网络音乐、网络影视、网络游戏等排名靠前，说明中国互联网市场娱乐功能占主体地位；即时通信高居第二位，体现了中国互联网鲜明的本土特色；网络新闻的排名依旧很高，更新博客/个人空间比例迅速提高，互联网新媒体的地位更加突出。

7. 我国网民的网上购买行为特征。用户对网上购物都比较认同，网上购物的网民是一群相对比较高层次的人群。学历越高，网上购物比例越高。硕士及以上学历的网民的网上购物比例已经达到56.5%。这些购物者超过80%居住在城镇，在合资和外资企业工作的较多，属于相对高收入的网民群体。并且，上网历史越长，购物比例越高。1999年以前就开始上网的网民网上购物比例为42.4%，2007年新增网民的网上购物比例仅有5.7%，即资深网民网上购物的比例要高一些。

二、网络消费者需求分析

案例导读

盛大网络游戏成功的经验

中国的网络游戏市场从1998年开始起步以来，一直鲜有赢利的先例。情况在2001年有了改变，1999年11月成立、2001年3月才进军网络游戏市场的上海盛大网络有限公司改变了这种局面。2001年7月，盛大代理了一款韩国游戏《传奇》，2002年凭借《传奇》的出色表现，上海盛大年营业收入达到4亿元，占据了网络游戏市场份额的40%以上。盛大通过代理开发商的软件，快速获得了质量相对优良的产品；通过向游戏玩家收费，找到了以往网络游戏依靠网络广告、电信分成等赢利模式之外的新赢利模式。这种直接面向终端消费者的模式，无疑更为稳定、可靠。通过渠道扁平化，盛大提高了销售终端的覆盖率和控制力度；盛大还向传统行业学习，通过向游戏玩家提供优质的售后服务，让玩家建立起忠诚度。

在传统营销活动中，各种营销组织对消费者行为活动及其规律性的研究十分重视，将其视为市场分析的起点。21世纪是一个全新的网络经济时代，企业通过互联网在虚拟市场上开展营销活动。网络市场是由Internet上的企业、政府组织和网络消费者组成的市场。探讨网络营销活动，也应当从研究网络消费者的需求和行为特征及影响网络消费者购买行为的因素等问题入手。

（一）网络消费者的特征

消费者行为以及购买行为永远是营销者关注的一个热点问题，对于网络营销者也是如此。网络用户是网络营销的主要个体消费者，也是推动网络营销发展的主要动力，它的现状决定了今后网络营销的发展趋势和道路。

要做好网络市场营销工作，就必须对网络消费者的群体特征进行分析，以便采取相应的对策。网络消费者群体主要具备以下四个方面的特征：

1. 注重自我。由于目前网络用户多以年轻、高学历用户为主，他们拥有不同于他人的思想和喜好，有自己独立的见解，对自己的判断能力也比较自负，所以他们的具体要求越来越独特，而且变化多端，个性化越来越明显。因此，从事网络营销的企业应想办法满足其独特的需求，尊重用户的意见和建议，而不是用大众化的标准来寻找大批的消费者。

2. 头脑冷静，擅长理性分析。由于网络用户是以大城市、高学历的年轻人为主，他们不会轻易受舆论左右，对各种产品宣传有较强的分析判断能力，因此从事网络营销的企业应该加强信息的组织和管理，加强企业自身文化的建设，以诚信待人。

3. 喜好新鲜事物，有强烈的求知欲。这些网络用户爱好广泛，无论对新闻、股票市场还是网上娱乐都具有浓厚的兴趣，对未知的领域报以永不疲倦的好奇心。

4. 好胜，但缺乏耐心。因为这些用户以年轻人为主，因而比较缺乏耐心，当他们搜索信息时，经常比较注重搜索所花费的时间，如果链接、传输的速度比较慢的话，他们一般会马上离开这个站点。

网络用户的这些特点，对于企业加入网络营销的决策和实施过程都是十分重要的。营销商要想吸引顾客，保持持续的竞争力，就必须对本地区、本国以及全世界的网络用户情况进行分析，了解他们的特点，制定相应的对策。

（二）网络消费者类型

消费者行为分析是经济学研究的重要内容，这方面的研究过去主要集中于传统的购物行为，而网上购物与传统的购物活动有所区别。因此，网上销售商应该多加关注网上消费者行为，在网站推广之前，先要把握网络消费者的基本类型，然后有针对性地开展营销活动。企业应将注意力集中在其中一两类人身上，这样才能做到有的放矢。如果不做区分而匆忙行事，一旦给消费者留下一个不好的印象就难以翻身。

进行网上购物的消费者可以分为以下几种类型：

1. 简单型。简单型的顾客需要的是方便、直接的网上购物。他们每月只花少量时间上网，但他们进行的网上交易却占了一半。零售商们必须为这一类型的人提供真正的便利，让他们觉得在网站上购买商品将会节约更多的时间。

2. 冲浪型。冲浪型的顾客占常用网民的8%，而他们在网上花费的时间却占了32%，并且他们访问网页数量是其他网民的4倍。冲浪型网民对常更新、具有创新设计特征的网站很感兴趣。

3. 接入型。接入型的顾客是刚接触网络的新手，占36%的比例，他们很少购物，而喜欢网上聊天和发送免费问候卡。那些有著名传统品牌的公司应对这群人保持足够的重视，因为网络新手们更愿意相信生活中他们所熟悉的品牌。

4. 议价型。议价型顾客占网民8%的比例，他们有一种趋向购买便宜商品的本能，著名的eBay网站一半以上的顾客属于这一类型，他们喜欢讨价还价，并有强烈的愿望在交易中获胜。

5. 定期型和运动型。定期型和运动型的网络使用者通常都是被网站的内容所吸引。定期网民常常访问新闻和商务网站，而运动型的网民喜欢运动和娱乐网站。

目前，网上销售商面临的挑战是如何吸引更多的网民，并努力将网站访者变为消费者。网上销售商应将注意力集中在其中的一两种类型上，这样才能做到有的放矢。

（三）网络消费者的基本结构

网络用户是网络营销的主要个体消费者，也是推动网络营销发展的主要动力。关于用户是谁，其年龄结构、性别比例、职业状况、政治见解等都是当前市场学、社会学等研究的话题。从目前发展的实际情况和调查研究结果来看，网络消费者的基本结构可以表现为以下几个方面：

1. 年轻人是网络消费的主力军，年龄分布差异逐渐缩小。从网络营销出现的第一天开始，网络消费者的主要顾客群体就是年轻人，网络消费者的年龄结构呈现出“梭形”，即大多数网络消费者是中青年，老人和少儿网络消费者则相对较少。不过随着 Internet 用户的普及和网络消费各种优势的逐渐体现，网络消费者的年龄范围不断向两端扩大，更多的中年人也逐渐加入到网络消费群体中。据调查，网络消费者的平均年龄从 1995 年开始逐渐增长，至今为 33 岁；欧洲用户比美国用户年轻，平均为 28.8 岁，美国为 33.9 岁。在我国，网络消费的主力同样是年轻人，未婚人数占到网络用户的 63%。随着我国越来越多的民众接触网络，相信网络消费群体也会不断扩大。

2. 男性用户仍占大多数，女性用户不断增加。从性别结构比例来看，男性用户仍然占据大多数。据调查，欧美国家的男性网络消费者约占到 60%，女性约占到 40%。在我国，男女比例差距更为明显，男性约占 70%，女性占 30%。造成这种结果的原因有很多，其中男性在学科和职业选择上有更多的机会接触网络，这是一个重要的原因。不过，随着网络应用逐渐向人类日常生活渗透，女性用户在不断增加，尤其是年轻女用户。

3. 高收入、高文化层次群体网络消费相对积极。高收入、高文化层次群体对于网络消费的态度更为积极。网络消费者平均年薪收入高于当地普通消费者。从职业分布上看，网络消费者中从事与计算机相关工作的人员众多，教育界用户占第二位。一方面，这些人接触计算机网络的机会更多，并且更熟悉电子商务相关的操作流程；另一方面，这些人对于信息类产品的需求也要高于其他群体，更关注消费的便利性。也正因为如此，在网络营销中计算机软硬件、书籍等产品的销售形势较好。不过随着网络的逐渐普及、网络应用的逐渐生活化和网络使用费的不断降低，更多处于中低收入层的人也会逐渐融入网络消费大军之中。

（四）网络消费需求的特征

由于电子商务的出现，消费观念、消费方式和消费者的地位正在发生着重要的变化，电子商务的发展促进了消费者主权地位的提高。网络营销系统巨大的信息处理能力，为消费者挑选商品提供了前所未有的选择空间，使消费者的购买行为更加理性化。

网上消费是一种新的消费形式，在这种消费形式下，消费者面对的是计算机屏幕和能动的网络空间，消费者可以不受时空限制在网络虚拟的市场环境下与企业进行商品交换，与传统的面对面的营销方式相比，虽然交换的本质并没有变，但在具体的实现过程中却有了许多特别之处，特别是网上消费者需求具有了一些新的特点。

1. 消费者消费个性化的回归。在近代，由于工业化和标准化生产方式的发展，使消费者的个性被淹没于大量低成本、单一化的产品洪流之中。进入21世纪以来，这个世界变成了一个计算机网络交织的世界，消费品市场变得越来越丰富，消费者开始制定自己的消费准则，整个市场营销又回到了个性化的基础之上。每个消费者都是一个细小的消费市场，个性化消费成为消费的主流。这种个性化还表现为消费需求的超前性和可诱导性。进行网络消费的大多数是有知识、有文化的年轻人，他们能够较快地接受新事物。在网络虚拟市场中，最前卫的产品和商品能够以最快的速度与消费者见面。这些素质较高的年轻人便能很快地接受这些新产品，从而带动周围的消费者跟从消费，引起新一轮的消费热。

2. 消费者需求的差异性。网络覆盖全球，网络营销面对的几乎是全球的消费者，因此网上消费者的需求具有更大的差异性。不仅仅是消费者的个性消费使网络消费需求呈现出差异性，对于不同的网络消费者，因其所处的时代环境不同，也会产生不同的需求；不同的网络消费者，即便在同一需求层次上，他们的需求也会有所不同。因为网络消费者来自世界各地，有不同的国别、民族、信仰和生活习惯，因而会产生明显的需求差异性。这种差异性远远超过实体商务活动的差异。因此，从事网络营销的厂商，要想取得成功，就必须在整个生产过程中，从产品的构思、设计、制造，到产品的包装、运输、销售，认真思考这些差异性，并针对不同消费者的特点，采取相应的措施和方法，以实现预期的营销效果。

3. 消费者需求的主动性增强。在社会化分工日益细化和专业化的趋势下，消费者对消费的风险感随着选择的增多而上升。在许多大额或高档的消费中，消费者往往会主动通过各种可能的渠道获取与商品有关的信息并进行分析和比较。或许这种分析、比较不是很充分和合理，但消费者能从中得到心理的平衡，以减轻风险感或者减少购买后产生的后悔感，增强对产品的信任程度和心理上的满足感。消费主动性的增强来源于现代社会不确定性的增加和人类需求心理稳定与平衡的欲望。这种主动性还体现在消费者直接参与生产和流通的全过程。传统的商业流通渠道由生产者、商业机构和消费者组成，其中商业机构起着重要的作用，生产者不能直接了解市场，消费者也不能直接向生产者表达自己的消费需求。而在网络环境下，消费者能直接参与到生产和流通中来，与生产者直接进行沟通，减少了市场的不确定性。

4. 网络消费的需求具有明显的交叉性。在网络消费中，各个层次的消费不是相互排斥的，而是具有紧密的联系，需求之间广泛存在交叉现象。例如，在同一张购货单上，消费者可以同时购买最普通的生活用品和昂贵的饰品，以满足生理的需求和尊重的需求。这种情况的出现是因为网络虚拟商店可以囊括几乎所有商品，人们可以在较短的时间里浏览多种商品，因此产生交叉性的购买需求。

5. 追求消费过程的方便和享受。在网上购物，除了能够完成实际的购物需求以外，消费者在购买商品的同时还能得到许多信息，并得到在各种传统商店没有的乐趣。今天，人们对现实消费过程出现了两种追求的趋势：一部分工作压力较大、紧张程度高的消费者以方便性购买为目标，他们追求的是时间和劳动成本的尽量节省；而另一部分消费者由于劳动生产率的提高，自由支配时间增多，他们希望通过消费来寻找生活的乐趣。今后，这两种相反的消费心理将会在较长的时间内并存。

6. 消费者选择商品的理性化。对网上消费者来说，传统商业环境下由于及时驱动和临时诱惑导致的“心头一热，买下再说，回家考虑，后悔不迭”的情况一般不会出现，因为他们可以选择的厂家和产品范围已不再局限于某个城市、某个专家市场或某个专卖店，他们还可以对商品的价格进行广泛的横向比较，最后做出比较理智的决策。他们的购物行为具有更多的理性化因素。网络营销系统巨大的信息处理能力为消费者挑选商品提供了前所未有的选择空间，消费者利用在网上得到的信息对商品进行反复比较，以决定是否购买。对企事业单位的采购人员来说，可利用预先设计好的计算程序，迅速比较进货价格、运输费用、优惠、折扣、时间效率等综合指标，最终选择有利的进货渠道和途径。网络营销必须利用一切方法和工具与网上消费者进行尽量充分的信息沟通，收集他们的需求信息，抢占先机，向网上消费者推出适销对路、物美价廉的产品和服务，这样才能在竞争对手云集的网络营销活动中取胜。

7. 网络消费具有逆向扩展的层次性。在传统的商业模式下，人们的需求一般是由低层次向高层次逐步延伸发展的，只有当低层次的需求满足之后，才会产生高一层次的需求。网上消费的消费需求虽然仍具有明显的层次性，但不同的是，在网络营销条件下，消费者的需求变化是由高层次需求的满足逐步向低层次需求扩展延伸的。这是因为，实践证明，网上消费者最初上网的目的是为了寻求满足一些高层次需求的产品或服务，如购买书籍资料、娱乐光盘、计算机软件。到了成熟阶段，消费者已基本熟悉并掌握了网上消费的规律和操作，并对网上购物消费有了充分的信任，对网上购物消费的优点“情有独钟”时，才会从购买满足高层次需求的精神消费品向大量购买日用消费品扩展延伸。因此，网络营销活动中，企业营销人员应该认识到这种规律，慎重合理、恰逢其时地逐步推出在网上销售的产品。

8. 较大的超前性。目前，上网购物消费的消费者以年轻人居多，他们一般都对新生事物反应灵敏，接受速度也较快，特别是更容易做到观念的不断更新。在网络上，最先进和时尚的产品能以最快的速度与消费者见面。网上消费者会很快接受这些新的产品，并带动周围一大批消费者，掀起一轮新的消费热潮。因此，网络营销应该考虑到这一需求特点，通过不断的营销创新，以刺激需求，毫不松懈地吸引住“消费潮流的领袖”——网上消费者。

9. 较强的可诱导性。消费者的需要，特别是高层次的需求，并不常常表现为现实的需求，而是较多地表现为潜在的需求状况。网上消费多以高层次需求为主。因此，网络营销活动中，企业应通过各种网上营销策略，努力激发网上消费者的潜在需求，实现由潜在需求向现实需求的转变，变微弱的购买欲望为强烈的获取动机，变反复的犹豫为坚决的购买行动。

10. 消费者兴趣、聚集、交流的需求表现突出。网络经济条件下，网络已经逐步深入到人们社会生活的各个层面，网上消费者上网最主要的目的不在于满足其基本的生存需求，而在于满足高层次的享受与发展的需求，表现最突出的是消费者兴趣、聚集和沟通交流的需求。

根据上述特点，从事网络营销的厂商应当充分发挥自身优势，采用尽量多的促销方法，充分启发和刺激消费者的消费热情，调动消费者的消费积极性，尽可能多地将潜在需求转化为真正意义的现实需求。

三、网络消费者购买行为分析

案例导读

中国数码产品消费行为分析报告

记者经过对大中、国美及苏宁在北京市的连锁店的调查，发现在这些家电连锁卖场中中国数码产品的销售情况具有很多的共同点：数码产品的销售主要集中在周末和节假日，正常情况下周六和周日两天的销售额能达到一周销售额的70%～80%；在有节假日的月份，这些家电零售商一个分店的数码产品销售额可突破百万；以SONY为代表的国际知名品牌的数码相机、摄像机，以其高品质的产品及零售商提供的优质服务在数码产品的销售中处于“领头羊”的位置；作为家电零售商，其地理位置和销售环境的影响也是很大的。

（一）影响网络消费者购买行为的因素分析

消费者购买行为的形成，经历了一个从引起需要、产生动机，然后再去购买的过程。从总体上说它属于外在因素，但其本身又是一种直接的刺激因素，因而具有特殊性。应该说，消费者的购买行为就是由这些因素共同作用的结果。

1. 影响网络消费者行为的内在因素。

(1) 文化因素。文化因素通常是指人类在长期生活实践中建立起来的价值观念、道德观念及其他行为准则和生活习俗。它以特定的认同感和影响力将各成员联系在一起，使之持有特定的价值观念、生活格调与行为方式，是引发人们的愿望及行为的最根本原因，是决定人类欲望和行为的基本因素。随着时代的发展，社会文化也在悄然转型。网络生活中集中的是深具活力、走在文化前沿的中青年消费者，因此了解最新的文化动向是网络营销人员必须考虑的。

文化的差异引起消费行为的差异，表现为饮食起居、建筑风格、节日、礼仪等物质生活和文化生活各个方面的不同特点。每一个网民都受到网络文化的长期熏陶，但同时又是在一定的地域社会文化环境中成长，地域社会文化环境依然对网民的消费行为产生重要的影响。例如，中国的网民具有仁爱、信义、礼貌、智慧、诚实、忠孝、上进、尊老爱幼、尊师重教等特点，过节的时候他们的忠孝就会表现为给父母采购礼品，这和西方网民是有区别的。不过应当看到的是，网络交流正在使文化的差异缩小。在网络文化中，又包含若干不同的亚文化群，这些亚文化往往在更深层次影响着网络消费者。目前购买行为的亚文化主要有以下四个方面的内容：①民族亚文化群。网民来自不同的民族，每个民族都在漫长的历史发展过程中形成了独特的风俗习惯和文化传统。②宗教亚文化群。网民分属于不同的宗教，每种宗教都有自己的教规或戒律。③种族亚文化群。网民有不同的种族，不同的种族有不同的生活习惯和文化传统。④地理亚文化群。世界上处于不同地理位置的各个国家，同一国家内处于不同地理位置的各个省份和市县的网民都有着不同的文化和生活习惯。

(2) 社会因素。包括社会相关群体和社会阶层两个方面。

①社会相关群体，是指对消费者的态度和购买行为具有直接或间接影响的组织、团体和人群等。消费者作为社会一员，在日常生活中要经常与家庭、学校、工作单位、左邻右舍、社会团体等发生各种各样的联系。家庭是消费者最基本的相关群体，因而家庭成员对消费者购买行为的影响显然最强烈。现在大多数市场营销人员都很注意研究家庭不同成员，如丈夫、妻子、子女在商品购买中所起的作用和影响。此外，亲戚、朋友、同学、同事、邻居等也是影响消费者购买行为的重要相关群体。这些相关群体是消费者经常接触、关系较为密切的一些人，由于经常在一起学习、工作、聊天等，使消费者在购买商品时往往受到这些人对商品评价的影响，有时甚至是决定性的影响。

②社会阶层：每个国家、每个地区的网民，根据他们的职业、收入来源、教育水平、价值观和居住区域都可以分成几个不同的社会群体，这种社会群体被社会学家们称为社会阶层。社会阶层的消费具有以下三个方面的特点：

其一，同一阶层成员具有类似的价值观、兴趣和行为，在消费行为上相互影响并趋于一致。譬如，处于上层社会、高收入、高地位的人更加关心国家大事，针对这些人群的新闻网站就要注意多一些这样的信息内容；处于较低层次的低收入、低教育水平的网民一般对聊天、网络游戏更有兴趣。

其二，一个人的社会阶层是受到职业、收入、教育、价值观和居住区域等多种因素制约的，因此对消费品的需求种类也不一样。街道居民区的网民热衷于网络社区讨论，作为大学教授的网民更热衷于谈论网络学术问题。

其三，网民们一生都在追求提高自己的社会阶层归属感。为此，网民们会对网络寄予很大的希望，会对网络上有价值的信息表现出极大的兴趣，职业培训、职业介绍、发财机会、中奖机会都能吸引网民的鼠标点击。

(3) 消费者自身状况。

①年龄和人生阶段。人们在一生中不断改变他们对产品和服务的选择。人们对食品、服装、家具及娱乐的品味常常和年龄有关。在不同年龄，相应需要各种不同的商品。例如，在幼年期，需要婴儿食品、玩具等；而在老年期，则更多需要保健和延年益寿产品。购买行为还受到家庭生命周期的不同阶段的影响——家庭随时间推移而不断成熟所经历的各个阶段。营销者通常确定其目标市场的生命周期阶段，并针对每一阶段提供适当的产品和营销计划。

②职业和地位。不同职业的消费者，对于商品的需求与爱好往往不尽一致。一个从事教师职业的消费者，一般会较多地购买书报杂志等文化商品；而对于时装模特儿来说，漂亮的服饰和高雅的化妆品则更为需要。网络营销者应找出对其产品和服务更感兴趣的职业群体，甚至可以专门从事向某个特定职业群体提供产品的业务。另外，消费者的地位不同也影响着其对商品的购买，人们通常选择能代表自己身份的产品。

③个人经济状况。消费者的经济状况会强烈影响消费者的消费水平和消费范围，并决定着消费者的需求层次和购买能力。消费者经济状况较好，就可能产生较高层次的需求，购买较高档次的商品，享受较为高级的消费；相反，消费者经济状况较差，通常只能优先满足衣食住行等基本生活需求。收入敏感型产品的营销者关注着个人收入、储蓄及利率的发展趋势，如果经济指标显示将要出现经济衰退，那么营销者就会采取相应行动对其产品重新设计、重新定位、重新定价。

④个性及自我观念。性格是指一个人特有的心理素质，通常用刚强或懦弱、热情或孤僻、外向或内向、创意或保守等去描述。不同性格的消费者具有不同的购买行为。个性是指能导致一个人对自身环境产生相对一致和持久的反应的独特心理特征。个性常用性格术语来描述，如自信、好支配他人的、好交际的、自主的、前卫的、适应性强的及进取的。与个性有关的还有另外一个概念——个人的自我观念。基本的自我观念的前提是：人们所拥有的东西影响并反映他们的身份，即“我们是谁取决于我们拥有什么”。因此，为了理解消费者行为，营销者必须首先了解消费者自我观念与其拥有物之间的关系。网络营销面对的消费群体是强调张扬个性的年轻人，因此对个性及自我观念的了解与分析在网络营销中尤为重要。

除了文化、社会环境、消费者个人及消费者心理等因素影响消费者的网上购物外，还有一些外在的因素也会影响网络消费者的购买行为。

2. 影响网络消费者行为的外在因素。

(1) 产品的价格。借助互联网进行销售，比使用传统销售渠道的费用低廉，因此网上销售价格一般来说比传统的市场价格要低。首先，由于网上的信息是公开和易于搜索比较的，因此网上的价格信息对消费者的购买起着重要作用。研究表明，消费者选择网上购物，一方面是因为网上购物比较方便，另一方面是因为从网上可以获取更多的商品信息，从而可以以优惠的价格购买商品。例如，世界最大的网络虚拟书店亚马逊书店（Amazon）一般以七到八折的价格出售图书。其次，网上营销的价格，对于互联网的用户而言是完全公开的，价格的制定要受到同行业、同类产品价格的约束。因为互联网为消费者提供了一个广泛的比较空间，制约了企业通过价格来获得高额垄断利润的可能。现在越来越多的企业通过电子邮件进行议价；在自己的网站上设立“价格讨论区”，并在网上通过智能化议价系统直接议价；或者通过其他平台进行竞价、拍卖等。

(2) 产品的特性。首先，由于网上市场不同于传统市场，网上消费者有着区别于传统市场的消费需求特征，因此并不是所有的产品都适合在网上销售和开展网上营销活动的。根据网上消费者的特征，网上销售的产品一般要考虑产品的新颖性，即产品是新产品或者是时尚类产品，这样比较能吸引人的注意。其次，考虑产品的购买参与程度，一些产品要求消费者参与程度比较高，一般要消费者现场购物体验，而且需要很多人提供参考意见，对于这些产品不太适合网上销售。对于消费者需要购买体验的产品，可以采用网络营销推广功能辅助传统营销活动，或者将网络营销与传统营销进行整合，可以通过网络来宣传和展示产品，消费者在充分了解产品的性能后，可以到相关商场再进行选购。

（3）产品的新颖性。在影响消费者购买因素的方面，有一个很重要的影响因素是“款式新颖”和“功能多”。手机消费便是如此。时尚性消费理念和消费行为在新增手机用户中已经明显地表现出来，多数消费者在认定品牌后，总会在款式的新颖程度和功能的多样性方面选择最佳的结合点。其中，北京、上海两地新增用户注重款式的程度大于注重功能，这说明手机已成为时尚性消费品。追求商品的时尚和新颖是许多消费者，特别是青年消费者重要的购买动机。

（4）其他因素。

①购物的便捷性是消费者选择购物的首要考虑因素之一。一般而言，消费者选择网上购物时考虑的便捷性，一是时间上的便捷性，可以不受时间的限制并节省时间；另一方面，是可以足不出户，在很大范围内选择商品。

②产品购买的时间。这里所说的购买时间包含两方面的内容：购物时间的限制和购物时间的节约。传统的商店，即使是夫妻小店，每天也只能营业10~14个小时，许多商店还有公休日。商店停业的日子里，顾客买不到需求的东西，商店也失去了购物的顾客。网上购物的情况就不一样了。网络虚拟商店一天24小时开业，随时准备接待客人，没有任何时间的限制。顾客早上5点或晚上12点购物都没有问题。电子商务为人们上班前和下班后购物提供了极大的方便。

③产品的挑选范围。“货比三家”是人们在购物时常常使用的操作方法。在网络购物中，“货比三家”已不足为奇。人们可以“货比百家”、“货比千家”，甚至“货比万家”，商品挑选的余地大大扩展。而且，消费者可以从两个方面进行商品的挑选，这是传统的购物方式难以做到的。一方面，网络为消费者提供了众多的检索途径，消费者可以通过网络，方便快速地搜寻全国乃至全世界相关的商品信息，挑选满意的厂商和满意的产品；另一方面，消费者也可以通过公告板告诉千万个商家自己所需求的产品，吸引商家与自己联系，从中筛选出符合自己要求的商品或服务。在这样大的选择余地下，精明的消费者自然倾向于在网上选购价廉物美的商品了。

④安全可靠性。网络购买另外一个必须考虑的是网上购买的安全性和可靠性问题。由于在网上消费，消费者一般需要先付款后收货，这和过去的一手交钱一手交货的现场购买方式不同，网上购物中的时空发生了分离，消费者有失去控制的离心感。因此，为降低网上购物的这种失落感，必须加强网上购物各

个环节的安全措施和控制措施，保护消费者购物过程的信息传输安全和个人隐私保护，以及树立消费者对网站的信心。

(二) 网络消费购买行为类型

电子商务按照交易对象来分类，可以分为企业与消费者之间的电子商务(B2C)、企业与企业之间的电子商务（B2B)、消费者与消费者之间的电子商务(C2C)、企业与政府之间的电子商务（B2G)、消费者与政府之间的电子商务(C2G) 等几种模式。从目的来说，应用最为广泛的是 B2C 和 B2B 两种模式。其中 B2C 市场是进行网络营销最主要的市场，要想成功实现网络营销的目标，就必须把握 B2C 市场上网络消费者的基本行为特征。

分析网络消费者的购买行为可以发现，在他们千差万别的个性化购买行为的背后，实际上也存在着某些相似的行为。按照网络消费行为的相似性，可以将网络消费购买行为划分为以下四种行为：

1. 习惯型购买行为。即消费者根据以往的购买习惯而反复购买某种商品的行为模式。这类消费者非常重视以往的购买和使用经验，在购买时不需要花时间选择比较，也不需要征集信息评价产品等较为复杂的购买决策过程。由于形成习惯性网络消费的用户有着明显的网络需求形成过程，即经历了兴趣、聚集和交流的完整环节，这些人的消费具有明显的偏向性，并且对所购买的商品特性相当熟悉。因此，对待这类消费者，网站不必用过多的信息介绍商品，而应积极提高交易过程中的响应速度，使其能便捷地完成交易手续。另外，网站进行推广时一定要注意使用易记的域名和醒目的图标广告，逐渐强化消费者的记忆，培养消费者的上网操作习惯。

2. 理智型购买行为。即消费者在购买商品时比较慎重和有主见，能控制自己的情感，不易受外来因素的影响。这类消费者在购买时冷静、慎重，比较细心，不受各种信息宣传的影响，力图挑选自己感觉最满意的商品。由于网络平台对于信息资源的集成性和共享性，因此理智型购买行为的消费者往往最大限度地利用网络资源进行信息对比，不像习惯型购买行为的消费者那样会刻意去记忆某个网站，而是更多地利用搜索引擎。对待这类客户要有耐心，一方面，提供全面、详尽、真实的商品信息；另一方面，提供丰富快捷的检索和查询手段，这样才能获得消费者的信任。

3. 经济型购买行为。即消费者在购买时特别注重商品价格的购买行为。这一模式有两种表现形式：一种是愿意购买廉价商品；另一种是喜欢购买高质高价商品。经济型购买行为的网络消费者占到所有网络消费者的大多数，他们之所以钟情于网络消费，最主要的原因就是网上商品的价格一般要比实体市场中的便宜。绝大多数网上商店的开设省去了店铺租金、库存管理费用等营运成本，使得网络经销商可以利用节省出来的利润空间进行让利促销，所以可以吸引众多的网络消费者。因此，要想笼络这些用户，最有效的方法就是在网站上进行各种形式的低价宣传和促销。

4. 想象型购买行为。即指消费者以丰富的联想力衡量商品的意义，从而做出购买决定的购买行为。这类网络消费者有丰富的想象力，对美的要求和欣赏能力也比较高，因此在购买时特别注重商品的外观造型、色彩和命名。但他们的注意力容易转移，兴趣容易变换。对待这类消费者，网站要搞好商品宣传，尤其是为商品起响亮的名字，运用声像资料展示产品等。

（三）网络消费者的购买决策过程

网络消费者的购买决策过程是消费者需求、消费动机、购买行为活动及消费者购后的感受的综合与统一。这一过程并不是表现为简单的买或不买，而是一个复杂的过程。

网络消费的消费者与传统消费者的购买决策过程相似，购买行为早在实际购买之前就开始了，并且一直延长到实际购买后的一段时间，有时甚至是一段很长的时期。从酝酿购买到购后的一段时间，网络消费的购买过程可分为以下五个阶段，即诱发需求→收集信息→比较选择→购买决策→购后评价。

1. 诱发需求。网络购买过程的起点是诱发需求。也就是说，当消费者认为已有的商品不能满足需求时，才会产生购买新产品的欲望，进而才会去选择和购买。这是消费者做出消费决定不可缺少的基本前提。在这个阶段里，消费者认识到自己的即时状态与理想中的状态的差距，所以就想消除这个差距。在传统的购物过程中，诱发消费者产生购物欲望的动因是多方面的。消费者的需要可能是由内在的生理活动引起的，也可能是受外界的某种刺激引起的。人体生理的刺激，如饿了要吃饭、渴了要喝水、冷了要穿衣等；外界环境的刺激，如看到别人穿时尚服装，觉得看起来有一种时髦的感觉，因而产生自己也要买一件的想法；或者看到冰箱里空了，就会去买蔬菜、水果、饮料等来补充它，甚至空了的酱油瓶和醋瓶也会使人们认识到需要一瓶新的酱油和醋。

但对于网络营销来说，诱发需求的动因只局限于视觉和听觉。于是文字的表述、图片的设计、声音的配置以及图文之间的安排就成了网络营销中诱发消费者消费的直接动因，以致网络营销对消费者的吸引具有相当的难度。因此，从事网络营销的企业或中间商就得多注意了解与自己产品相关的实际需求和潜在需求，了解这些需求在不同时间里的不同程度，了解这些需求是由哪些刺激因素诱发的，进而巧妙地设计促销手段去吸引更多的消费者浏览网页，诱发他们的需求欲望。

2. 搜集信息。当需求被唤起后，每一个消费者都希望自己的需求能得到满足，而且想更好地得到满足。因此，搜集信息、了解网络市场的行情便成为网络消费者购买的第二个环节。这个阶段的作用主要就是搜集商品的有关资料，为下一步的比较选择奠定基础。

搜集信息的渠道主要有两个方面：内部渠道和外部渠道。消费者首先在自己的记忆中搜寻可能与所需商品相关的知识经验，如果没有足够的信息用于决策，他便要到外部环境中去寻找与此相关的信息。

搜集信息的内部渠道，即网络消费者自己的经验来源。消费者的经验来源于消费者自己所存储或保留的市场信息，主要包括以往消费的实际经验教训、个人对市场的观察研究、个人消费活动的记忆以及使用同种产品的感受等。这种渠道通常适用于那些平时爱好消费，并且在以前曾有相同产品的消费或者是相同产品的使用经验。

收集信息的外部渠道主要包括以下三个方面：

①个人来源。这类信息主要来自于消费者的家庭成员、邻居、同事、朋友等的消费体会。这类信息和体会在某种情况下在消费者的消费决策中起着决定性的作用。在网络营销中，这一渠道的作用是相当大的，所谓口碑也就是利用了这一点。

②商业来源。这类信息主要来自于广告、推销员、分销商、包装品、展销会等。这一途径主要是通过厂商有意识的活动把商品信息传播给消费者。在传统方式下，商业信息的传递可以通过各种传统方式的广告、人员的推销和其他促销手段等。网络营销的信息传递除了可以依靠传统方式的信息传递外，更多的信息传递还是依靠网站广告、搜索引擎、电子邮件中的产品介绍，包括在网络社区中所做的广告、中介商或者是商业平台上的条目，以及自己网站上的广告和产品介绍。

③公共来源。这类信息主要来自于大众传播媒体、消费者组织。与传统购买时信息的收集不同，网络消费的信息收集带有较明显的主动性。

在网络购买过程中，商品信息的收集主要是通过互联网进行的，主要包括三种方式。第一种是浏览，它没有特定的目标，完成任务的效率低，在较大程度上依赖外部的信息环境，但能较好地了解整个信息空间结构。此时，用户在网络信息空间的活动就像随意翻阅一份报纸，他能大概了解报纸的信息包括了哪些内容，能否详细地阅读某一信息就依赖于该信息的版面位置、标题设计等因素了。第二种是搜索，即在一定的领域内找到新信息。利用搜索收集到的信息有助于达到发现新信息的最终目的。搜索时用户要访问众多不同的信息源，搜索活动对路标的依赖性较高。用户在网络信息空间的搜索，就如根据目录查阅报纸，以获取某一类特定信息。第三种是寻找，即在大信息量的信息集里寻找并定位于特定信息的过程。寻找的目的性较强，活动效率最高。在信息空间的活动中，这三种方式不是孤立进行的，而是交叉互动的，用户的任务或意图会在他的信息活动过程中逐渐变化且渐趋明晰。

3. 比较选择。消费者需求的满足是有条件的，这个条件就是实际支付能力。消费者为了使消费需求与自己的购买能力相匹配，就要对各种渠道汇集而来的信息进行比较、分析、研究和评价，根据产品的功能、可靠性、性能、模式、价格和售后服务等，从中选择一种自认为“足够好”或“满意”的产品。于是比较选择就成为消费者在消费过程中必不可少并且具有决定性的一环。

比较选择有一个过程。首先，假设每个消费者都把产品看成是一系列产品属性的集合；其次，消费者会根据自己的需要和希望来区别不同属性的重要性程度；第三，消费者会形成一系列关于各个属性中不同品牌性能的品牌信念。人们关于某个特定品牌的一系列信念就是所说的品牌形象。消费者的信息受到亲身经验和选择性注意、曲解及保留的影响，所以可能与真正的产品属性有些差异；第四，消费者期望的产品的全部满意度随不同的属性水平变化；第五，消费者通过某种评价程序，形成对不同品牌的态度。

在网络中的商品，由于消费者不能直接接触实物，所以消费者在进行网络消费时对商品的比较大多依赖于厂商对商品的描述，包括文字、图片及声像资料的描述。如果网络厂商对自己的产品描述不充分、不完整，就不能吸引众多的顾客；但如果对产品的描述过于夸张，甚至带有虚假的成分，则可能永久地失去顾客。对于如何去把握这个分寸，则是每个网络厂商必须认真考虑的问题。

4. 购买决策。网络消费者在完成对商品的比较选择之后，便进入到购买决策阶段。网络购买决策是指网络消费者在购买动机的支配下，从两件或两件以上的商品中选择一件满意商品的过程。做出购买决定和实现购买，是决策过程的中心环节。与传统的购买方式相比，网络购买者在购买决策时主要有以下三个方面的特点：

(1) 网络购买者理智动机所占比重较大，而感情动机的比重较小。消费者在网络中寻找商品的过程是一个思考和判断的过程，他们有足够的时间去分析研究商品的性能、质量、外观和价格，从容冷静地做出自己的选择。

(2) 网络购物受外界影响小。网络消费者的整个消费过程都是自己独立完成的，独自坐在计算机前浏览选择并做出购买决策，与外界的接触很少，因而大部分的购买决策是自己做出或是与家人商量后做出的。

(3) 网上购物的决策行为与传统购买决策相比速度要快。基于前两方面的特点，网络消费者在决策阶段耗费的时间要大大少于传统购买决策，一旦消费者在网上认定了所需商品，便会直接通过网络发出购买指令。

但是，在网络营销情况下，要使消费者在没有看到实物的情况下就从口袋里掏钱，绝非易事。消费者对商品信息进行比较和评估后，虽然已经形成购买的意图，然而从购买意图到决定购买，必须具备以下三个条件：

(1) 对厂商的信任感。由于网络的虚拟性，厂商及其商品和购买者并不能直接见面，这样会使消费者产生一定的顾虑。网络消费者通常会产生下列疑问：这个厂家是不是真的像网站里所描述的那样？这件商品是不是真的和网上宣传的一样物美价廉？这一切疑问就得由厂商在消费者心目中建立的信任度来决定了。

(2) 对支付有安全感。电子商务的安全问题一直以来都是大家所关注的问题，其中网络消费者关注的焦点就是网上支付的安全性问题。在网络营销中，可采用的支付方式有邮局汇款、上门预收款（货到付款）、信用卡（借记卡）、数字现金等。对于消费者来说，采用货到付款是最安全的，那么厂商可否提供其他的支付方式来取得消费者的信任呢？这就要求厂商的支付系统具有防范风险的功能，并且能让消费者切实地感受到。

(3) 对产品有好感。要使消费者对产品有好感，要靠以往产品在消费者心目中的形象、地位来决定，这得靠企业在网上和网下长时间的积累，不能过于激进。

由此可以看出，树立企业形象、改进货款支付方法和商品邮寄办法、全面提高产品质量，是每一个参与网络营销的厂商必须重点抓好的三项工作。这三项工作抓好了，才能促使消费者毫不犹豫地做出购买决策，从而达到营利的目的。

5. 购后评价。消费者购买之后的行为主要有两种：一是“购后”满意程度；二是“购后”活动。

消费者购买商品后，往往通过使用，对自己的消费选择进行检验和反省，重新考虑这种购买是否正确、使用是否理想，以及服务是否周到等问题。这种“购后”的评价决定了他今后的购买动向。

决定消费者对购买是否满意的关键在于消费者的期望和产品的被觉察到的性能的一致程度。如果产品未达到消费者的期望，消费者就会失望；如果达到了期望，消费者就会满意；如果超出了期望，消费者就会惊喜。消费者的期望基于他们从销售商、朋友及其他来源处获得的信息，如果销售商夸大了产品的性能，消费者的期望就不会得到满足，必然导致不满意。商界中流传着这样一句话：“一个满意的顾客就是我们最好的广告。”

让消费者满意是非常重要的，满意的标准是产品的价格、质量和服务。因此，商家的明智之举应该是定期衡量顾客的满意程度，而不能坐等不满意的顾客自己提出抱怨。

为了提高企业的竞争力，最大限度地占领市场，企业必须倾听顾客反馈的意见和建议。与传统营销相比较，网络营销具有得天独厚的优势。厂商可以在网站上设置意见与建议栏，消费者在重复进入网站浏览时，就可以填写自己的建议或意见；厂商在订单后附上意见表，消费者可以在购物的同时填写自己对厂商、产品及整个销售过程的感受或是评价；厂商还可以通过方便、快捷、便宜的电子邮件与消费者进行联系。厂商在收集到这些意见后，通过分析，迅速找出自己工作中的缺陷与不足，及时了解消费者的意见和建议，从而及时改进自己的产品性能和售后服务。

四、网络组织市场分析

案例导读

英国家装行业巨头百安居的网上采购优势

2003 年 10 月 18 日，百安居北京四季青店正式开业。作为国际知名的连锁建材超市，百安居在中国早已耳熟能详，但四季青店却是百安居在北京的第一家连锁超市。开业当天，慕名而去的顾客如潮水一般，收银台前的长龙一直延伸到货场。当天，百安居北京四季青店有三个数字打破同行业世界纪录：停车场内先后停泊了 12000 辆汽车，卖场共接待了 9 万名顾客，全天销售额达到 400 万元。

现代企业的竞争不再是单个企业之间的竞争，而是供应链与供应链之间的竞争，全球化采购成为企业降低成本的一种必然选择，企业最希望的就是没有库存，需要什么商品的时候能马上采购到，并且能货比三家，把全国质量最好、价格最低、运费最省的商品及时采购回来，降低整个供应链的总成本。

网上采购作为一种先进的采购方式，主要体现在：大大减少了采购需要的书面文档材料，减少了对电话传真等传统通讯工具的依赖，提高了采购效率，降低了采购成本；利用网络开放性的特点，使采购项目形成了最有效的竞争，有效地保证了采购质量；能够更加规范采购程序的操作和监督，大大减少采购过程中的人为干扰因素；更加符合信息时代对政府采购的要求，促进政府采购与电子商务相结合。北京必联公司首席运营官罗青指出，采购项目的资金节约率与通常人工采购相比，会由10%左右提高到30%以上。

随着政府公务逐步实现电子化，网上采购将成为政府采购的主要形式。有关专家就此指出，政府采购将是我国电子商务全面展开的突破口，而政府采购工作的相当一部分将通过网上采购的形式来完成。

（一）网络组织市场概念

组织市场是指工商企业为从事生产、销售服务等业务活动以及非营利组织和政府部门为履行职责而购买产品和服务所构成的市场，或是以组织为单位的购买者所构成的市场。相对消费者市场而言，组织市场包括：生产者市场、中间商市场、非营利组织市场、政府市场。网络组织市场行为主要是指企业与企业之间、企业与政府之间、企业与非营利组织之间，以及企业与分公司之间的交易行为。

1. 网络组织市场的类型。在此，我们讨论三类组织市场：生产者市场、中间商市场和政府市场。

生产者市场包括所有购买产品或服务来制造其他产品和服务，以供销售、租赁的其他个人或组织。

中间商市场包括将购买的产品再度出售或租赁，以获取利润的个人或组织，它创造时间、地点和所有权效用。

政府市场包括中央政府和各级地方政府机构和部门，这些机构购买或租赁产品或服务，以完成政府的主要功能。

2. 网络组织市场的特性。组织市场与消费者市场颇为类似——两者都有一些人担任购买角色并进行购买决策以满足其需求。但是在许多方面，组织市场与消费者市场有很大不同，主要差别在于市场结构和需求特性、购买单位的性质和决策类型与决策过程等。

（1）市场结构和需求特性。组织营销者面对的购买者，通常人数较少，而规模较大。组织市场在地理位置上比较集中。许多组织市场的需求弹性并不大，即价格的变动对其总需求量的影响不大，特别是在短期的情况下。组织市场的需求波动性较大，即许多生产者市场产品或服务的需求比消费品需求变动大。当消费者的需求小幅增加时，生产者市场产品需求会大幅度增加。

（2）购买单位的性质。与消费品采购相比，组织采购中参与购买的人数更多，并且更为专业化。在采购重要商品时，成立采购委员会是最常见的方法。采购委员会由技术专家和高层管理人员组成。

（3）决策类型和决策过程。组织购买者通常比消费品购买者面临更加复杂的购买政策，采购通常涉及较大的金额，技术和经济上的考虑也更复杂。购买者组织中各个层级和部门的许多人员之间都会有复杂的相互影响。

组织购买过程通常比消费者购买过程更加正式。大机构的采购通常要求详细的产品规格、书面的订购单、审慎寻求供应商和正式的批准。

最后，在组织购买过程中，购买者和销售者通常需要相互依赖。组织营销者在购买过程的所有阶段中，都需要与顾客协力合作——从协助顾客确定问题、找出答案，到售后服务，以满足顾客的特殊需要。公司除了要满足顾客现有的需求以外，还应该考虑顾客未来的需求，以建立持续不断的长期关系。

(4) 其他特点。组织购买者通常直接向生产者购买，而不是向中间商购买，对于比较昂贵或者技术较复杂的产品尤其如此。组织购买者趋向于采用租赁方式，而不是直接购买的方式。

(二) 网络组织市场购买者的行为模式

在组织的购买行为模式中，首先，营销和其他刺激影响组织，从而产生某种购买反应。营销刺激包括产品、价格、分销和促销对组织购买者的影响；其他刺激包括组织环境中的主要因素：经济、军事、政治、文化和竞争等。

在组织内，购买活动包括两大部分：购买中心（由涉及购买决策过程的人组成）和购买决策过程。以下将探讨影响组织购买者行为模式的各种因素，主要讨论较为重要的组织市场——生产者市场。

1. 生产者市场购买行为的主要类型。

(1) 全新采购。指企业第一次采购某种生产用品，这是最为复杂的一种购买类型。由于购买风险大，企业在购买时会十分谨慎，需要获得多家供应商的大量有关产品质量、服务和价格等方面的信息，以便进行比较和选择，并需要企业领导组织有关专家共同商定如何购买，如购买大型的机器设备、建造厂房或办公大楼、安装办公自动化设备或计算机信息系统等。采购者需要在产品规格、数量、质量、性能、价格、服务条件和付款方式等方面做出购买决策，这给供应商带来了平等的机遇与挑战。

(2) 修订重购。指企业为了满足优化产品结构、改进工艺流程、扩大生产的要求等，修订过去的采购方案，对产品的规格、价格、发货条件、付款方式或供应商进行调整。修订后重购，买卖双方一般都会有较多的人参与。这种情况对原先的供货方是一种危机，所以必须全力以赴，而对原先落选的供应商来说则是一次极好的取代原供应商的市场机会。

(3) 直接续购。指企业继续购买过去采购过的同类生产用品，通常是一些质量规格相同，又需要不断补充的生产用品。这种购买类型最为简单，是企业的例行重复购买行为。企业一经选定某个供应商，只要供求双方本着互惠互利的原则进行合作，就能建立比较稳定的协作关系。在这种情况下，供应商应保证产品质量，备足货源，努力为购买者提供各种优惠条件和周到的服务，以保证这种合作的长久性。

2. 生产者市场购买过程的参与者。通常企业的采购由企业的采购中心执行，采购中心由发起者、使用者、影响者、采购者、决定者和信息控制者等组成，他们共同参与采购决策过程。这些决策者在企业中的地位、职权、影响力以及他们之间的关系不同，对购买决策会产生不同的有时甚至是微妙的影响。在直接续购时，采购代理人起的作用较大；而在全新采购时，企业的采购中心所起的作用较大；在做产品选择决策时，通常是工程技术人员的影响最大，采购代理人则控制着供应商的选择决策权。

3. 影响业务采购人员的因素。在组织的采购中心里，采购人员应该说是相当关键和重要的人物。能够影响业务采购人员，就必然对整个采购过程产生影响。采购人员在做出购买决策时受到许多因素的影响。有些营销人员认为，经济因素最为重要；另外一些营销人员认为，采购者对诸如偏好、注意力、避免风险等个人因素反应敏感。一般来说，影响业务购买行为的主要因素有五个：环境、组织、人际、个人和网络。

(1) 环境因素。组织购买者的决定受当前经济环境或预期经济环境诸因素的影响。在经济衰退时期，组织购买者就会减少对厂房或设备的投资，并设法减少存货，业务营销人员在这种环境下是无法刺激采购的，他们只能在增加或维持其需求份额上作艰苦的努力。

(2) 组织因素。每一个采购组织都有具体目标、政策、程序、组织结构及系统。

(3) 人际因素。采购中心通常包括一些不同利益、职权、地位和有说服力的参与者。

(4) 个人因素。即参与购买决策人员的个人动机、感知、个性以及购买风格等。这些因素受制于这些人的年龄、受教育程度、性格、职业认同感以及对风险的态度等。企业生产资料的购买，实质上是采购中心成员在企业内外各因素约束下的具体购买行为，因此这些个人因素必然会对集团的网上购买决策产生潜移默化的影响。

(5) 网络因素。原材料采购是整个企业供销活动中一个重要环节。企业用在原材料上的花费，将直接影响到企业的效益和利润情况。因此，企业首先可以通过网络发布采购信息，寻找产品信息和供方信息，以寻求最佳合作伙伴，从而最大限度地为企业节省资金。

4. 生产者市场购买者的购买决策过程。

(1) 确认问题。当公司内部有人发现，购买某产品或服务可以解决某个问题或者满足某种需要时，这就是购买过程的开始。确认问题可能是由公司外部，也可能是公司内部的刺激而产生的。

(2) 一般需要描述。一旦确定确实有需要，接下来就要准备一般需要说明书，以确定产品的一般需要和数量。对标准化的产品，这不是大问题，但是对于复杂的产品，采购人员必须与公司内部其他部门的人员商量。他们必须评估产品的耐用性、可靠性、价格和其他属性的重要性。在这个阶段，卖方可以提供很多帮助，因为买方往往不了解各种产品特点的价值，积极的营销可以帮助买方决定公司的需要。

(3) 确定产品规格。下一步，购买组织要确定产品的技术规格，这可由价值分析工程小组负责。价值分析是一种降低成本的分析方法，它仔细研究产品的各个元件是否重新设计、实行标准化或者使用更便宜的方式生产。工程小组会决定适当的产品特性并且确定其规格。

(4) 寻求供应商。购买者为寻求适当的供应商，可以查阅工商企业名录、计算机资料，或者征询其他公司的意见，然后剔除一些无法充分供应或者交货与信誉不佳的供应商，就形成一张人数较少的合格供应商名单。购买任务越新，项目越复杂、昂贵，耗费在寻求供应商的时间就越多。供应商必须将自己的资料列在主要的工商企业名录上，并且在市场上建立良好的声誉。

(5) 征求报价。一旦确定几名供应商，必须尽快请他们提出报价。对于复杂和昂贵的产品项目，买方可能会要求详细的计划书，并且在其中挑选部分公司开会介绍详细计划，以便进一步评估。生产者市场营销人员必须精于研究、撰写计划书和介绍演讲。计划书应该是营销文件而不是技术文件。

(6) 选择供应商。在此阶段，采购中心的成员将审核报价书，并进行供应商分析，从而选择供应商。他们考虑的不仅是产品质量，还要考虑送货时间和其他服务等。采购中心关心的供应商的主要特性有：产品的质量和服务、准时送货、道德行为、诚信程度、价格竞争力、修理和服务能力、技术支持和咨询、地理位置和供应商声誉等。

(7) 正式订购。买方确定供应商之后，必须向供应商发订购单，说明产品的规格、数量、希望的交货时间、退货条件和产品保证等。双方订立一揽子采购合同后，供应商必须承诺在一定时间内，按照合同价格随时向买方供应所需产品。这是一种长期关系，存货存储在卖方手里。这种方式增加了向单一供应商购买产品的可能性。供应商与买方应建立稳定的关系，不给其他供应商以可乘之机。

(8) 评估使用结果。在这个阶段，采购单位会评估向某供应商采购的成果。采购单位将请使用单位根据满意程度对供应商予以评分。结论将影响公司与供应商的关系。卖方应该注意买方评估绩效的各项变量，确保顾客能够得到预期的满足。

中间商市场，亦称转卖者市场，是由以营利为目的从事转卖或租赁业务的个体和组织构成，包括批发商和零售商，其实质是顾客的采购代理。中间商购买行为同产业购买者行为有相似之处，其采购计划包括三个主要决策：经营范围和商品搭配、选择什么样的供应者、以什么样的价格和条件来采购。

(三) 非营利组织和政府的网上采购

政府市场是由需要采购货物和劳务的各级政府部门构成，它们采购的目的是为了执行政府机构的职能，所以政府采购者的行为与一般民间采购者有所不同。在分析过程中应注意影响政府购买行为的因素与购买决策过程分析。此外，事业单位购买行为与政府部门相似，在此不赘述。

国内电子政务和电子商务的发展已经经过了一个前期的普及过程，大多数的政府和企业对网络的快捷、高效以及传播的范围有了一定的认识。政府采购实际上是政府和企业之间（G2B）的重要连接点，因而随着信息化的发展，政府网上采购的需求和呼声日益增加。据不完全统计，国内建立的政府采购网站的数量已达几百家，几乎所有省市一级的城市都已有相关网站，一些县乡级采购部门和第三方的机构也有不少的采购网站。上海市最近成立的后勤采购供应信息网就是满足这方面要求的，为企业和政府提供了信息交流和沟通的平台。

在网上，人们可全程监督政府采购行为，政府可以将采购过程以及预中标公告等所有环节、细节都在网上显示，这就好比把采购过程放到了一个透明的盒子里，任何人都可以在网上实时直击政府采购的全过程，对其中的任何细节一目了然。如图 4-1 所示。

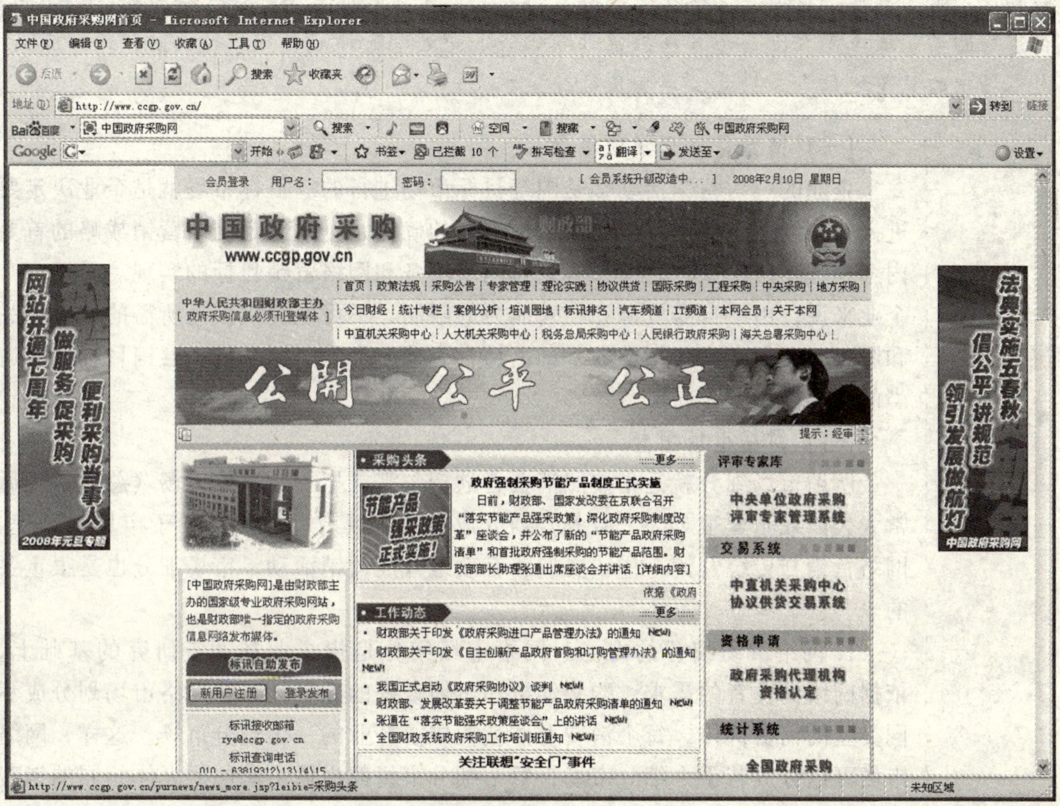

图 4-1 中国政府采购网主页

五、网络目标市场选择

案例导读

北京现代挺进政府用车市场

2002 年 10 月 16 日，由北京汽车投资有限公司和韩国现代自动车株式会社共同出资设立的北京现代汽车有限公司正式成立。时至 2004 年，中国汽车市场在不断的降价声中前行，上海通用、广州本田等各大公司各显神通，抢占市场，但整体销量仍不尽如人意。然而以北京现代为首的市场强者却给我们展现了亮丽的色彩。北京现代销量排名已经超过上海通用和广州本田，排在一汽大众和上海大众之后，位列第三名，进入了中国汽车企业的第一梯队。

在市场大环境不尽如人意的情况下，是什么让北京现代有如此的业绩呢？除了充分利用其新产品优势外，清晰的市场定位同样功不可没。清晰、灵活的市场策略使北京现代可以在灵活应对纷繁多变的中国车市的同时，集中兵力，在每一目标市场，占据领先。

汽车批量采购多年来被政府机关、出租车采购、大型企业等所采用，以前批量采购的品牌仅局限于红旗、奥迪、桑塔纳等品牌，但现在北京现代的索纳塔等中高档型轿车不但在家庭购车领域风光无限，而且在批量采购领域也受到政府部门和出租行业的热捧，在国内市场中的竞争地位日益提升，市场份额逐步扩大。

（一）网络目标市场的概念

企业的一切营销活动都是围绕目标市场进行的。目标市场就是企业决定要进入的市场。企业网络营销中目标市场的确定是企业制定网络营销战略的首要内容和基本出发点，它关系着企业网络服务和网络营销目标的实现。对于一个企业来说，由于自身资源和经营能力的限制，不可能提供市场所需的所有商品和服务，必须在市场细分的基础上结合企业自身的资源条件和营销目标选择适当的目标市场。

（二）网络市场细分

所谓市场细分就是指按照消费者欲望与需求把一个总体市场（总体市场通常太大以致企业很难为之服务）划分成若干个具有共同特征的子市场的过程。网络营销与传统营销一样，要能够有效地开展营销活动，市场细分也是很重要的。

1. 网络市场细分的内涵。网络市场细分是指企业在调查研究的基础上，依据网络消费者的需求、购买动机和习惯爱好的差异性，把网络市场划分成不同类型的消费群体，每个消费群体就构成了企业的一个细分市场。这样，网络市场可以分成若干个细分市场，每个细分市场都由需求和愿望大体相同的消费者组成。在同一细分市场内部，消费者需求大致相同；不同细分市场之间则存在着明显的差异性。市场细分的目的在于为企业寻找有利可图的目标市场。企业可以根据自身的条件，选择适当的细分市场为目标市场，并依此拟定本企业的最佳网络营销目标市场的方案和策略。

2. 网络市场细分的作用。网络市场细分可以为企业认识网络市场、研究网络市场，从而为选定网络目标市场提供依据。具体来说，网络市场细分有以下几个方面的作用：

（1）有利于分析网络市场，发现新的市场机会，开拓形成富有吸引力的新市场。在网络市场细分的基础上，企业可以深入了解和分析各个网络顾客群的需求特征、需求的满足程度和竞争状况，并根据各子市场的潜在购买数量、竞争状况及本企业的实力，发掘新的市场机会，开拓新市场。

（2）有利于集中使用企业资源，增强企业的竞争力，取得最佳营销效果。

企业通过网络市场细分，可发掘网络市场机会，并根据对主客观条件的分析选定网络目标市场。网络目标市场选定后，企业就可将资源集中用于最有利的子市场，争取较理想的市场份额，以使有限资源得到较充分的利用，取得最佳营销效果。通过市场细分，企业易看清每个细分市场上各个竞争者的优势与弱点，有利于企业扬长避短地确立自己的目标市场，从而增强企业的竞争力，提高企业经济效益。

(3) 有利于制定和调整营销方案，增强企业应变能力。在网络市场细分的基础上，企业比较容易认识和掌握各细分市场消费者需求的变化，以及他们对营销措施的反应，从而调整相应的营销策略，制定最佳的营销战略。

3. 市场细分的方法。企业在运用细分标准进行市场细分时必须注意以下问题：(1) 市场细分的标准是动态的。市场细分的各项标准不是一成不变的，而是随着社会生产力及市场状况的变化而不断变化。如年龄、收入、城镇规模、购买动机等都是可变的。(2) 不同的企业在市场细分时应采用不同标准。因为各企业的生产技术条件、资源、财力和营销的产品不同，所采用的标准也应有区别。(3) 企业在进行市场细分时，可采用一项标准，即单一变量因素细分，也可采用多个变量因素组合或系列变量因素进行市场细分。下面介绍几种市场细分的方法。

(1) 单一变量因素法：就是根据影响消费者需求的某一个重要因素进行市场细分。如服装企业按年龄细分市场，可分为童装、少年装、青年装、中年装、中老年装、老年装；按气候的不同，可分为春装、夏装、秋装、冬装。

(2) 多个变量因素组合法：就是根据影响消费者需求的两种或两种以上的因素进行市场细分。如生产者市场锅炉生产厂，主要根据企业规模的大小、用户的地理位置、产品的最终用途及潜在市场规模来细分市场。

(3) 系列变量因素法：就是根据企业经营的特点并按照影响消费者需求的诸因素，由粗到细地进行市场细分。这种方法可使目标市场更加明确而具体，有利于企业更好地制定相应的市场营销策略。如自行车市场，可按地理位置（城市、效区、农村、山区）、性别（男、女）、年龄（儿童、青年、中年、中老年）、收入（高、中、低）、职业（工人、农民、学生、职员）、购买动机（求新、求美、求价廉物美、求坚实耐用）等变量因素细分市场。

大多数产品的销售都受购买者多种需求因素的影响，如不同年龄范围的消费者，因生理或心理的原因对许多消费品都有不同要求；同一年龄范围的消费者，因收入情况不同也会产生需求的差异；同一年龄范围和同一收入阶层的消费者，更会因性别、居住地区及许多情况不同而有纷繁复杂、互不相同的需求。因此，大多数产品都需按照两个或两个以上的因素细分。

（三）网络市场细分标准

1. B2C 市场细分标准。一种产品的整体市场之所以可以细分，是由于消费者或用户的需求存在差异性。在 B2C 市场上，市场是由以满足生活消费为目的的消费者构成的，消费者的需求和购买行为等具有许多不同的特性，这些不同的需求差异性因素，便是 B2C 市场细分的基础。由于引起消费者需求差异性的因素很多，在实际操作中，企业一般综合运用有关标准来细分市场，而不是采用单一标准。概括起来，B2C 市场细分的标准主要有四类，即地理因素、人口因素、心理因素、行为因素。以这些因素为标准来细分市场就产生出地理细分、人口细分、心理细分和行为细分四种市场细分的基本形式。

(1) 按地理因素细分市场。Internet 这个全球性的网络打破了常规的地理区域的限制，而且不同地理区域之间的人口、文化、经济等差异将会长期存在。由于我国区域经济的不平衡性，在上网人口的分布上也明显呈现出东部沿海地区和中西部地区的不平衡性，这一特点也就构成了企业在网络市场细分过程中需要考虑的一个重要因素。

地理细分是指按照消费者所处的地理位置、自然环境来细分市场。比如，根据国家、地区、城市规模、气候、人口密度、地形地貌等方面的差异将整体市场分为不同的细分市场。

地理因素之所以作为市场细分的标准，是因为处在不同地理环境下的消费者对于同一类产品往往有不同的需求与偏好，他们对企业采取的营销策略与措施会有不同的反应。比如，在我国南方沿海一些省份，某些海产品被视为美味佳肴，而在其他省份的许多消费者则觉得味道平常。又如，由于居住环境的差异，城市居民与农村消费者在室内装饰用品的需求上大相径庭。

地理变量易于识别，是细分市场应予以考虑的要素，但处于同一地理位置的消费者需求仍会有很大差异。比如，在大城市，像北京、上海，流动人口逾百万，流动人口本身就构成一个很大的市场，很显然，这一市场有许多不同于常住人口市场的需求特点。因此，简单地以某一地理特征区分市场，不一定能真实地反映消费者的需求共性与差异，企业在选择目标市场时，还需结合其他细分变量予以综合考虑。

(2) 按人口因素细分市场。即以人口统计因素，如年龄、性别、家庭规模、家庭生命周期、收入、职业、教育程度、宗教、种族、国籍等为基础细分市场。消费者需求、偏好与人口统计变量有很密切的关系，比如，只有收入水平很高的消费者才是高档服装、名贵化妆品、高级珠宝等的经常买主。由于人口统计变量较容易衡量，有关数据也相对较容易获取，所以企业经常把它作为市场细分的标准。人口因素包括以下几种：

①性别。男性与女性在产品需求与偏好上有很大不同，如在服饰、鞋帽、化妆品等方面的需求明显有别。像美国的一些汽车制造商，过去一直是迎合男性的需求，现在，随着越来越多的女性参加工作和社会经济地位的改变和提高，这些汽车制造商正研究市场机会，设计能够吸引女性消费者的汽车。

②年龄。不同年龄的消费者对商品的需求也有着明显的差异。一般来说，儿童需要玩具、食品、童装、儿童读物；青年人则需要学习、体育和文娱用品；老年人需要营养品与医疗保健用品等。按年龄细分市场，有利于满足各年龄档次的消费者的特定需要。因此，企业必须掌握网络消费者的年龄结构、各年龄段的消费者占整个消费者群体的比重以及各种年龄消费者的需求特点。

③收入。不同收入的消费者对商品的需求也有明显差异。一般而言，低收

入者对商品价格会比较敏感，而高收入者看重商品的品质特性。比如，同是外出旅游，在交通工具以及食宿地点的选择上，高收入者与低收入者会有很大的不同。再如，目前我国学生占上网人口的比重较大，而有网上消费记录的却不多，这在很大程度上是由于经济条件的制约。正因为收入是引起需求差别的一个直接要素，所以企业应该用不同档次、不同价格的商品去满足具有不同支付能力的消费者。

④职业与教育。指按消费者职业的不同、所受教育的不同以及由此引起的需求差别细分市场。比如，教师、职员、工人、农民、学生等不同职业者，对商品的需求有明显的差异。又如，由于消费者所受教育水平的差异所引起的在志趣、生活方式、文化素养、价值观念等方面的差异，会影响到他们的购买种类、购买行为、购买习惯等，不同消费者对居室装修用品的品种、颜色等有不同的偏好就是一个证明。

⑤家庭生命周期。一个家庭，按年龄、婚姻和子女状况等，可划分为七个阶段。在不同阶段，家庭购买力、家庭人员对商品的兴趣与偏好有较大差别。

• 单身阶段：年轻，单身，几乎没有经济负担。新消费观念的带头人，娱乐导向型购买。

• 新婚阶段：年轻夫妻，无子女，经济条件比较好。购买力强，对耐用品、大件商品的购买欲望强烈。

• 满巢阶段：年轻夫妻，有 6 岁以下子女，家庭用品购买的高峰期。不满足现有的经济状况，注意储蓄，购买较多的儿童用品。

• 满巢阶段：年轻夫妻，有 6 岁以上未成年子女，经济状况较好。购买趋向理智型，受广告及其他市场营销刺激的影响相对减少，注重档次较高的商品及子女的教育投资。

• 满巢阶段：年长的夫妇与尚未独立的成年子女同住，经济状况较好，妻子或子女皆有工作。注重储蓄，购买冷静、理智。

• 空巢阶段：年长夫妇，子女离家自立。前期收入较高，购买力达到高峰期，较多购买老年人用品，如医疗保健品，娱乐及服务性消费支出增加，后期退休收入减少。

• 孤独阶段：单身老人独居，收入锐减。特别注重情感、关注等需要及安全保障。

除了上述方面，经常用于市场细分的人口统计变量还有家庭规模、民族、种族、宗教、国籍等。实际上，大多数企业通常采用两种或两种以上人口因素来细分市场。

(3) 按心理因素细分市场。根据购买者所处的社会阶层、生活方式、个性特点等心理因素细分市场。

①社会阶层。指在某一社会中具有相对同质性和持久性的群体。处于同一阶层的成员具有类似的价值观、兴趣爱好和行为方式，不同阶层的成员则在上述方面存在较大的差异。很显然，识别不同社会阶层的消费者所具有的不同特点，对很多产品的市场细分将提供重要的依据。

②生活方式。通俗地讲，生活方式是指一个人怎样生活。人们追求的生活方式各不相同，有的追求新潮、时髦，有的追求恬静、简朴，有的追求刺激、冒险，有的追求稳定、安逸。西方的一些服装生产企业，为“简朴的妇女”、“时髦的妇女”和“有男子气的妇女”分别设计不同服装；烟草公司针对“挑战型吸烟者”、“随和型吸烟者”及“谨慎型吸烟者”推出不同品牌的香烟，均是依据生活方式细分市场。

③个性。指一个人比较稳定的心理倾向与心理特征，它会导致一个人对其所处环境作出相对一致和持续不断的反应。俗话说，“人心不同，各如其面”，每个人的个性都会有所不同。通常，个性会通过自信、自主、支配、顺从、保守、适应等性格特征表现出来。

企业依据个性因素细分市场，可以更好地赋予其产品品牌个性，以与相应的消费者个性相适应。

(4) 按行为因素细分市场。即根据购买者对产品的了解程度、态度、使用情况及反应等将他们划分成不同的群体。许多人认为，行为变量能更直接地反映消费者的需求差异，因而成为市场细分的最佳起点。按行为因素细分市场主要包括：

①购买时机。根据消费者提出需要、购买和使用产品的不同时机，将他们划分成不同的群体。如有些商品是时令商品（如电扇、空调、取暖器等），有些商品是节日礼品或婚嫁特殊品，消费者购买时间有一定的规律性。

②追求利益。依据消费者通过购买、消费产品期望得到的主要利益，进行市场细分。消费者购买某种产品总是为了解决某类问题，满足某种需要。然而，产品提供的利益往往并不是单一的，而是多方面的。消费者对这些利益的追求各有侧重，如对购买手表有的追求经济实惠、价格低廉，有的追求耐用可靠和使用维修的方便，还有的偏向于显示其社会地位。

③使用者状况。根据顾客是否使用和使用程度细分市场。通常可分为经常购买者、首次购买者、潜在购买者、非购买者。大公司往往注重将潜在使用者变为实际使用者，较小的公司则注重保持现有使用者，并设法吸引使用竞争产品的顾客转而使用本公司产品。

④使用数量。根据消费者使用某一产品的数量大小细分市场。通常可分为大量使用者、中度使用者和轻度使用者。大量使用者人数可能并不多，但他们的消费量在全部消费量中占很大的比重。美国一家公司发现，80%的美国啤酒是被50%的顾客消费掉的，另外一半的顾客的消耗量只占消耗总量的12%。因此，啤酒公司宁愿吸引重度饮用啤酒者，而放弃轻度饮用啤酒者，并把重度饮用啤酒者当作目标市场。该公司还进一步了解到，大量喝啤酒的人多是工人，年龄在25~50岁之间，喜欢观看体育节目，每天看电视的时间不少于3~5小时。很显然，根据这些信息，企业可以大大改进其在定价、广告传播等方面的策略。

⑤品牌忠诚程度。根据消费者对产品的忠诚程度细分市场。有些消费者经常变换品牌，另外一些消费者则在较长时期内专注于某一品牌或少数几个品

牌。通过了解消费者对品牌的忠诚情况、品牌忠诚者与品牌转换者的各种行为与心理特征，不仅可为企业细分市场提供基础，同时也有助于企业了解为什么有些消费者忠诚于本企业产品，而另外一些消费者忠诚于竞争企业的产品，从而为企业选择目标市场提供启示。

⑥购买的准备阶段。消费者对各种产品的了解程度往往因人而异。有的消费者可能对某一产品确有需要，但并不知道该产品的存在；还有的消费者虽已知道产品的存在，但对产品的价值、稳定性等还存在疑虑；另外一些消费者则可能正在考虑购买。针对处于不同购买阶段的消费群体，企业可进行市场细分并采用不同的营销策略。

⑦态度。根据市场上顾客对产品的热心程度来细分市场。不同消费者对同一产品的态度可能有很大差异，如有的持肯定态度，有的持否定态度，还有的持既不肯定也不否定的无所谓态度。针对持不同态度的消费群体，在广告、促销等方面应当有所不同。

2. B2B 市场细分标准。许多用来细分 B2C 市场的标准，同样可用于细分 B2B 市场。但由于生产者与消费者在购买动机与行为上存在差别，所以除了运用前述 B2C 市场细分标准外，还可用其他标准来细分 B2B 市场。

（1）用户规模。在 B2B 市场中，大客户数量少，但每次购买量往往很大；而中小客户数量多，但每次购买量很小。用户规模不同，企业的营销组合方案也应该有所区别。网络营销中，借助顾客数据库就可以对企业的用户按照采购数量实行分类管理，制定不同的营销策略。

（2）最终用户。在 B2B 市场上，依据产品的最终用户细分企业用户群，在于强调某个产品在某个行业的最终用途。不同的最终用户（或产品不同的最终用途）对同一种产品追求的利益不同。企业分析产品的最终用户，就可以针对不同用户的不同需求制定不同的营销策略。

（3）企业购买状况。根据企业购买方式来细分市场。企业购买的主要方式包括直接重复购买、重复购买及新任务购买。不同的购买方式的采购程度、决策过程等不相同，因而可将整体市场细分为不同的子市场。

（四）网络目标市场的选择

很多网站在营销过程中并不明确想吸引什么类型的人，有些网站甚至想吸引所有上网者。比如对于一个提供旅游服务产品的网站，它的目标市场是什么？有人可能认为是“想通过网上寻找旅游信息、寻找旅行社信息的人”。答案似乎是对的，但不理想，因为这样的目标市场实在太大了。目标市场越大，就越难把握顾客的需求。

网络目标市场选择是在对网络市场细分的基础上，结合企业自身的资源条件和营销目标选择适当的细分市场的过程。

假设某企业经营三种产品，分别为 P1、P2、P3，目标市场细分为三个子市场，分别为 M1、M2、M3。可供企业选择的目标市场模式共有以下五种：

1. 密集单一市场。最简单的模式是企业选定一个细分市场后对其进行集中营销。例如，大众汽车公司集中经营小汽车市场，理查德·D·伊尔文公司集

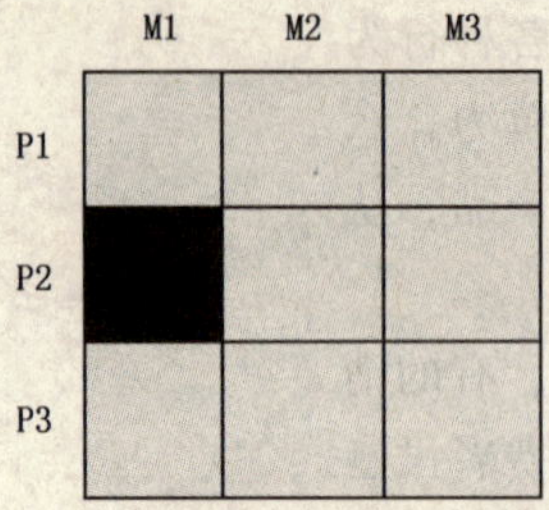

密集型单一市场

图 4－2　密集型单一市场

中经营经济商业教科书市场。企业通过密集营销，能更加了解本细分市场的需要，并树立特别的声誉，因此便可在该细分市场中建立巩固的市场地位。另外，企业通过生产、销售和促销的专业化分工，也获得了许多经济效益。如果细分市场补缺得当，企业的投资便可获得高额回报。同时，密集市场营销比一般营销风险更大，个别细分市场可能出现不景气的情况。例如，年轻女士突然不再买运动服装，这就使得鲍比·布鲁克斯公司的收入锐减。由于这些原因，许多企业宁愿在若干个细分市场中进行分散营销。例如，图 4－2 中企业可能只选择把 P2 产品销售给 M1 市场。

2. 有选择的专门化。此目标市场模式是企业选择若干个细分市场，其中每个细分市场在客观上都具有吸引力，并且符合企业的目标和资源。在各细分市场之间很少有或者根本没有任何联系，然而每个细分市场都有可能营利。这种多细分市场目标优于单细分市场目标，因为它可以分散企业的投资风险，即使某个细分市场失去吸引力，企业仍可继续在其他细分市场中获取利润。例如，图 4－3 左中企业可能把 P1、P2、P3 三种产品有选择地分别销售给不同的细分市场。

3. 产品专门化。此目标市场模式是企业集中生产一种产品，再向各类顾客销售这种产品，如显微镜生产商向大学实验室、政府实验室和工商企业实验室销售显微镜。企业向不同的顾客群体销售不同种类的显微镜，而不是去生产实验室可能需要的其他仪器。企业通过这种战略，可在某个产品方面树立起很高的声誉。但是，如果这个产品被一种全新的产品所替代，企业就会发生危机。图 4－3 右中企业可能把 P2 产品分别销售给 M1、M2、M3 三个细分市场。

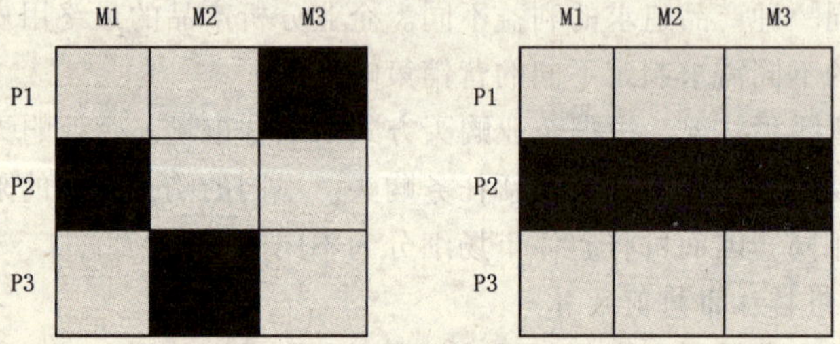

左：有选择的专门化　　右：产品专门化

图 4－3　有选择的专门化和产品专门化

4. 市场专门化。市场专门化是指企业专门为满足某个顾客群体的各种需要而服务。例如，企业可为大学实验室提供一系列产品，包括显微镜、示波器、酒精灯、化学烧瓶等。企业通过专门为这个顾客群体服务而获得良好的声誉，并成为这个顾客群体所需各种新产品的销售代理商。但如果大学实验室突然削减经费预算，它们就会减少购买仪器的数量，企业就会产生危机。例如，图 4－4 左中企业把 P1、P2、P3 三种产品销售给相同的 M1 市场。

5. 完全市场覆盖。完全市场覆盖是指企业用各种产品满足各种顾客群体的需求。只有大公司才能采用完全市场覆盖战略，如国际商用机器公司（计算机市场）、通用汽车公司（汽车市场）和可口可乐公司（饮料市场）。如图4－4右所示。

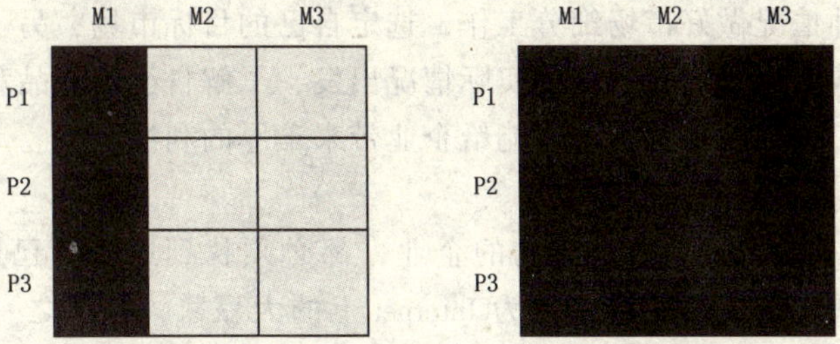

左：市场专门化　　右：完全覆盖市场

图 4－4　市场专门化和完全覆盖市场

六、网络市场定位与营销组合策略

案例导读

中国联通“世界风”双模手机受青睐

中国联通公司在面对中国移动的竞争中提出了 GSM/CDMA 双模的概念。双模“世界风”手机为联通提供一石三鸟的效果：一是联通的 CDMA 用户可以到欧洲漫游，可以通过双网优势为其他国家用户提供接入漫游服务，为联通开拓海外市场、寻找海外投资提供了新的商业机会；二是 GSM 用户通过双模手机可以享受 CDMA 的增值业务，效果肯定比升级到 GPRS 要好得多；第三，联通 CDMA 网络市场定位为“商务、娱乐、健康、时尚”，GMS 网络市场定位是“实惠、成熟、普及”，“世界风”手机可以实现两网覆盖和业务的优势互补。其实双模系统的推出，最重要的一点是可以很好地协调 GSM、CDMA 两网的发展。脚踏实地，张扬时尚、个性和生机勃勃是联通留给很多人的印象。

营销实践中市场竞争日益激烈，竞争将营销推向了目标市场定位的时代。目标市场定位的准确与否，对企业把握经营商机、选择营销策略，对新企业的生存与新产品的成功开发有极其重要的意义。

（一）网络市场定位的概念

当今互联网上有许多小企业成了网络营销的大赢家，这些企业成功的一个重要原因就是做出了准确的市场定位。

网络市场定位就是根据网上企业自身的条件和目标市场上的竞争者现有产品所处的位置，通过一系列的营销活动，为企业及其产品创造一定的特色，使之在消费者心目中占据突出的地位，并在消费者心目中形成一种独特的、深刻的、鲜明的印象，从而形成企业在网上经营中独一无二的、不可替代的竞争优势。网络市场定位不仅明确了网上企业的顾客和竞争对手，还有利于建立网上企业及其产品的特色。

传统营销的目标市场定位的选择是单向的，企业可以拿着生产出来的产品到市场上找顾客，也可以根据细分市场所选定的顾客群生产满足这一顾客群需要的产品。网络营销的目标市场定位则是双向的，一方面，营销者必须根据上网用户的各种情况做好市场细分工作，选定自己的目标市场；另一方面，营销者又必须从本国电子商务发展的实际情况出发，了解自己的产品和服务是否适合网络销售，否则网络营销不可能给企业带来丰厚的利润。

（二）网络市场定位的意义

所有想在 Internet 上获得成功的企业，都必须找到适合自己的细分市场。人们总能发现许多小企业最终成为 Internet 上的大赢家，原因之一就是他们做出正确的市场定位。

网络市场定位就是通过营销活动的策划与开展，为企业及产品创造一种明显区别于竞争者的特色性差异，并把这种差异形象、生动地展示给顾客，争取目标顾客的认同，使企业产品在顾客心目中形成独特的、深刻的、鲜明的印象，从而形成网上市场企业独一无二、不可替代的竞争优势。

通过网络市场定位不仅明确了企业的顾客和竞争对手，还有利于建立企业及产品的市场特色。由于在同一市场上企业面临众多提供类似商品和服务的竞争者，如果企业没有很好地进行市场定位，就不容易在市场上与竞争者区分开来，消费者也就不会对企业及其产品和服务形成独特偏爱，所以对网络市场进行科学有效的定位成为企业吸引消费者、留住消费者的必然之举。

（三）网络市场定位的内容

网络市场定位是根据网络目标市场的不同需要与企业竞争优势，确定企业网站在网络市场中所处的不同位置的过程。它的内容主要包括以下几方面：

1. 定位网上产品。从理论上讲，在 Internet 上可营销任何形式的产品，但现实中由于各种因素的影响和限制，企业在开展网络营销时应该选择销售何种产品。

目前适合进行网络营销的产品，一般考虑以下几类：

（1）与电脑有关的产品或高科技含量的产品；

（2）需求分布的地理区域较大的产品；

（3）纪念物等有特殊收藏价值的商品（炒旧）；

（4）创意独特的新产品（炒新）；

（5）便于配送的产品；

（6）名牌产品。

2. 定位顾客服务。企业网站除了提供企业的产品以外，还要向消费者提供相应的网上服务。上网顾客的不同需求形成了企业网站潜在的目标市场。在现实生活中，消费者的需求多种多样，再加上网络市场环境的变化，网络消费者的需求就更加复杂多变了。一般而言，顾客上网可能基于以下几方面的需求：网上信息查询与信息发布、网络聚集与信息交流、网络兴趣与网上冲浪、网络商品交易等等。为此，企业网站应当在满足消费者以上需求方面进行很好的定位。

3. 定位网站类型。按照网站提供服务项目的多少，网站可分为信息型网站、直销型网站、电子商务型网站。

(1) 信息型网站。信息型网站的主要目的是提供不断更新的有用的信息，如介绍企业的经营项目，有关产品的信息、价格信息等，对公司产品、服务起促销作用。

(2) 直销型网站。直销型网站不仅要提供相关的信息，还要建立买卖双方可以交易的平台，实现网上订货。

(3) 电子商务型网站。电子商务型网站涉及的内容更多、更广，如电子选购与电子交易、电子交易凭证的交换、电子支付与电子结算、网络安全等等。由于受制于我国互联网发展的客观条件，以及电子商务交易安全等环境因素，电子商务型网站还处于发展中。

4. 定位服务半径。根据网站服务半径的不同，网站可以分为国际型网站、全国型网站和地区型网站。

从理论上说，网络突破了时空限制，但由于产品销售半径的局限，网络营销的半径也受到限制。例如，进出口企业的销售半径显然是国际化的，全国性企业的销售半径在国内，地区性企业的销售半径只能在地区之内。到目前为止，网络营销还不能有效地利用互联网超越时空的优势，创造出比传统企业营销更多、更广的效益。

(四) 市场定位的依据

企业进行市场定位，在市场上树立鲜明形象，以求与竞争者的差异。这种差异可以从以下四个方面去寻找、突破：

1. 产品实体差异化。产品实体差异化是指企业生产的产品，在质量、性能上明显优于同类产品的生产厂家，从而形成独自的市场。对同一行业的竞争对手来说，产品的核心价值是基本相同的，所不同的是在性能和质量上。在满足顾客基本需要的情况下，为顾客提供独特的产品是差异化战略追求的目标。

企业只有不断创造不同的产品与服务，带给消费者不同的体验与感受，才能与消费者产生共鸣，使其在一大堆没有个性、没有印象的商品当中挑选自己喜爱的产品。

2. 服务差异化。服务是一种无形的产品，是维系品牌与顾客关系的纽带。随着产品同质化程度的不断加剧，缔造优质的品牌服务体系，为顾客提供满意的服务越来越成为企业差异化品牌战略的重要武器。在当今的经济形势下，早有专家断言：未来的企业竞争就是服务竞争，服务体系的完善程度、服务质量的优劣程度以及由此带来的顾客对品牌的综合满意度，将成为评价企业未来竞争力强弱的重要标准。

服务是企业积蓄品牌资产的重要平台。随着人们需求层次的不断提高，对服务的要求也同时水涨船高。在产品同质化现象极为严重的今天，服务已经成为了企业寻求差异化竞争优势的有效手段。

3. 形象差异化。形象差异化，即企业实施通常所说的品牌战略和CI战略而产生的差异。企业通过强烈的品牌意识、成功的战略，借助媒体的宣传，在消费者心目中树立起优异的形象，从而使消费者对该企业的产品发生偏好。

如果说，企业的产品是以内在的气质服务于顾客的话，那么企业的形象差异化策略就是用自己的外在形象取悦于消费者，形成不同凡响的自身特征。

（五）网络市场定位的策略

企业进行市场定位，就是要着力宣传那些会对其目标市场产生重大震动的差异，以确定企业在目标顾客心目中的独特位置。企业可以依据提供给目标市场的产品或服务、本身拥有的资源、目标市场的消费者、竞争对手状况等因素来进行市场定位，以在消费者心中形成明显区别于竞争对手的差异。企业最常用的市场定位策略有以下几种：

1. 属性定位。针对消费者或者用户对某种产品某一特征或属性的重视程度，强有力地塑造出本企业产品与众不同的鲜明的个性或形象，并把这种形象生动地传递给顾客，从而在市场上确定该产品适当的位置。

2. 利益定位法。根据产品所能满足的需求或所提供的利益、解决问题的程度来定位。例如企业每天都要和国外各分公司联络，如果使用传真机的速度较快，就能节省大量的国际电话费；牙膏有苹果的香味，闻起来很香，可以让小朋友每天都喜欢刷牙，避免牙齿被蛀；某种鞋适合在正式场合穿，而非常柔软富有弹性的鞋底使上下班步行的职员穿起来很舒服。厂商从产品设计、生产的角度，赋予商品能满足目标市场客户喜好的特性及优点，但不可否认的一个事实是每位客户都有不同的购买动机，真正影响客户购买的决定因素，绝对不是因为商品优点和特性加起来最多。商品有再多的特性与优点，若不能让客户知道或客户不认为会使用到，对客户而言都不能称为利益。反之，企业若能发掘客户的特殊需求，找出产品的特性及优点，满足客户的特殊需求，或解决客户的特殊问题，这个特点就有无穷的价值。

3. 产品使用者定位。产品使用者定位法即正确找出产品的使用者或购买者，使定位在目标市场上显得更突出。如一家网络化妆品专卖店，可以将目标市场集中在某一女性群体，并明确她们的年龄、职业、兴趣爱好、社会地位、地理区域等。

4. 竞争者定位。这种定位法是直接针对某一特定竞争者，而不是针对某一产品类别。在某些时候，企业将自己和一知名的竞争者比较，是进入潜在顾客心中的有效方法。挑战某一特定竞争者的定位法，虽然可以获得成功（尤其是在短期内），但是就长期而言，也有其限制条件，特别是挑战强有力的市场领袖时，更趋明显。市场领袖通常不会掉以轻心，他们会更努力地巩固其地位。挑战市场领袖时，企业必须明确是否拥有所需的资源，是否有能力提供使用者认为具有明显差异性的产品。

5. 价格定位。价格是消费者购买商品时要考虑的最重要因素之一。网上购物之所以具有生命力，重要的原因之一是因为网上销售的商品价格普遍低廉。现在很多网上商家都推出低价策略吸引顾客，如卓越网曾谈到自己“不是网上打折的开先河者，但一定是在网上打折出售热卖商品的领跑者”。为了实现这一点，卓越网有一套独特的成本控制方法和灵活的经营理念。卓越的进货量大，可以拿到较低价位的货源；直接从厂家提货，减少了中间环节，降低了成本。这样通过节省成本让利于消费者。

6. 空当定位。这种定位策略是指企业把产品或网络服务定位在那些为许多顾客所重视的，但尚未被开发的市场空间。实施空当定位策略时企业必须考虑以下问题：市场空当是否还未被竞争者发现，且有一定的规模，同时自身具备足够的资源和能力。

7. 多重定位。企业将市场定位在几个层次上，或者依据多重因素对产品进行定位，使产品给消费者的感觉是多种特征、多重效能。作为市场定位体现的企业和产品形象，都必须是多维度、多侧面的立体。

（六）网络目标市场进入策略

网络目标市场进入策略指企业在所选择的目标市场范围内采取何种方式为目标顾客服务。企业进入目标市场的策略通常有三种：无差异营销策略、差异营销策略、集中营销策略。

1. 无差异营销策略。无差异营销策略，是指企业把整个网络市场看作一个需求类似的网络目标市场，营销活动只考虑消费者或用户在需求方面的共同点，而不管他们之间是否存在差异。因而，企业只推出单一的标准化产品，吸引范围很广的购买群体中的大多数人，并使用统一营销组合策略。

这种目标市场策略在同质市场被广泛采用，因为这些市场的需求本身就不存在实质性的差别。另外，当企业推断即使买方需求是有差别的，但它们有足够的相似之处，可以作为同质市场加以对待时，也可采用这种策略。无差异营销的最大优点是成本的经济性。无差异营销被称为产品导向策略，考虑的主要是企业自身的利益，如生产的方便与经济、成本的节约、经营管理的简化等，而忽视了市场实际存在的需求差别。

目前无差异营销策略的适用范围越来越小，而且网络营销相对于传统营销方式的一个很大的优点是网络营销能向消费者提供个性化服务。例如，Amazon公司为每一位在该网站购买书籍的用户建立了个人档案，对顾客阅读的书籍进行追踪，并根据他们以往的购买行为以电子邮件的形式推荐他们感兴趣的书籍。这就是最佳的营销理念：在适当的时间和地点向消费者提供他们真正需要的东西。

2. 差异营销策略。差异营销将整个市场划分为若干个子市场，从中选择两个以上或者全部细分市场作为目标市场，根据不同的目标市场采用不同的营销组合策略。即对不同的细分市场，推出不同的花色、式样和品种的产品，并制定不同的营销计划和方法。例如，一些服装企业为不同性别、不同年龄、不同收入水平、不同爱好的消费者生产质地、规格、款式、颜色、档次有别的各季服装，就是实行差异营销策略。

这种策略具有突出的优越性。它能深入地为每一细分市场服务，满足不同顾客群的需要，提高产品的竞争能力，增加总销售量。一个企业如果在数个细分市场上取得良好的营销效果，就能树立起良好的市场形象，提高用户对企业和产品的信赖程度和购买频率，还能有效地分散经营风险。

差异营销策略适合小批量、多品种生产企业使用，日用消费品中绝大部分商品均可采用这种策略选择网络目标市场。在消费需求变化迅速、市场竞争激烈的今天，很多企业为了更好地满足市场上不同消费者的需求，同时也为了提高自身与其他企业的竞争能力，越来越多地实行差异营销策略。

3. 集中营销策略。集中营销策略指企业不是面向整体市场，也不是把力量分散使用于若干个细分市场，而是集中力量进入一个细分市场，为该市场开发一种理想的产品，实行高度专业化的生产和经营。

实施这种策略的企业要考虑的是：与其在整个市场拥有较低的市场占有率，不如在部分细分市场上拥有较高的市场占有率。这种策略主要适用于资源有限的小企业，因为小企业无力顾及整体市场，无力承担细分市场的费用。

这种策略的优点是：（1）企业可深入了解特定细分市场的需求，提供较好的服务，有利于提高企业的地位和信誉。（2）实行专业化经营，有利于降低成本。只要网络目标市场选择恰当，集中营销策略常为企业建立坚强的立足点，获得更多的经济效益。

这一策略的不足之处是潜伏着较大的风险，有人形容这是把所有鸡蛋放进一个篮子的策略。采用这一策略的企业必须密切注意目标市场的动向，并制定适当的应急措施，以求进可攻，退可守，进退自如。

模块二 欧莱雅选择女性网站做广告

案例导读

欧莱雅，《财富》世界500强之一，创立于1907年。历经近一个世纪的努力，欧莱雅已从一个小型家庭企业发展成为世界化妆品行业的领头羊。欧莱雅集团的事业遍及150多个国家和地区，在全球拥有283家分公司及100多个代理商，欧莱雅集团在全球还拥有50491名员工、42家工厂和500多个优质品牌。

作为全球最大的化妆品集团，欧莱雅在近一个世纪的发展过程中，不遗余力地为满足世界各国人民对美的追求而奋斗。自1996年底进入中国市场以来，欧莱雅公司凭借先进的营销方式及对中国消费者和市场的准确把握，在中国的业务突飞猛进，员工队伍也迅速发展到7000多人。目前，欧莱雅已成为中国市场上最知名的跨国企业之一。

欧莱雅在中国的业务保持了持续、稳定、快速发展的良好态势。2006年，欧莱雅集团在中国实现销售4.2亿欧元，较上年增长21.2%，连续六年实现两位数增长，并继续跻身欧莱雅集团全球十大市场之列，同时也是亚太地区最大的单个市场。短短十年间，欧莱雅从零开始，在中国市场上的地位稳步上升，目前已成为中国化妆品市场的领袖之一和中国最知名、最受尊重的跨国公司之一。

欧莱雅集团旗下18个国际知名大品牌（占集团销售的94%）中的14个已经在中国上市，另加两个本土品牌，集团目前在中国共有16个品牌，覆盖了大型百货商店、超市、药房、高档专业发廊和免税店等各种销售渠道。

欧莱雅想在法国的网站上做广告，广告公司推荐了法国排在前三名的网站，这时欧莱雅想知道什么样的人浏览这些网站，就通过 Netvalue 公司进行调查，包括全法国有多少网民，多少人到什么样的网站，男女性别怎么样，购买习惯怎么样，营业模式怎么样等。经过分析，找到了一个全法国排名第 385 位的女性网站，在这个网站上浏览者 70% 是女性。欧莱雅认为自己的广告理所当然应该投放在这里，效果一定非常好。欧莱雅选择女性网站做广告如图 4－5、图 4－6、图 4－7 所示。

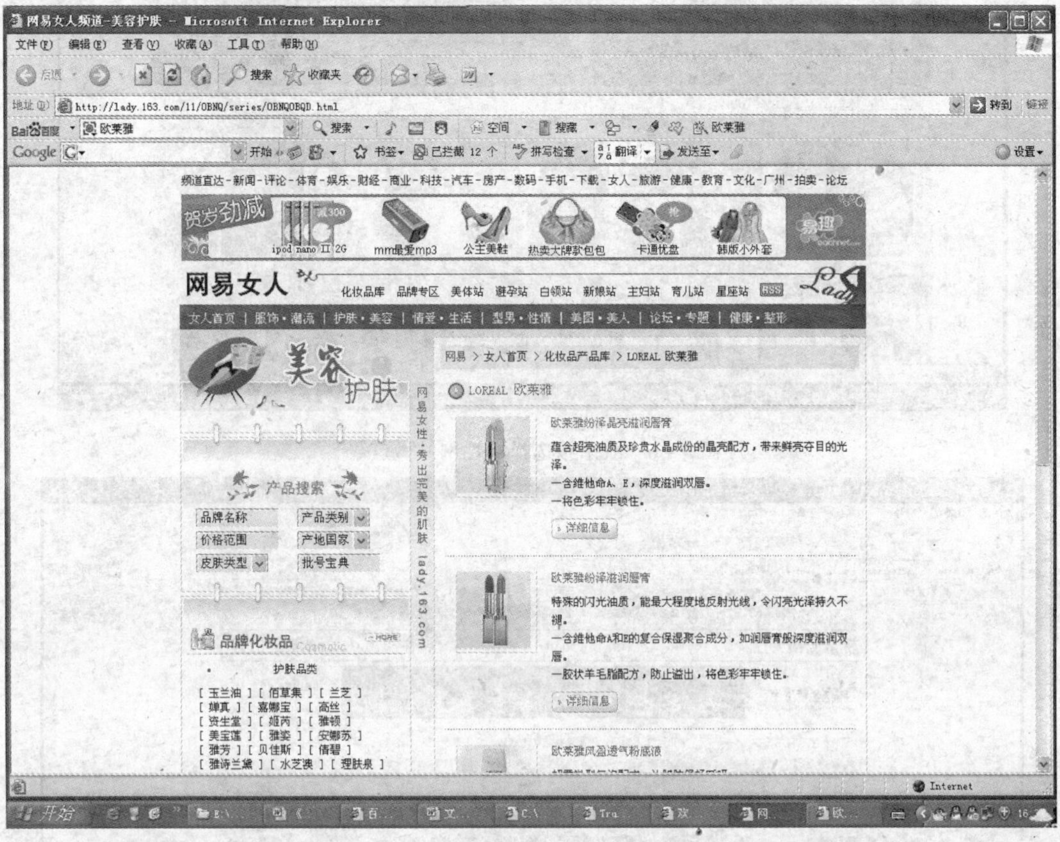

图 4－5　欧莱雅选择女性网站做广告

案例评析

互联网极大地拓展了美容业的发展空间。突出的表现是各种各样的美容时尚资讯在网络上广泛传播，内容涵盖了美容美发、美容新品、健康美体等众多生活和医学美容知识，让爱美人士耳目一新，也使接受美容教育的群体不断壮大，无形中拓宽了传统美容业的服务领域。国内一些门户网站和专业网站还开辟了美容咨询服务，让美容专家和求美者进行沟通。国外一些美容院将化妆造型业务搬到网上，顾客可以按自己的脸型选择美容服务项目，然后预约时间接受服务。有的美容院在网上开展造型塑身、皮肤检测等业务。这些方

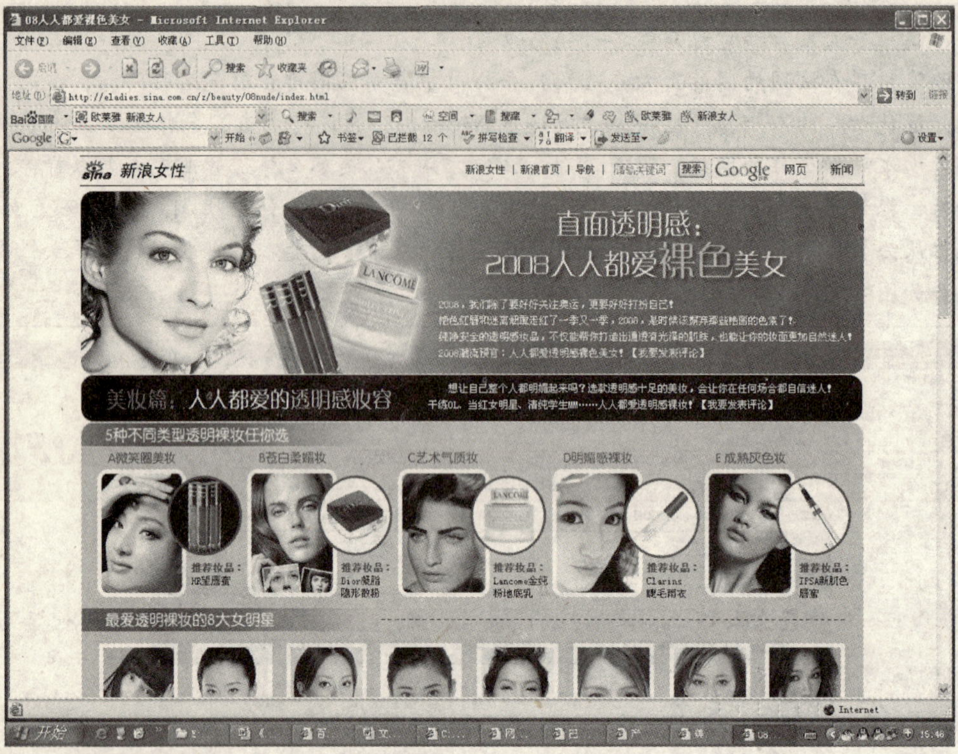

图 4－6 欧莱雅选择女性网站做广告

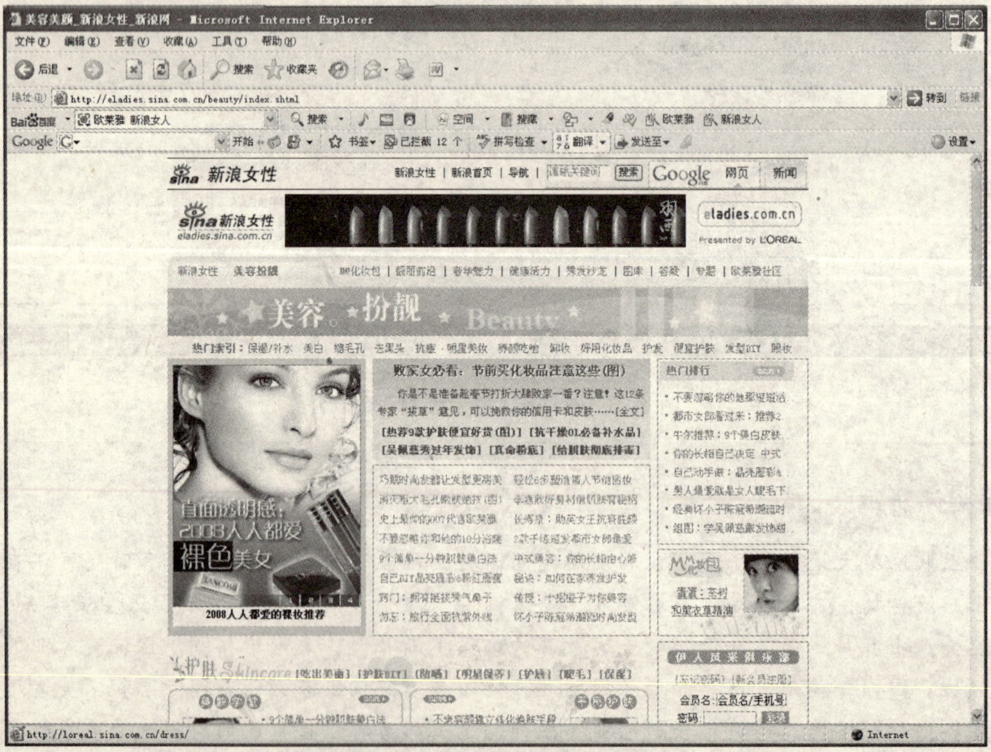

图 4－7 欧莱雅选择女性网站做广告

法使顾客的消费方式发生变化，对美容院的经营模式也产生了较大的影响。

化妆品具有体积小、价值高、方便订购和风险认知低的特点，近年来广受综合门户网站的网上商城和专门购物网站的青睐，一时之间，化妆品成为仅次于图书、音像制品等的少数几种在网上的热卖商品。

网络营销作为互联网时代企业的一项基础性的工作，是企业整体营销战略的重要组成部分。网络营销的基本目的虽然是为了促进销售，但其职能却是多方面的，比如提升企业品牌价值、加强与客户之间的沟通、拓展对外信息发布的渠道、改善顾客服务等等。网络营销本身并不是一个完整的商业交易过程，而只是促进商业交易的一种手段。

无论是哪一个企业在网络上做广告都注意到一点，浏览策略是非常重要的，包括浏览者的数量和质量。无论是传统营销还是网络营销，最大化的出镜率都是创立品牌的保证。然而网站要做到大浏览量实在不太容易。国外一家叫 Forrester Research 的公司专门就品牌和访问量做过调查，结论是品牌知名度与网站访问量并没有必然联系。这是因为时代改变了，网络空间已有了自己全新的价值体系。你的品牌要在网上被人接受，至少在网上的表现应该像在现实中一样优秀。你还应该了解你的目标访问者。既然化妆品的目标客户是女性，就应该有针对性地培养女性访问者的忠诚度。此外，你还需要像在现实中一样对网站品牌进行广告推广，你试过在其他网站特别是女性网站做过网络广告没有？还有利用名片和包装品等传统媒介对网址进行宣传没有？

从欧莱雅的案例我们可以清楚地知道，不在著名的网站上做广告也可以收到理想的效果，因为不是所有的网站都适合你的产品的推销。明确的顾客定位、有针对性地选择网站做关于你产品的宣传会起到事半功倍的效果，不然你就是在浪费别人时间的同时也在浪费你自己的金钱与时间。所以在营销中，当你不知道你的客户在哪里的时候，你的钱有一半在“打水漂”。

模块三 iPrint 公司的战略

案例导读

电子商务的迅速发展为企业提供了许多新的商机，许多基于互联网的新的公司出现了。但是其中一些可以得到迅猛的发展，而另一些却逐渐萎缩甚至消失，其中的原因又是什么呢？答案是能否真正理解客户的需要，能否为客户提供更方便、个性化的服务，让客户真正参与到产品的设计和制造，根据客户的需要生产产品，是互联网时代企业发展的根本所在。

iPrint 公司是美国一家提供网上商业卡片以及信纸打印的公司。公司在网上接受客户的打印订货需求，让客户自己设计想要的打印样式，并在全国范围内提供预定和送货。公司后来增加了其他一些产品——包括贺卡、记事贴、纸杯、T 恤衫和其他一些特殊物品的印刷业务。iPrint 网站因为它的超乎寻常的实用性已经获得了许多回报，网站的收入和信息流量正在以每个月大约 25% 的速度增长。

对于印刷业来讲，传统的印刷业务对于客户是一件极其麻烦的事情。客户要亲自跑到打印公司，从一系列样本中选择出需要的业务卡片的外观样式，挑选那些对于自己来说复杂的字体标准和美术图案，然后再手工填写一份表格指出希望卡片上有什么样的信息。这样不仅耗费客户大量的时间，而且不能及时得到更改后的图案。互联网出现以后，客户的烦恼可以通过网络得到解决。iPrint 公司及时地抓住了这个机遇，在 1996 年打开了业务之门。iPrint 公司发现很多用户都关心业务卡片的样式，但是由于大多数人都没有获得过美术设计的专门培训，所以客户不了解也不想了解一些关于字体、点距、行距、页边距等商业印刷品的专业术语。客户只需输入所要求的卡片信息，选择外观，进行调整并预览，然后发出订单。iPrint 公司通过建立一个基于网络的用户印刷服务以及通过多种渠道分发这些服务及相关软件，提供一个"快速印刷业务的简单解决方案"，能够处理幕后所有的复杂事务，为客户提供更好的服务（如图 4－8 所示）。

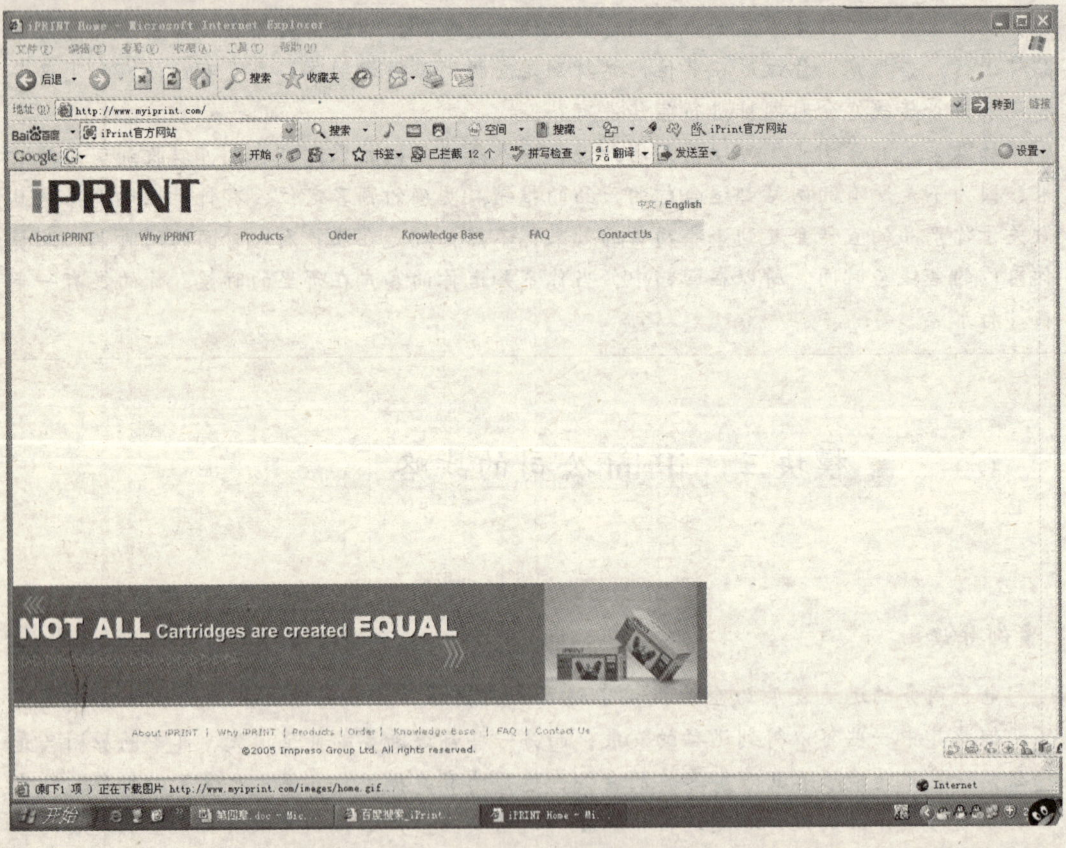

图 4－8　iPrint 公司的商业网站

iPrint 公司在建立之初就确立了自己的商业目标，主要包括：

1. 利用互联网及其他手段，成为世界上在快速印刷方面的领先供应商。

2. 帮助客户设计自己的产品，为客户提供个性化服务。

3. 扩大市场占有率，开拓国外市场。

4. 降低运营成本，提高竞争力。

在企业目标的指导下，iPrint 公司不断改进服务水平，咨询客户的需要，逐步实现自己的商业目标。iPrint 公司的主要业务和服务体现在：

1. 设计商务印刷产品。网上设计、检验和订购一系列不同的定制打印产品。iPrint 公司提供商务卡片、文具、标签、记事贴、贺卡等产品的打印服务。

2. 自动化服务。客户只要确定想要创建的物品种类、大小，并从一系列预先设计好的样品中选择出式样，并给予简单说明，几分钟后，就可以在屏幕上看到想要的物品的打印格式。

3. 提供数字照片打印服务。iPrint 公司向客户提供方便的途径，让客户可以将使用数字相机拍下的照片转变成商业打印产品，例如日历、T 恤衫、鼠标垫、茶杯以及其他产品。

4. 智能修改服务。客户可以选择不同字体、颜色和纸张类型，也可以从一套美术剪贴图库中选择需要的图案或者加进自己的标志图。所有这些都只要使用一个简单的按键式界面，不需要指示、点击并到处拖曳物体；也不需要使用下拉式菜单并选择一些选项；更不用了解有关印刷的任何事情。

5. 快速送货服务。客户预定的打印产品将在规定时间送到顾客手里（通常是在两天内，如果是两色或三色的产品将多花一些时间）。iPrint 的打印价格比通常的大多数商业打印店要便宜很多，特别是对于小额的打印业务来说。

iPrint 的最大特点是使得整个设计、购买过程变得非常简单，即使是从未接触过商业排版和印刷领域的人，也可以制作出高质量的印刷品。

6. 提供印刷品在各个环节的状态的通知。不管是订单收到以后，还是印刷品已经完成并被发出时，顾客都会收到 iPrint 公司的电子邮件通知。

7. 查询订货情况。任何时候客户都可以进入公司的网站检查自己的订货情况。印刷品从发运到收货的全过程，客户可以进行跟踪。iPrint 将在网络上保存客户的印刷品至少两年时间。

8. 解答客户疑问。iPrint 网站上有大量常见问题的解答。不仅如此，客户还可以通过电话、电子邮件或传真形式提出自己的特殊问题。

这种直接面对客户、以客户为中心的营销理念，便于客户了解提交的订货的各种信息；同时得到提出问题的解决方案和技术支持，使客户节省了时间，提高了工作效率。

案例评析

iPrint 公司的成功要素主要有以下几个：

1. 直接面对顾客。iPrint 公司针对的目标客户有两种，一种客户不习惯使用现在的标准图形、指点设备、点击和拖曳操作、下拉式菜单、界面类型，希望可以用更简洁的方式得到服务；另一种客户懂计算机知识，但仅仅希望以最快捷最方便的方式创建和订购商业打印物品。

iPrint 公司的实施方案是提供一个方便和快捷的服务界面，使客户在使用时就如同操作一台自动提款机一样方便。另外提供客户自定义服务，使客户可以自己设计需要的产品。

2. 提供数字照片打印服务。iPrint 公司的针对目标是那些高技术产品（数字照片）的最终用户。iPrint 公司向这些客户提供方便的途径，让客户可以将使用数字相机拍下的照片转变成商业打印产品，例如日历、T 恤衫、鼠标垫、茶杯以及其他产品。

3. 吸引集团客户。iPrint 公司通过直销进入集团市场。iPrint 的第一批最大的商业客户之一是 Internal Revenue Service（IRS）。所有 210 万名政府职员，包括 IRS 职工都被要求购买他们自己的商务卡片。而 IRS 的卡片必须按照工作人员的职位不同使用不同的标志图案、字体和信息位置。所以 iPrint 为 IRS 建立了一个客户网站，雇员可以登录进入，使用 IRS 认可的模版生成自己的商务卡片，提供个人信用卡号码并完成订购。洛克韦尔国际集团是 iPrint 的另一个早期集团客户。洛克韦尔的人力资源部门希望能够控制生成商务卡片的进程，这样一个新的雇员或者一个新近被提升并获得了新的头衔的人就能在网上登录并订购一套新的卡片。

4. 与商业打印者合作。iPrint 公司并不越过商业打印者同他们竞争，而是希望将商务打印者变成业务伙伴。例如，一个已经与几个大集团客户有着紧密商业联系的商业打印者可以被授权将 iPrint 的打印店软件安装在每个客户自己的内部企业网上，这样公司的员工就可以设计和订购使用按照自己公司标准设计以及拥有公司自己标志图案的商务卡片、文具以及商务表格。

5. 分设快速打印店。iPrint 公司的目标是建立分布于全国各地为个人和公司提供服务的“快速打印店”。快速打印店使用的不再是昂贵的和难以维护的个人电脑，而是低价格、不会发生故障的网络电脑。进店来的顾客可以使用店内的终端设计自定义产品和发出订单。商店内部工作人员也可以使用同一个终端生成报表，与 iPrint 联系或者连接互联网。同时客户可以在家中设计和订购产品并将它们发送到本地的快速打印店。“快速先生”——世界上最大的连锁客户打印店，已经成为 iPrint 的授权用户。

从 iPrint 公司的案例中，可以得到如下的经验：

1. 使用简单的基于网络的底层结构和基于网络的应用服务，通过多种渠道接触到最终消费者。

2. 将非专业的最终用户定位为公司顾客，并且将客户最需要的方式作为公司服务的设计要点，这样公司就可以建立一个对于所有人都易于使用的应用方式，不管客户是这方面的专家还是初学者。

3. 如果订货过程的开发关系到复杂的一系列相互联系的变量的服务系统，公司需要设计或购买一个比大多数网站上使用的“购物篮”功能更为复杂和细致的订货系统。

4. 如果公司提供的服务对于商业用户具有价值，公司需要开发一个基于企业网的服务版本。这样客户可以将这个服务版本安装在自己企业网的防火墙内，使每位员工都可以使用。

本单元实训

某创业团队欲建一家网上鲜花礼品店，却不知应该如何进行市场细分，并确定最终的目标市场定位。请在上网查阅中国互联网络信息中心最近几次的中国互联网络发展状况统计报告的基础上，结合本章所学知识，以“XX 网络鲜花礼品店目标市场营销”为题写一篇网络营销分析报告。

本单元习题

一、名词解释

1. 目标市场营销策略
2. 市场细分
3. 目标市场
4. 差异性市场策略
5. 集中性市场策略
6. 市场定位

二、简答题

1. 什么是市场细分？市场细分对于企业的意义？
2. 市场细分的原则是哪些？
3. 什么是目标市场？正确选择目标市场的意义？
4. 如何结合本企业的特点做好正确的市场定位？
5. 什么是服务差异化和形象差异化？
6. 无差异化营销适合哪些场合？
7. 目标市场选择策略的具体内容是什么？

单元五

网络营销战略规划及案例透析

知识目标

- ☐ 了解网络营销战略的概念和特征
- ☐ 了解网络营销战略规划的内容
- ☐ 了解网络营销战略规划的特征
- ☐ 了解网络营销战略的几种模式
- ☐ 了解网络营销管理的方法

技能目标

- ☐ 熟悉网络营销实施的条件
- ☐ 熟练网络营销战略分析的重点
- ☐ 熟悉网络营销网站规划的内容
- ☐ 熟悉企业网站建立的步骤
- ☐ 熟练网络营销网站规划的方法
- ☐ 熟悉网络营销规划书的写法
- ☐ 熟练选择企业的网络目标市场

模块一　相关理论

案例导读

巨人集团多元化经营的困境

珠海巨人高科技集团公司于1992年10月成立，其前身是珠海巨人新技术公司。创业之初，公司开发的M6401系列桌面排版系统刚推向市场就取得了极大的成功。1992年出售M6403汉卡2.8万套，销售总值1.6亿元，实现利润3500万元，年发展速度达500%。1993年1月，巨人集团加快扩张步伐，在全国成立了8家全资公司，一年之内推出了中文手写计算机、中文笔记本电脑、巨人传真卡、巨人中文电子收款机、巨人钻石财务软件、巨人防病毒卡、巨人加密卡等产品。当年实现销售额3.6亿元，利润4600万元，成为中国极具实力的计算机企业。正当此时，全国开始兴起房地产和生物保健品热，巨人集团追随潮流，适时提出第二次创业的口号，开始迈向多元化经营之路。次年，巨人集团在生物工程项目尚未巩固的情况下，毅然向房地产这一陌生的领域进军，并想在房地产业大展宏图，将拟建的巨人科技大厦设计方案一变再变，楼层节节拔高，从最初的18层，一直涨到70层，投资也从2亿元上升到12亿元，1994年2月破土动工。正是这一巨人大厦，给资产规模仅1亿元的巨人集团埋下了覆灭的种子。当时，巨人集团为了筹措资金，除挪用生物工程和软件开发的流动资金外，还通过出售楼花在香港地区筹款6000万元港币，在大陆筹得4000万元，其中在大陆签订的楼花买卖协议规定，3年内大楼一期工程（20层）完工后履行，如未能如期完工，应退还定金并给予经济补偿。到了1996年底，一期工程未能如期完工，这4000万元楼花就成了巨人集团财务危机的导火索，巨人集团终因财务状况不良而陷入破产的危机之中。

案例启示：巨人集团的失败，表面看来是由4000万元楼花买卖而引起，究其深层原因，则是多元化经营战略决策的失误。多元化经营是一种理念、一种经营模式，有其存在的价值，且有成功先例可援。但更多的企业不明就里，对多元化战略缺乏深刻的认识，存在理解上的误区，因而导致了行动上的失败。通过对巨人集团公司发展历程的描述，告诫企业在进行市场营销规划时，要充分分析自己的能力，结合市场营销环境的变化，制定企业营销策略和规划企业发展方向。

战略一词译自英文“Strategy”，也译为策略。战略在《辞海》中的定义是：泛指重大的、带有全局性和决定性的计谋。现代社会常把战略引用于政治、经济等其他领域，如政治战略、经济战略、社会发展战略等。

把战略思想应用到网络营销管理中，就形成了网络营销战略。战略规划，实际上就是在没有得到最准确的答案之前或者说在事情还没有发生变化之前，就制定并实施有预见性的规划。

一、网络营销的战略目标

网络营销目标与传统营销目标相同，即确定开展网络营销后达到的预期目的，以及制定相应的步骤，组织有关部门和人员参与。制定网络营销目标时，必须考虑到与企业的经营战略目标是否相一致，与企业的经营方针是否吻合，与现有的营销策略是否产生冲突。这就要求在制定目标时必须有企业战略决策层、策略管理层和业务操作层的相关人员参与讨论。

（一）网络营销实施的条件

在实施网络营销前，企业必须分析自身所具备的实施网络营销的条件。其中包括：哪些产品适合网上销售，企业管理者的信息化素质能否胜任网络营销的工作，网络营销的外部环境条件是否具备等，并应该在此基础上提交网络营销实施的可行性分析报告。

1. 企业的目标和产品特点。企业在规划网络营销的过程中，需要确定准备在网上销售的商品类型，明确销售的规模及实现业务流程的方法，还需要分析竞争对手和用户。

(1) 网上销售什么。网上销路比较好的商品多为一些小商品，例如世界最大的网上零售商店亚马逊就是从书籍零售起家的，其他的像唱片、软件等商品在网上都有很好的销路。一般来说，比较适合网上销售的商品有以下几类：

①电脑软硬件产品。网络用户大多对有关电脑的信息最感兴趣，再加上电脑产品的升级换代快，所以有着广泛的市场。电脑软件通过网络传输是非常方便的，可以采用试用或免费赠送等方式引起消费者的兴趣，在使用过软件的试用版后，就可决定是否购买软件的正式版。

②知识含量高的产品。比如书籍、音像制品等。音像制品可以借助网络的多媒体特性，将产品的优点淋漓尽致地表现出来，还可以使用免费下载部分产品的方法增加顾客对产品的了解和兴趣。

③新产品的独特创意。利用互联网沟通的广泛性、便利性，对新产品进行独特的创意，可以更主动地向更多的人展示，以满足那些品位独特、需求特殊的顾客的需要。

④纪念物等有特殊收藏价值的商品。通过网络向世人展示这类商品，让更多的人了解，无形中更增加了收藏家的收藏欲望，增加了销售的机会。

⑤服务等无形产品。这类产品包括旅馆预订、鲜花预订、文艺演出票的订购、旅游线路的挑选、储蓄业务和各类咨询服务等。借助于网络，这类服务显得更加方便、快捷、有效，也更具人性化。如当客户查询旅游线路时，可以提供多套线路方案，甚至可以让客户自己设计旅游路线，并在电脑屏幕上展现一路的民俗风情，有如身临其境。这些都是传统营销不具备的优势。

⑥一般性产品的促销。大多数产品都可以在网上进行销售前期环节的营销活动。例如可以利用网络扩大品牌的宣传，增强客户对品牌的认识，建立客户的品牌忠诚度等。

虽然有些商品更适合在网上直接销售，但网络营销对于大多数产品和服务领域都能发挥作用。

(2) 网上商店所售商品的分类。按照商品的性质不同，网上商店所销售的商品可以分成实体商品、信息与媒体商品和在线服务三类。

①实体商品。诸如日用品、电影票或音乐会入场券、火车票或飞机票、计算机及外围硬件、消费性电子产品等。

②信息与媒体商品。诸如信息提供、数据库检索，数字化电子新闻，电子书籍，研究报告、论文，计算机软件、游戏软件等。

③在线服务。诸如预约饭店、餐馆，医院预约挂号，网络交友，法律、医药查询及咨询，股市行情分析，银行、金融咨询服务等。

2. 企业管理者的信息化素质和意识。在我国，企业上网交易逐渐增多，许多大企业集团，像青岛海尔、中纺进出口总公司等，都在互联网上建立了企业的网站。未来将会有越来越多的企业和个人走进互联网，网络营销将成为21世纪的一种重要的交易方式。

网络营销的优势在于它以快速、准确的方式获取用户信息，并将企业的产品介绍、广告宣传、促销活动、用户反馈意见等各种营销活动整合在一起，直接面对用户，不受时间和地域的限制。

开展好网络营销首先要求企业管理者要有信息化意识。所谓信息化意识就是，对信息化作用的深刻理解和对开展、实施信息化方法的清晰认识。企业的管理者必须掌握信息化时代的特点，提高自己的信息化素质，才能适应网络经济时代的营销方式，去开拓市场，迎接未来。

产品的技术含量越高，就越需要用信息去赢得用户，想方设法让用户快速了解产品的使用方法和功效，才能激发用户购买的欲望。在高技术含量和智能化产品的营销中，常常以培训顾客的方式，让更多人了解产品的使用常识和功效，从而扩大市场份额。例如，许多计算机软件在推出后，如果不对顾客加以培训，使其了解软件的使用知识，就很难形成自己的市场。因此除在网上备有宣传资料、演示课件、教程外，企业的营销人员还通过对顾客的讲座、培训班、演示会等多种形式来发布信息，扩大影响，最终占领市场。

由此可见，在网络营销中，除了企业管理者应具备较高的信息化素质外，营销人员本身也必须掌握专业知识，才能满足客户对产品及服务的各种需求。

3. 外部环境分析。营销环境是一个综合概念，它有多种分类。网络营销的外部环境包括网络营销基础平台以及相关的法律、政治环境，一定数量的上网企业和上网网民，必要的互联网信息资源等。

下面从两个方面来介绍开展网络营销应具备的外部环境条件。

(1) 宏观环境。宏观环境是企业营销活动大的社会背景，制约和影响营销活动的载体平台市场。环境及其变化造就市场机会，也给企业营销带来经营威胁和压力。宏观环境一般从以下六个方面分析考察：

①人口。人是企业营销活动的直接和最终对象。在其他条件既定或相同的情况下，人口规模决定市场容量和潜力，人口结构影响消费结构和产品构成，人口组成的家庭、家庭类型及其变化对消费品市场都会有明显影响。

②自然状况。自然状况作为客观环境内容之一，对消费、生产、供给状况有基础性影响。在科技进步、社会生产力提高的过程中，自然状况对经济和市场的影响总体上趋于下降，但自然环境制约着经济和市场状况的内容和形式不断变化。自然状况的最重要的内容是自然条件和自然资源的优劣和多寡。自然状况还包括地形、地貌和气候，也会影响生产、消费。自然资源有可再生与不可再生两类，在市场上会充分反映出来。由于人类活动在很大程度上破坏了良好的自然环境，所以保护和恢复自然生态环境，既会产生市场机会，也会带来环境制约。

③经济环境。经济状况是宏观环境中最重要的方面。经济环境也是内部分类最多、具体因素最多、对市场具有广泛和直接影响的环境内容。

宏观经济环境包括经济体制、经济增长、经济周期与发展阶段，以及经济政策体系等大的方面，也包括收入水平、市场价格、利率、汇率、税收等经济参数与政府调节取向。更具体的经济因素有居民收入来源、可处置收入比例以及支出结构等。

④政治法律环境。在国家和国际政治法律体系中，相当一部分内容直接或

间接地影响经济和市场，某些方面的政治制度和法律条款禁止、限制或鼓励某些经济和市场行为。在国际经贸关系中，国与国之间的政治制度、法律体系的异同，对有关国家厂商的进出口、投资等国际营销活动有相当大的制约和影响。

⑤科技与教育水平。科学技术对经济社会发展的作用日益显著。科技的基础是教育。因此，科技与教育是宏观环境的基本组成部分。科技进步不仅改变生产力和生产方式，推动产品开发，影响生产要素的功能和利用率，同时也影响中间消费和最终消费。教育水平的高低和社会科学技术的普及状况，对消费观念、生活方式和购买选择的影响日益显著。在信息领域等高新技术产业，教育水平的差异是影响需求和用户规模的重要因素，提高教育水平已经纳入企业营销分析的议事日程。

⑥人文与社会环境。一个国家、地区或民族的传统文化，以及受其影响而长期形成的消费观念、风俗习惯、伦理道德、家庭关系等不同，都会对网络营销产生直接的或潜在的影响。另一方面，日益开放和国际化的潮流，对网络营销活动的人文与社会环境也在产生着不可忽视的巨大影响。人文与社会环境的组成内容相当丰富，在不同国家、地区、民族之间的差别非常明显。在营销竞争手段向非价值、使用价值型转变的今天，人文与社会环境及其影响日益受到企业决策者的普遍重视。

(2) 微观环境。微观环境是与企业营销活动直接相关的外部因素，同样具有不可控制的属性。与企业的营销活动直接相关的外部因素包括以下五个方面：

①网络营销平台。网络营销平台是建立在网络技术特别是互联网技术的基础之上。网络营销主要是通过网上电子信息的传递完成的，因此网络营销平台是网络营销最直接相关的外部因素。

网络营销平台一般是建立在Web平台之上，通过相关的应用软件支持，充分利用互联网的信息资源来实现网络营销的目的。互联网可提供的基本服务很多，如信息浏览、电子邮件、文件传输、新闻组、远程登录等。企业开展网络营销选择一家好的网络服务商（ISP），对增强网络营销的效果具有重要作用。

②供应商。企业的营销产品或提供的服务，需要若干供应厂商提供产品、原材料和某些服务。企业与供应商之间既有合作，又有竞争。这种关系受宏观环境影响，制约企业的营销活动。

③商业中介组织。企业可以直接向顾客和用户提供产品和服务，但一般离不开商业中介组织转售、促销和提供营销服务。商业中介组织既可以为某一企业从事中介服务，也可以为具有竞争关系的若干企业提供中介服务。除了拥有完整分销体系的少数大公司，选择中介服务能力强、分布广泛合理的中介组织，可以提高企业营销对微观环境的适应性和利用能力。

④顾客或用户。顾客和用户是企业直接或最终的营销对象。企业不能控制顾客与用户的购买行为，但企业通过有效的营销活动能在顾客中产生某种印象

和形象，改变其对企业及产品的态度和看法，改善与顾客和用户的关系。

⑤竞争者。在社会分工和竞争条件下，同一产品、服务拥有一定数量的供应者来满足同一消费需求。因此，企业营销在市场上必然面临各种竞争者。在消费需求和其他环境状态既定的情况下，企业与竞争对手的相对地位和能力，直接关系到企业的营销效果。

除了上述五类营销活动的微观环境因素，作为市场管理者的工商行政、质检、技检和卫生管理部门，行业协会、消费者协会及相关公众，都是企业微观环境的组成部分。它们从不同的角度、以不同的方式制约企业的网络营销活动。

4. 网络营销实施的可行性分析。当企业全面地考察了企业的产品特点、企业管理者的信息化素质水平以及网络营销的外部环境条件后，还要有一个网络营销实施的可行性分析。考虑如何在网上实现业务流程，如何完成竞争对手分析和用户分析，进行网页布局与外观设计。在开展网络营销之前还应掌握网站建设所需知识和商务运营所需知识。

（二）网络营销目标

一般网络营销应考虑以下几种类型的目标：

1. 销售型网络营销目标。销售型网络营销目标是指为企业拓宽网络销售，借助互联网的交互性、直接性、实时性和全球性为顾客提供方便快捷的网上售点。目前许多传统的零售店都在网上设立销售点，如北京图书大厦的网上销售站点。

2. 服务型网络营销目标。服务型网络营销目标主要是为顾客提供网上联机服务。顾客通过网上服务人员可以远距离进行咨询和享受售后服务。目前大部分信息技术型公司都建立了此类站点。

3. 品牌型网络营销目标。品牌型网络营销目标主要是在网上建立企业的品牌形象，加强与顾客的直接联系和沟通，增加顾客的品牌忠诚度，配合企业现行营销目标的实现，并为企业的后续发展打下基础。目前大部分企业站点属于此类型。

4. 提升型网络营销目标。提升型网络营销目标主要是通过网络营销替代传统营销手段，全面降低营销费用，提高营销效率，促进营销管理和提高企业竞争力。如戴尔、海尔等站点属于此类型。

5. 混合型网络营销目标。混合型网络营销目标力图同时达到上面目标中的若干种。如亚马逊通过设立网上书店作为其主要销售业务站点，同时创立世界著名的网站品牌，并利用新型营销方式提升企业竞争力。它既是销售型，又是品牌型，同时还属于提升型。

二、网络营销战略规划的内容

网络营销战略规划是企业以市场需求为导向，在激烈的市场竞争中，为了充分利用市场机会，避免环境威胁，求得企业持续、稳定、健康、高效发展，在对企业内外营销环境分析的基础上，对企业网络营销的任务、目标及实现目标的方案、重点和措施作出总体的、长远的谋划，并付诸实施与控制的过程。或理解为在网络营销理论的指导下，对网络营销活动所做的全面而有序的安排，使网络营销活动责任明确，有条不紊地进行。它是指导企业网络营销活动，合理分配企业网络营销资源的纲领。

在企业的网络营销活动过程中，希望实现的目标往往不止一个，但企业必须依据内部条件和外部环境，确定一个一定时期内最为合理的目标，这就是网络营销战略规划的第一层含义。同时，实现一个既定的目标，往往不止一种途径、一种方案，但其中必有一种方案或一种途径被企业认为是最适宜、最可行的，谋划、选择和确定一个最为合理、最为可行、最能快速高效实现其预定目标的方案，这就是网络营销战略规划的第二层含义。

在进行网络营销前，企业必须认真分析、规划企业所具备的实施网络营销的条件，选择网络营销战略和渠道，然后制定一份切实可行的网络营销规划。

（一）网络营销战略规划的特点

1. 网络营销战略规划是事前行为。规划是对具体业务提出的基本原则和战略指导，是在整个经营活动开始之前，对将要开始的经营活动的预先谋划与部署。

2. 网络营销战略规划是指导性行为。如果没有规划，企业经营活动的各个环节就是分开的，各部门就会各自为战，在战略与战术的配合上难免出现不和谐，整体效果也将难以体现。规划为整个企业提供奋斗的目标、行为的依据、评价的标准，对策划中的全部经营活动起着重要的指导作用。离开了规划的指导，所有活动都将失去方向和依据，并失去评价自身成败的标准。

3. 网络营销规划是全局性行为。规划涉及营销活动的每一个环节，并贯穿于活动全过程，常常体现为组合型或系列化活动。它要求对全局都有具体的设计和得力的把握，因此网络营销规划是一种全局性行为。它所制定的目标要贯彻到全部业务环节中去，各种战术、策略都要协调一致，服从于统一的产品形象、企业形象及营销战略。

4. 网络营销规划是以网络为主要工具。网络营销将产品、顾客意见调查、促销、广告、公共关系、顾客服务等各种营销活动整合在一起，进行一对一的沟通，真正达成营销组合所追求的综合效益。它可以不受地域的限制，结合文字、声音、影像、图片等，用动态或静态的方式展现，可以节省大量的营销与渠道成本。因此，网络营销规划的思想、方针、策略最终要落实到对网络的策划上来。

（二）网络营销战略规划的作用

网络营销战略规划是关系企业长远发展和全局利益的重大决策，其选择正确与否，直接影响到网络营销的成败和经济效益的大小。它是企业全体员工行动的纲领，在企业的网络营销活动中起着重要的作用，主要表现在以下几个方面：

1. 可强化网络营销目标。通过网络营销规划，可以使企业确立明确的网络营销目标，并朝着目标努力。网络营销战略规划在目标确定、方案选择及实施与控制中，无不体现着合理配置、高效使用营销资源的思想，使企业更好地实现其各项目标。

2. 可提高网络营销活动的规划性。规划为企业的网络营销活动提供了纲领和指南，确立了未来的网络营销活动方案，使未来各项网络营销活动有规划、有步骤、有方法地进行，使各项工作有章可循、有条不紊。“人无远虑，必有近忧”，没有这种对未来的高瞻远瞩，企业必将羁绊于眼前的困扰而不能自拔，失去营销的主动性，从而也就增加了企业经营的风险性。

3. 可提供新观念、新思路、新方法。网络营销战略规划的制定是以企业的全局为对象，根据网络营销活动总体发展的需要对企业总体行动的谋划。在规划时，要对已掌握的情况进行判断分析，为了寻找到解决问题的方案，要进行充分的创造性思维，从而产生很多新观念、新思路、新方法。网络营销战略规划要求企业确实树立以消费者为中心的思想，从消费者的角度出发，由外而内地重新设计网络企业与消费者的互动关系，形成消费者参与及互动合作的新理念和新的运作方式。

4. 可降低成本。网络营销规划对未来的网络营销活动进行了周密的费用预算，并对费用的支出进行了最优化的组合安排，使企业可以用较少的费用支出取得较好的效果。

5. 可增强企业竞争力。网络营销规划为企业提供了当今最新的市场销售方式，将传统营销方式和网络销售结合起来，有效地传递信息、沟通客户、降低成本、扩大品牌宣传、提高贸易机会、减少贸易壁垒、提高工作效率，从而增强企业竞争力。

在不断变化的营销环境中，为使企业的网络营销活动不盲目、不被动、不滞后，就必须在战略规划的约束下，有预见性地、主动地、方向明确地随时调整其营销活动，使企业临变不乱、稳步前进，提高企业经营的稳定性与安全性。

（三）网络营销战略规划的内容

网络营销使企业从有形市场转向信息化市场，使企业的目标市场、顾客关系、企业组织、竞争形态及营销手段等发生了改变。企业既面临着新的挑战，也存在着无限的市场机会。企业必须确立相应的网络营销战略，提供比竞争者更有价值的产品、更有效率的服务，扩大市场营销规模，实现企业的经营目标。

网络营销战略规划内容包括：

1. 分析网络营销环境。战略性分析是制定网络营销战略规划的准备阶段。通过对企业外部环境，如对市场态势、竞争形势、政府有关政策、社会文化、科学技术等因素的分析，分析企业所面临的各种机会与威胁；通过对企业内部因素，如对企业营销能力、生产技术水平、企业可控资源等的分析和预测，掌握市场营销过程中企业的外部环境和内部条件的变化情况，以及这些变化对企业长远发展的影响作用，确定企业的优势和劣势，从而为企业制定网络营销战略规划提供有效的依据。

2. 明确网络营销任务。网络营销活动的开展应该有助于企业总任务的实现。企业开展网络营销、制定战略规划的首要问题就是在网络营销环境的基础上，界定企业网络营销活动的任务。企业在规定或调整其网络营销任务时，可向股东、顾客、经销商、企业员工等有关利益方广泛征求意见，并且需考虑企业的历史、所有者或管理者目前的偏好与意图、企业生产经营环境的发展变化、企业可控资源的情况、企业的核心竞争力等因素。企业的网络营销任务可能是增加顾客、展示企业历史、促进公共关系、塑造企业形象等方面中的一项或几项。例如，8848 网上超市近期的网络营销任务是“把商场开进每个中国家庭”，远期的网络营销任务是“把中国商场开进每个家庭”，向网上用户提供满意的、具有网络商业特色的购物服务，建立中国最大的网上消费超市，使站点成为中国和国际网络销售领域的知名服务品牌。又如，海尔集团网络营销的任务为：通过建立网站，一方面宣传海尔企业的形象；另一方面利用现代化的信息网络，加大自己产品市场推销的力度。

3. 确定网络营销目标。企业的网络营销任务确定以后，还要将这些任务具体化为网络营销各部门、网络营销各环节的目标，最终形成一套完整的目标体系，使网络营销各作业环节都有自己明确的目标，并负起实现这些目标的责任。目标是企业预期要达到的结果，同时也是评价其业绩优劣的标准。一般来说，网络营销目标有五种类型：销售型网络营销目标、服务型网络营销目标、品牌型网络营销目标、提升型网络营销目标、混合型网络营销目标。

4. 制定网络营销战略模式。在这一部分应当列出实现目标的主要市场营销战略或称“行动规划”。市场营销战略是指企业为了实现其市场营销目标而制定的与市场营销相关的长期的行动战略。在市场营销战略中，应解释每个战略如何对前面提到的机会和重要问题做出反应，并制定出可行的行动规划。

5. 制定网络营销战略规划的步骤。网络营销战略规划一般包括以下几个步骤：

(1) 第一阶段：界定问题，明确主题。界定问题是规划的第一步，即面对复杂的问题进行深入透彻的分析，找出问题的关键点，从而明确规划主题，做到有的放矢。

(2) 第二阶段：收集信息，分析资料。信息是规划的基础，信息开发的水平决定着规划的水平。信息的来源有两种：一种是收集现成资料，另一种是进行市场调查。收集现成资料是一种既迅速又经济的方法。通过收集和市场调查得到的资料必须进行定期的整理和分析，这样才能把“死”的资料变成有价值的信息。对于规划而言，前期的调查是十分重要的，它是规划的基础，决定着规划的科学性、可行性、可信性，也是决定规划成败的关键。在分析研究阶段，是将调查来的资料汇总、综合、分析、归纳，得出初步结果，然后再将调查结果进行研究，权衡比较、甄别筛选之后，供下一步使用。在分析研究阶段，分析研究工作还必须仰仗高水平的“人脑”，计算机技术似乎退居其次。

(3) 第三阶段：方案设计。在这个阶段，主要有以下几个步骤：

①确定目标。目标是规划所希望达到的预期效果，它既是规划的起点，又

是规划要通过行动达到的终点。目标指导并控制着规划行动，又可以度量和评价工作绩效。目标从高低层次上分，可分为总目标和分目标。总目标集中、概括地反映了策划者通过系统策划及行动所要达到的目的和指标，具有全局性、总体性和可分解性；而分目标是总目标分解后的具体目标。在制定目标时，要注意目标的明确性、可行性和可塑性。

②产生创意。规划主题和目标设定后，就要开始思考具体的规划方案，其中面临的最重要的问题是规划采用什么样的创意。创意是规划的核心，是能应用于规划中的实际可行的方法或点子，是创造性的思考。在创意过程中，一定要鼓励和刺激新想法，不要过早地下结论或做出判断，构想越多越好。在对创意进行分析的过程中，选择可采用的好主意，再对其进行适当的延伸，就会形成可行的规划方案。

③论证与选点试行。方案设计好后，应对其可行性进行评估、论证，对于涉及面广、规模大的方案，还要在一定的范围内选点试行，以避免由于主观性所造成的损失。

④撰写营销规划书。当所设计的方案经过充分的论证或选点试行认为可行时，就进入了方案设计的最后阶段——规划书的书写阶段。这一阶段的主要任务是将设计好的方案加以充实、编辑，并用文字和图表等形式表达出来，写成具体的可操作的策划书，以指导策划实施过程的各项工作。网络营销规划书是网络营销规划成果的文字形式，是未来企业网络营销操作的全部依据。有了一流的规划，还要形成一流的规划书去指导企业的行动，否则会影响规划实施的效果。

(4) 第四阶段：推出规划方案。规划方案编写完毕后，通常要向委托人讲解、汇报。这一阶段是将所拟定的稿件送达供审阅。一般而言，应有专人送稿，并负责就稿件向对方做出说明和解释。这个人应该对稿件有充分的了解和全面的掌握，还应该有很好的口才和说服力，可以保证将意见陈述清楚、充分。此外，应该召开一次会议，动员有关部门积极参与，讲解规划方案。规划的最后一个阶段是将修订完毕的规划方案送交，由领导判定执行。这样，规划方案才能成为正式的、可以执行的方案。

(5) 第五阶段：方案实施与效果测评。方案一经确定，就应全面贯彻实施，不得任意更改。好的方案要有强有力的行动来落实，否则会由于贯彻不到位而前功尽弃。另外，任何方案在实施过程中都可能出现与现实情况不相适应的地方，因此方案贯彻的情况必须不断向决策者进行反馈，决策者也应根据反馈的情况及时对方案不足之处进行调整。这就需要在方案实施后，运用特定的标准及方法对其效果进行检测和评价。通过实施效果的检测和评价，适时充实规划方案或调整策略，使策划活动逐步完善，进入良性运转状态。

三、选择网络营销战略模式

(一) 网络营销战略的几种模式

企业要引入网络营销，首先要清楚网络营销通过何种机制达到何种目的，然后企业可根据自己的特点及目标顾客的需求特性，选择合理的网络营销战略。目前，人们已归纳了几种有效的网络营销战略。

1. 留住顾客、增加销售。现代营销学认为保留一个老顾客的价值相当于争取五个新的顾客。而网络双向互动、信息量大、可选择地阅读、成本低、联系方便等特点决定了它是一种优越于其他媒体的顾客服务工具。通过网络营销可以达到更好地服务于顾客的目的，从而增强与顾客的关系，增加顾客忠诚度，从而留住顾客，提高公司的销售量。

德国的媒体集团“贝塔斯曼”在上海总部以“贝塔斯曼书友会”的形式开展网络营销和传统营销并行的销售活动。在开始阶段，“贝塔斯曼书友会”将工作放在发展新会员上，有一定的效果。但是后来发现不断增加的新会员并没有给公司增加相应的销售额，而老顾客的减少却使销售量有较大幅度的降低。针对这种情况，“贝塔斯曼书友会”在留住顾客、增加销售量上做文章，策划了许多相关的营销活动，取得了比较理想的效果。

可口可乐、耐克、麦当劳、肯德基等公司的网络营销经营模式实施的就是以公共关系为导向的网络营销战略。

2. 提供有用信息、刺激消费。提供有用信息来刺激消费特别适用于通过零售渠道销售的企业。这种战略可通过网络向顾客连续地提供有用的信息，包括新产品信息、产品的新用途等，而且可根据情况适时地变化，保持网上站点的新鲜感和吸引力。这些有用的新信息能刺激顾客的消费欲望，从而增加购买。

3. 简化销售渠道、减少管理费用。使用网络进行销售对企业最直接的效益来源于它的直复营销功能，即通过简化销售渠道、降低销售成本，最终达到减少管理费用的目的。本模式适用于将网络用作直复营销工具的企业。

利用网络实施直复营销，对顾客而言必须方便购买，使顾客减少购物的时间、精力和体力上的支出与消耗；对企业而言达到实现简化销售渠道、降低销售成本、减少管理费用的目的。网上销售书籍、鲜花和礼品等的网上商店是这种模式的最好应用。但是有些网上书店，客户购书的手续过于烦琐，影响了它的网上销售业务。“当当网上书店”做得较好，对上网购书的顾客提供了多种快速和方便的途径，吸引了很多顾客。

4. 让顾客参与、提高客户的忠诚度。新闻业已有一些网站成功运用此模式的例子。例如，报纸和杂志出版商通过它们的网页来促进顾客的参与。它们的网页设置了顾客能根据自己的兴趣形成一些有共同话题的“网络社区”，同时也提供了比传统的“给编辑的信”参与程度高得多的读者与编辑交流的机会。这样做的结果有效地提高了订户的忠诚度。

同样，电影、电视片制作商的网站也可用此模式提高产品的流行程度。他们通过建立网页向观众提供流行片的一些所谓“内幕”，如剧情的构思，角色的背景，演员、导演、制片人的背景资料、兴趣爱好等。这些信息对影迷们是很有吸引力的，因为这样能使他们获得一种内行鉴赏家的感觉。这种感觉会驱使他们反复地观看某部流行片，评头论足，乐此不疲。同时，他们还会与朋友们讨论这部片子，甚至还会劝说朋友去观看。

5. 提高品牌知名度、获取更高利润。将品牌作为管理重点的企业可通过网页的设计来增强整个企业的品牌形象。许多著名品牌都把网络作为增强品牌形象的工具。企业可以通过网页的设计突出品牌宣传，树立整体的企业品牌形象，建立顾客忠诚度，实现市场渗透，最终达到提高市场占有率的目的。例如，可口可乐、耐克等著名品牌都已把网络作为增强品牌形象的工具。全国最大的婴幼儿辅助食品生产企业亨氏联合有限公司网站并不通过网站直接销售产品，而是提供了育儿宝典、婴儿营养与美食、妈妈心得等栏目，以服务新老顾客。

（二）网络营销战略分析的重点

互联网络的功能使网络营销可以扩大企业的视野，重新界定市场范围，缩短与消费者的距离，取代人力沟通与单向媒体的促销功能，改变市场竞争形态。因此，企业网络营销战略分析的重点也相应体现在以下几个方面：

1. 顾客关系再造。在网络环境下，企业规模的大小、资金的雄厚实力从某种意义上已不是企业成功的关键要素，企业都站在一条起跑线上，通过网页向世界展示自己的产品。消费者较之以往也有了更多的主动性，面对着数以十万计的网址有了更广泛的选择。为此，网络营销能否成功的关键是如何跨越地域、文化、时空差距，再造顾客关系，发掘网络顾客、吸引顾客、留住顾客，了解顾客的愿望及利用网络互动服务与顾客维持关系，以及企业如何建立自己的顾客网络，如何巩固自己的顾客网络。

（1）提供免费服务。提供免费信息服务是吸引顾客最直接、最有效的手段。在美国的一家名为“Interactive Hypen Net USA”的企业，自1996年底开始，在旧金山市提供免费的互联网络连线服务，用户只要负担开户费29.95美元，填写一份有关个人性别、学历、爱好与上网目的等的个人资料，即可拥有免费的网络连线账号。

（2）组建网络俱乐部。网络俱乐部是以专业爱好和专门兴趣为主题的网络用户中心，对某一问题感兴趣的网络用户可以随时交流信息。目前，网络世界里的用户俱乐部形形色色，如车迷俱乐部、生活百科园地、流行话题交流中心、流行精品世界、手表博物馆、美食大师等。网络用户俱乐部的每个分类项目都设有讨论区，可以吸引大批兴趣爱好相同的网友“聚集一起”交流信息和意见。这既便于企业与顾客一对一地交流与沟通，也可免费向顾客提供促销信息。为此，企业可以通过在网上开设或者赞助与之产品相关的网络俱乐部，把产品或企业形象渗透到对产品有兴趣的用户，并利用网络俱乐部把握市场动态、消费时尚变化趋势，及时调整产品及营销策略。

2. 定制营销。所谓定制营销，是指利用网络优势，一对一地向顾客提供独特化、个人化的产品或服务。定制营销又称“个别化营销”、“自我营销”或“一对一营销”。网络沟通的互动性使企业能更准确地掌握顾客的需求和反应，为顾客提供更具个性化的产品，即网络数据库为企业实施定制营销提供了有利的支撑。以电子商场为例，商家通过数据库可以全面了解网络顾客的生日、对产品的偏好习惯等，从而可以在适当的时间利用电子邮件向目标顾客推荐相关产品或服务。这在国外已不是个例，摩托罗拉的营销员能为客户设计定制寻呼系统，交货的速度令人吃惊。摩托罗拉将设计传给工厂，在17分钟内开始生产，工厂两小时内发运，第二天便可以送到客户的办公桌上。

在我国，定制营销初显端倪。例如，设计生产出我国第一台定制冰箱的海尔集团，又创造了市场奇迹——短短1个月时间，竟拿到100多万台定制冰箱订单。定制冰箱是新经济思维的产物。目前，个性化家电在国外已逐步趋向流行，一些发达国家从20世纪80年代末就开始逐步淘汰大批量的家电生产方式，一条生产线可以生产几十种型号的产品，以满足不同消费者的个性化需求。这种所谓的定制冰箱可以根据家具的颜色或是自己的品位，定制自己喜欢的外观色彩或内置设计。

这种冰箱对厂家来说，就是把“我生产你购买”转变成了“你设计我生产”。虽然两者都是做冰箱，后者却有了服务业的概念。定制冰箱对企业的要求非常高。可以想象，几百万台各不相同的冰箱都要做得丝毫不差，将是一项怎样浩繁的工程。然而，海尔从宣布要向服务业转移到推出定制冰箱，仅仅用了三四个月的时间。目前，海尔已能做到只要用户提出定制需求，一周内就可以将产品投入生产。如今海尔冰箱生产线上的冰箱，有一半以上是按照全国各大商场的要求专门定制的。

3. 建立网络营销伙伴。由于网络的自由开放性，网络时代的市场竞争是透明的，谁都能较容易地掌握同业竞争对手的产品信息与营销行为。因此，网络营销争取顾客的关键在于如何适时获取、分析、运用来自网上的信息，如何运用网络组成合作联盟，并以网络合作伙伴所形成的资源规模创造竞争优势，这是网络营销的重要战略内容。建立网络联盟或网上伙伴关系，就是将企业自己的网站与他人的网站关联起来，以吸引更多的网络顾客。主要措施如下：

（1）结成内容共享的伙伴关系。内容共享的伙伴关系能增加企业网页的可见度，能向更多的访问者展示企业的网页内容。例如，一个在网上销售山地车的企业应和在网上销售运动服装的企业结成伙伴，在顾客购买运动服装的同时了解你的山地车并考虑购买山地车；同样，一个提供关于自行车书籍和杂志的网站也是建立内容共享伙伴关系的最好选择。

（2）交互链接。交互链接和网络环境是应用于相互网站间以推动交易的重要形式。在相关网站间的交互链接有助于吸引在网上浏览的顾客，使他们按照链接的提示一个接一个地浏览下去，以提高企业网站的可见性。访问者可以通过一条不间断的“链”，看到一整套相关网站，从而给访问者提供更为充实全面的信息。

（3）搜索引擎。把企业的网站登录在一个大的搜索引擎上，是网络营销寻求伙伴关系的重要选择。因为有经验的互联网用户在网上查找所需的信息时，总是首先利用搜索引擎。例如，当你进入Yahoo搜索一本想要的书或其作者的情况，除了通常的相关搜索结果清单外，你还会在窗口的右侧看到通用网址或淘宝网等网站相关链接。需要注意的是，当访问者进入某个查询领域时，企业的网站应该在给出的一长串目录的顶部附近出现，否则网站很可能会被访问者所忽视，导致在搜索引擎上企业网站可见性和有效性的下降。

4. 网络营销竞争战略选择。网络营销是有别于传统市场营销的新的营销手段，它在控制成本费用、市场开拓和与顾客保持关系等方面有很大竞争优势。网络营销竞争的优势在于能够以最快、最准确的方式获得顾客信息，并能将产品说明、促销、顾客意见调查、广告、公共关系、顾客服务等各种营销活动整合在一起，进行一对一的沟通，不受时间和地域的限制，进而达到营销组合所追求的综合效益。要了解这些竞争优势如何给企业带来战略优势及企业如何选择竞争战略，就必须分析网络营销对组织业务提供的策略机会和威胁。企业面临的一系列外部威胁和机会有：新的进入者威胁、供应商要价能力、现有竞争者之间的对抗、消费者要价能力、替代产品或服务威胁。企业必须加强自身能力应对新的进入者、供应者、现有的竞争者、消费者、替代产品或服务带来的挑战，改变企业与其他竞争者之间的竞争对比力量。企业可以采取以下几种竞争战略提高竞争力：(1) 成本领先战略。提供低成本的产品或服务，降低与购买者和供应者之间的交易成本。(2) 差异战略。提供与竞争者不同的产品和服务，定位于差异的市场以保持竞争力。(3) 创新战略。开发新产品和服务，拓展新市场，建立新的商业联盟、新的分销网络。(4) 目标聚集战略。采用上述的某一种战略优势占领某一细分市场。网络营销作为一种竞争战略，可以在下述几个方面加强企业在对抗某一股力量时的竞争优势：

(1) 巩固公司现有竞争优势。利用网络营销的优势可以对现有顾客的要求和潜在需求有较深入的了解，对公司潜在顾客的需求也有一定了解，制定的营销策略和营销规划有一定的针对性和科学性，便于实施和控制。例如，美国计算机销售公司戴尔公司，通过网上直销与顾客进行交互，在为顾客提供产品和服务的同时，还建立顾客和竞争对手的数据库。数据库中包含有顾客的购买能力、购买要求和购买习性等信息。根据信息，戴尔公司将顾客分成四大类：摇摆型的大客户、转移型的大客户、交易型的中等客户和忠诚型的小客户。公司通过对数据库的分析，针对不同类型的客户制定销售策略。对于第一种类型占公司收入50%的大客户，加强与客户的直接沟通，利用互联网提供特定服务，并有针对性地定期邮寄有关资料，争取失去的顾客并且赢得回头客；对第二种类型占公司收入20%的大客户，可以争取，通过与他们加强沟通并增强销售部门力量，使其建立对公司和品牌的忠诚度；对第三种类型占公司收入的20%的客户，可以采取传统的邮寄和电话营销以增强其与公司的关系和联系；对最后一种类型占收入的10%的客户，因此只需采取偶尔邮寄的方式来加强其忠诚度。

(2) 加强与顾客的沟通。网络营销以顾客为中心，其中网络数据库中存储了大量现有消费者和潜在消费者的相关数据资料，公司可以根据顾客需求提供特定的产品和服务，具有很强的针对性和时效性，可以极大地满足顾客需求。同时，借助网络数据库可以对目前销售的产品满意度和购买情况进行分析调查，及时发现问题、解决问题，确保顾客满意，建立顾客的忠诚度。

(3) 为入侵者设置障碍。虽然信息技术使用成本日渐下降，但设计和建立一个完善且有效的网络营销系统是一个长期的系统性工程，需要投入大量的人力、物力和财力。因此，一旦某个公司已经实行了有效的网络营销，竞争者就很难进入该公司的目标市场。因为竞争者要用相当高的成本建立一个类似的数据库，而这几乎是不可能的。从某种意义上讲，网络营销系统是难以模仿的核心竞争力和可以获取收益的无形资产。这也正是为什么技术力量非常雄厚的Compaq公司没有建立起类似戴尔公司的网上直销系统的原因之一。建立完善的网络营销系统需要企业从组织管理和生产上进行整体配合。

(4) 提高新产品开发和服务能力。公司开展网络营销，可以从与顾客的交互过程中了解顾客需求，甚至由客户直接提出要求，因此很容易确定顾客要求的特征、功能、应用和收益。在许多工业产品市场中，最成功的新产品往往是由那些与公司相联系的潜在顾客提出的。对于现有产品，通过网络营销容易获得顾客对产品的评价和意见，从而准确决定所需要的改进产品和换代产品的主要特征。

(5) 稳定与供应商的关系。供应商是向公司及其竞争者提供产品和服务的公司或个人。公司在选择供应商时需考虑三方面的因素：①生产的需要；②时间上的需要，即规划供应量要依据市场的需求，将满足要求的供应品在恰当的时机送到指定地点进行生产，以最大限度地节约成本和控制质量；③根据竞争者的需求量制定合理的采购规划，在供应紧缺时能预先订购，确保竞争优势，以免出现有的企业老总亲临原料基地现款提货的尴尬场面。美国的大型零售商沃尔玛通过网络将采购规划立即送给供应商，供应商必须适时送货到指定零售店。供应商既不能供货过早，因为公司实行零库存管理，没有仓库；同时也不能过晚，否则会影响零售店的正常销售。在零售业竞争日益激烈的情况下，公司凭借其与供应商稳定协调的关系，使其库存成本降到最低，供应商也因公司销售额的稳定增长受益匪浅。

四、网络营销网站建设规划

(一) 网络营销网站规划的内容

与完整的网络营销规划相比，网站建设规划比较简单，却更为具体。一般来说，网站推广规划至少应包含下列主要内容：

1. 确定网站推广的阶段目标。例如，在发布后一年内实现每天独立访问用户数量、与竞争者相比的相对排名、在主要搜索引擎的表现、网站被链接的数量、注册用户数量等。

2. 在网站发布运营的不同阶段所采取的网站推广方法，如果可能，最好详细列出各个阶段的具体网站推广方法，如登录搜索引擎的名称、网络广告的主要形式和媒体选择、需要投入的费用等。

3. 网站推广策略的控制和效果评价。如阶段推广目标的控制、推广效果评价指标等。对网站推广规划的控制和评价是为了及时发现网络营销过程中的问题，保证网络营销活动的顺利进行。

（二）建立企业营销网站

建立商务网站是每一家企业开展电子商务进行网络营销的关键过程，也是在网络营销过程中涉及到信息技术应用最多的环节。关于网站建设的问题，我们认为离不开信息技术的应用，但又不只是一个信息技术的应用问题，它还涉及企业战略、消费者心理等多方面的因素。考虑到目前市面上已经有各种关于网站建设的书籍，在此就不做过细的介绍。若想要进一步学习这方面的知识，读者可以参考有关的教材与书籍。但作为网络营销中一个最重要的环节，也为了这本教材的体系结构的完整，我们有必要把相关知识进行简要的介绍。

在确定好企业网络营销站点的目标、规划好站点的功能和风格后，就可以着手进行企业网络营销站点的建设了。企业网络营销站点建设包括从设计到计算机的硬件和软件配置、通信网络、网络营销站点域名申请、网络营销站点准备、网站内容设计与制作，以及网站的推广和维护等一系列工作。

企业网络营销站点是通过通信网络连接到 Internet 上，它主要通过 Web 服务器来实现与 Internet 进行信息交互和沟通。

1. 建设企业网络营销站点的步骤：结合企业性质申请域名；根据企业实际情况准备 Web 服务器；准备站点信息内容设计开发的资料；设计和开发站点主页；试运行并测试站点主页；站点维护和推广。

2. 网络营销站点的设计与开发内容。网站的设计和开发包括三个层次的内容：模式设计、内容设计、网站管理系统设计。模式设计主要是结合网站规划统一设计网站的风格和模式，主要内容包括导航支持、主页规划、模板设计和搜索引擎设置等。内容设计是网站设计的关键，它包括与模式设计不同的挂在网页上的实实在在的信息和资料文章，还有其他用来交流的多媒体形式的内容。网站管理系统主要是针对网站的目标开发出一些辅助管理系统（如数据库管理、网站内容维护与更新管理等）。模式设计好比是网站的脉络和筋骨，它构成网站的架构，因此在设计时必须与网站规划保持一致，与企业形象保持一致。但是另外的两层，即内容设计与网站管理更为重要，这是因为用户所关心的只是网站上的内容。还有，一个网站对用户是否有用，并不一定取决于它设计得有多好，而是决定于管理得是否得当。

在一个网站的设计开发过程中，首先是规划网站，并确定网站模式，进行网站的模式设计。一旦网站的模式确定后，以后就不能再进行大的修改了，除非进行大的版式革新，否则会引起网站的忠诚访问者对新模式的排斥。其次是进行网站内容设计。网站内容设计主要是进行网页制作。最后是对网站进行管理，网站管理主要是负责日常网站运行过程的数据更新、网页内容的更新、访问者记录与交互数据处理以及网页存放。对于网页存放，可以根据选择的 Web 服务器，利用文件传输 FTP 将网页存放到指定的 Web 服务器即可。

3. 网站内容设计。据美国著名的 Forrester 公司的调查显示，在网站建设上，企业首先应当加强网站的功能性和实用性。虽然调查中 70% 的受访者都把“登录速度快”作为选择一个网站的重要因素，但是他们也表示，网站是否能吸引网民的注意同样很重要。影响网站受注意程度的因素有高新科技的使用、浏览是否简便等。因此，网站内容规划和设计显得非常重要。

网站内容设计是根据网站规划和设计好的网站模式，再将有关信息内容制作成网页。网页制作分为静态网页和动态交互功能网页。对于前者，一般人员经过培训就可以胜任，但对于动态交互网页的设计可能还需要编程，这时可以请专业公司进行制作。在进行网页设计制作时，要注意的两个问题是：一是使用视框问题（Frame），视框破坏了网络页面的基本用户接口模型；二是不要使用最新技术，因为最新的技术一般都不是很成熟，访问者在访问时容易被意外情况所中断。

Web网站是由众多的Web页面组成的，这些页面设计得好坏，直接影响到这个站点能否受到用户的欢迎。判断一个主页设计得好坏，要从多方面综合考虑，不能仅仅看它设计得是否生动漂亮，还应该看这个站点能否最大限度地替用户考虑。

4. 网站管理系统开发。网站管理系统一般是运行在Web服务器的网站管理软件，现在有许多支持网站管理的软件。由于不同的网站模式不一样，页面内容也不一样，因此针对不同的网站需要开发出不同的管理系统。如新浪网中的新闻网站可以每天实时地进行新闻内容更新，这就需要开发出专门的针对新浪网站的页面发布管理软件，否则，用人工负责管理维护的工作量太大。

另外，为了解网站运转情况，还需要对网站访问情况进行跟踪和审计。网站跟踪主要用来具体衡量网络营销收益，帮助企业选择有效的营销工具。通常，人们使用直接寄送宣传品的营销方式，假设使用了较好的商业宣传品大概可以使3%的收到宣传品的受众转变成真正的客户，但是在互联网上一般只能得到0.2%的转化率，这是因为在互联网上网站太重要，并且太容易使潜在的客户链接到其他的网站上去。因此，收集并分析网站的服务状况及跟踪用户的使用情况是绝对必要的，它对将来制定营销策略起到决定性的作用。

五、网络营销的组织与控制

与传统营销管理一样，网络营销管理同样需要制定营销规划。网络营销规划是在网络营销观念的指导下，对网络营销活动所做的一个较为全面有序的安排，目的是使网络营销活动能责任明确、有条不紊地展开。

当前，国内外许多企业都在互联网上建立了自己的主页。但是由于有些企业并不清楚建立网站的目的，也没有建立一个合理的目标去检测网站是否有效，这使得他们利用网站所取得的收效甚微，投入与回报相差较远。这种情况的出现，是因为这些企业还没有制定正规的营销规划并加以执行。要解决这个问题，必须制定一个出色的网络营销规划。

（一）网络营销管理的过程

制定网络营销规划，必须以网络营销管理的过程为依据，考虑各种有关问题。网络营销管理过程如下：

1. 通过确定合理的目标，明确界定网络营销的任务；
2. 广泛听取各部门的意见；

3. 确定营销预算；

4. 分配营销任务；

5. 依据营销任务规划营销活动的内容；

6. 创建友好、信息丰富的网页，全面反映营销活动的内容；

7. 与互联网连接；

8. 改进、提高企业网页水平；

9. 网上营销的测试与网页修改；

10. 使网上营销和企业的管理融为一体。

（二）网络营销规划的维护和控制

作为规划的一部分，应写明维护和更新的规划，包括对企业的Web站点上收到的电子邮件的答复、更新企业Web站点上的内容、监控新闻组和网上服务论坛等。

通常，目标和预算按月或按季度制定。写网络营销规划书时，要继续收集信息。对竞争对手网上工作的变化，以及客户对网上形象需求的变化保持关注。如果企业的网上形象是成功的，有可能收到来自潜在客户和现有客户的大量电子邮件，而且所有的人都期望有个答复。如果电子邮件太多，则需要一个专职人员专门来答复。企业要通过对搜集到的信息的认真分析，来控制和调整网络营销规划的执行过程。

（三）网络营销规划书实例

1. 网络营销规划书的内容。企业在开展网络营销前应认真地进行论证和规划，在对所掌握的信息进行分析之后，撰写网络营销规划书。网络营销规划书主要回答两个问题：为什么要运用网络作为本企业的营销工具？如何运用互联网作为本企业的营销工具？营销规划书具体包括以下内容：

(1) 企业的发展历史。简要介绍企业的发展历程，让访问者了解企业的历史和现状，让他们对企业的未来充满信心。

(2) 企业业务简介和营销服务宗旨。简要介绍企业目前已开展的业务和将来要开展的业务；说明企业的营销服务宗旨，其目的是让客户更多地了解企业和企业的产品。通过前卫而富于创造性的营销规划，使企业与客户的关系更为紧密。

(3) 企业为什么要上网。阐述企业在目前的环境中为什么要上网、上网的必要性，以及进入互联网对企业意味着什么。

(4) 如何开展网络营销。说明开展网络营销的可行性，如组织机构的确定、费用的预算等。要保证网络营销的成功，就要将企业所有标志物、印刷品上均应印有企业的网络地址；至少在两个以上的搜索引擎上注册企业的网址，注册时采用与企业有关的关键词（如企业的名称、产品名称、产品广告语等），以达到访问者看到该词就能联想到本企业的目的；在相关的国家、地区举行新闻发布会。

(5) 网页设计框架。网页就如同企业的门面，网页设计得好坏直接关系到访问者是否愿意访问企业的网站。在网页的框架设计中应包括以下基本内容：

①首页。主要应有企业名称、服务内容和顾客、最新消息、联系方法、投资者信息、人才招聘、交通图。在首页中还应包括企业的标志、营销宗旨及一个创造性的主题。

②企业介绍。企业的发展历程、我们是谁（欢迎信息）、主要人员（附上主要成绩）、我们能做什么（列出服务内容、公司各部门）、成功案例、奖励、我们在哪里（地址和地图）。

③服务内容与顾客。服务内容列表（各项内容举例）、各类服务联系人（E－mail 地址）、顾客表、公文（分国别、分语种）。

④新闻发布。企业新闻、与企业或本行业有关的消息。

⑤建议、评论、论坛。

⑥投资者信息。年度财务报表、公司上市情况。

⑦人才招聘信息。

⑧其他。

2. 网络营销规划书实例。某网站的推广规划，它将网站第一个推广年度分为四个阶段，每个阶段三个月左右：网站策划建设阶段、网站发布初期、网站增长期、网站稳定期。某公司生产和销售旅游纪念品，为此建立一个网站来宣传公司产品，并且具备了网上下订单的功能。

该网站制定的推广规划主要包括下列内容。

(1) 网站推广目标：规划在网站发布一年后达到每天独立访问用户 2000 人，注册用户 10000 人。

(2) 网站策划建设阶段的推广：也就是从网站正式发布前就开始推广的准备，在网站建设过程中从网站结构、内容等方面对 Google、百度等搜索引擎进行优化设计。

(3) 网站发布初期的基本推广手段：登录 10 个主要搜索引擎和分类目录（列出规划登录网站的名单）、购买 2～3 个网络实名或通用网址、与部分合作伙伴建立网站链接。另外，配合公司其他营销活动，在部分媒体和行业网站发布企业新闻。

(4) 网站增长期的推广：当网站有一定访问量之后，为继续保持网站访问量的增长和品牌提升，在相关行业网站投放网络广告，包括规划投放广告的网站及栏目选择、广告形式等；在若干相关专业电子刊物投放广告；与部分合作伙伴进行资源互换。

(5) 网站稳定期的推广：结合公司新产品促销，不定期发送在线优惠券；参与行业内的排行评比等活动，以期获得新闻价值；在条件成熟的情况下，建设一个中立的与企业核心产品相关的行业信息类网站来进行辅助推广。

(6) 推广效果的评价：对网站主要推广措施的效果进行跟踪，定期进行网站流量统计分析，必要时与专业网络顾问机构合作进行网络营销诊断，改进或者取消效果不佳的推广手段，在效果明显的推广策略方面加大投入比重。

这个案例并不是一个完整的网站推广规划，仅仅笼统地列出了部分的重要推广内容。不过，从这个简单的网站推广规划中，仍然可以得出几个基本结论：

(1) 制定网站推广规划有助于在网站推广工作中有的放矢，并且有步骤、有目的地开展工作，避免遗漏。

(2) 网站推广是在网站正式发布之前就已经开始进行的，尤其是针对搜索引擎的优化工作，在网站设计阶段就应考虑到推广的需要，并做必要的优化设计。

(3) 网站推广的基本方法对于大部分网站都是适用的，也就是所谓的通用网站推广方法，一个网站在建设阶段和发布初期通常都需要进行这些常规的推广。

(4) 在网站推广的不同阶段需要采用不同的方法，也就是说网站推广方法具有阶段性的特征。有些网站推广方法可能长期有效，有些则仅适用于某个阶段或者临时性采用，各种网站推广方法往往是相结合使用的。

(5) 网站推广是网络营销的内容之一，但不是网络营销的全部；同时网站推广也不是孤立的，需要与其他网络营销活动相结合来进行。

(6) 网站进入稳定期之后，推广工作不应停止，但由于进一步提高访问量有较大难度，需要采用一些超越常规的推广策略，如上述案例中建设一个行业信息类网站的规划等。

(7) 网站推广不能盲目进行，需要进行效果跟踪和控制。在网站推广评价方法中，最为重要的一项指标是网站的访问量。访问量的变化情况基本上反映了网站推广的成效，因此网站访问统计分析报告对网站推广的成败具有至关重要的作用。

案例中给出的是网站推广总体规划，除此之外，针对每一种具体的网站推广措施制定详细的规划也是必要的，如关于搜索引擎推广规划、资源合作规划、网络广告规划等，这样可以更加具体化，对更多的问题提前进行准备，便于网站推广效果的控制。本书略去这些细节问题，有关具体网站推广方法的实施规划将在后续内容中适当穿插介绍。此外，完整的网站推广规划书还包含更多详细的内容，如营销预算、阶段推广目标及其评价指标等。

模块二　戴尔公司的网上直销

案例导读

在前几年还处在亏损状态的戴尔公司（http://www.dell.com)，经过短短几年的发展已经成为全球第二大电脑供应商，在 1999 年第二季度结束后，戴尔公司已经将一直居于全球销量第一的 Compaq 公司（http: //www.compaq.com）从美国第一宝座赶下来，一举成为美国销量第一的 PC 供应商，而且正在咄咄逼近全球 PC 销量第一的宝座。

那是什么原因使得曾经举步维艰的戴尔公司摆脱困境呢？原来戴尔公司看到了Internet的优势并在业界同行意识到这一点以前就开始研究如何利用Internet。早在1996年7月，戴尔公司的客户就能够通过公司的站点直接配置和订购计算机。在6个月内，戴尔公司每天通过互联网络销售价值达100万美元的计算机产品，并且这个数字几个月后就翻一番。戴尔公司凭借这种创新的根据定单进行生产并直销的营销模式，使得传统渠道中常见的代理商和零售商的高额价格差将会消失，同时戴尔公司的库存成本大大降低，与其依靠传统方式进行销售的主要竞争对手相比，戴尔公司的计算机占有10%～15%的价格优势。

戴尔公司的网上直销站点还提供技术支持与订购信息，包括直接从站点下载软件。该站点每周回答12万个技术问题。在传统销售方式下，戴尔公司90%的销售收入来自企业，10%来自普通客户。但在线销售则是90%的销售收入来自中小企业和普通个人用户，大客户则主要通过站点查询产品信息、定单情况和技术帮助，并不直接从网上订购。为吸引大客户进行网上采购和网上服务，戴尔公司设置专门"客户首页"提供针对大客户的个性化服务，客户只需要通过客户首页直接进行折扣采购。这些客户也通过网上直接采购降低采购费用，如戴尔公司的大客户MCI公司通过与戴尔公司合作进行统一采购，MCI公司的采购成本降低了15%左右，而且公司的采购周期由4～6周缩短到24小时以内。

戴尔公司是如何开展网上直销的呢？图5－1是戴尔公司为中国大陆小型企业提供的定制服务，客户只需要点击其中图表就可以购买想要的产品，同时还可以直接在网站获得技术支持与服务。为方便客户在网上购买，戴尔公司将客户分成大型企业（1500人以上）、中型客户（500～1499人）、小型企业（500人以下），以及一般的消费者。从图中可以看到，客户可以根据自己的需要选择戴尔公司提供的各种台式机、笔记本电脑、工作站和服务器，戴尔公司提供这些产品是专门针对小企业进行设计和定做的。客户购买时，可以查看网站中对各种型号电脑的详细介绍和提供的有关技术资料，客户不出门就可以对电脑的性能进行深入了解。戴尔公司作为一个国际性公司，为更好满足不同市场需要，在网上直销时专门针对不同区域市场推行特定网上直销方式，如专门针对中国大陆市场客户提供直销服务时，网站设计时用的是中文，而且考虑到中国人的习惯，允许通过电话联系定货。可见Internet作为新的信息沟通渠道和媒体，改变了传统营销的手段和方式，而且在Internet上开展网络营销所具有的价格竞争优势，将推动网络营销开创划时代的革命性的营销新纪元。

案例评析

作为一家专业生产个人电脑的企业，戴尔的营销战略主要解决如何在一个具体的可识别的市场上构建可持续竞争优势的问题，并主要集中于两点——大规模定制和直销。

一、直销

戴尔直销模式的核心思想是：真正按照顾客的要求来设计制造产品，并把它在尽可能短的时间内直接送到顾客手上。

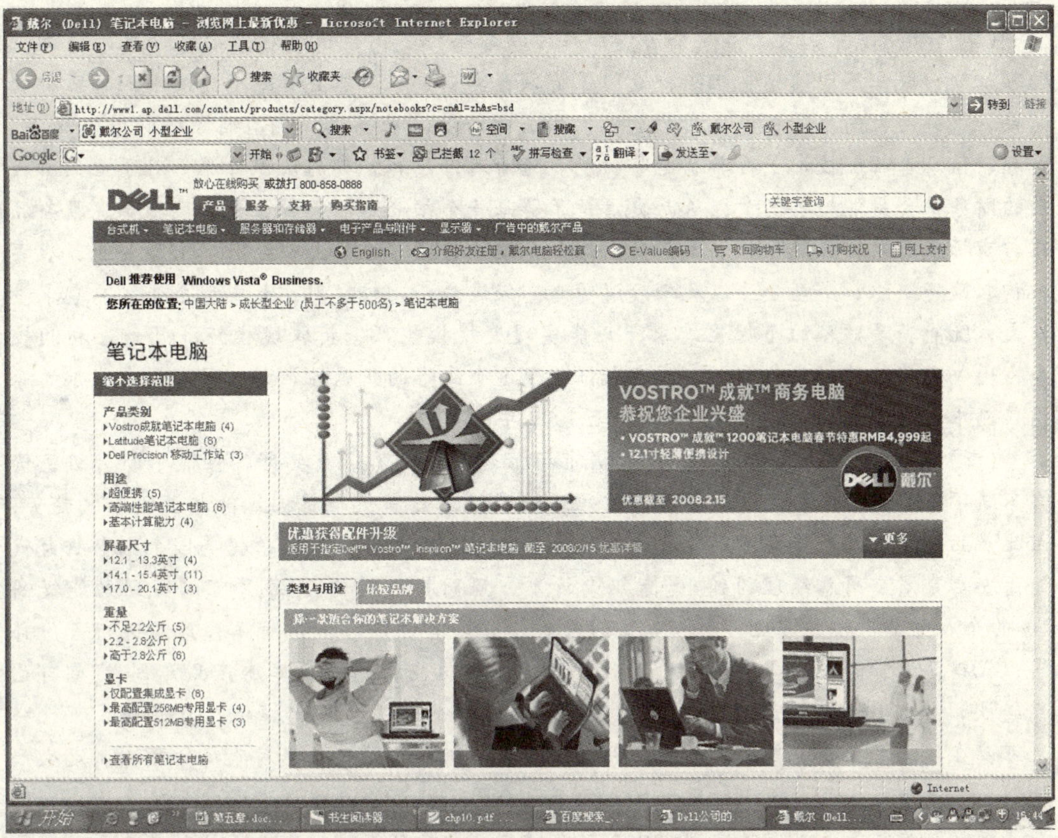

图 5－1　戴尔公司针对中国大陆的小型企业的直销主页

不同于硅谷那些迅速发家的技术新贵，戴尔并非以技术见长。它孜孜以求并且也最拿手的就是尽可能消除一切中间环节。它其实是在组装市场，在第一时间把市场需求和高度模块化的半成品组装起来，大大减少了市场流转的时间和成本，从而使市场潜力充分地释放了出来。今天，戴尔已经成了速度的象征。目前，戴尔的存货期只有6天，而中国IT巨头联想集团是30天。在一个以十倍速疯狂演进的行业中，很少有公司能够像戴尔这样近乎完美地把握着市场的节奏翩翩起舞。

戴尔成功的秘诀主要有以下三点：

（一）直接与顾客打交道，了解他们的需求并且把产品直接销售给顾客。戴尔公司一直与潜在的顾客和已经购买了戴尔产品的顾客保持沟通，了解他们真正的需求和好恶，以及需要改进的地方。这个过程不是单独的，而是贯穿于设计、制造到销售的整个营运过程。它也不是一个单一的简单过程，而是通过电话拜访、面对面互动以及现在的借助于网络沟通等多种渠道，持续不断地了解顾客的反应，及时获知他们对于产品、服务和市场上其他产品的建议，并知道顾客希望买到什么样的新产品。

其他公司在接到定单之前已经完成产品的制造，所以他们必须猜测顾客想要什么样的产品。但是戴尔的方式是先了解顾客需求，再接受顾客定单，再进行产品制造。这样就能够保证按照顾客需求提供产品。

（二）市场细分。与大多数公司以产品为细分单位不同，戴尔在产品细分之外还加上顾客细分，成立不同的销售组织，专门了解顾客需求，从而能更有效地满足不同顾客群的需要，获得更大的市场机会。在此基础上形成的一连串业务体，拥有自己的销售、服务、财务、信息工程、技术支援与制造等功能。随着对每一客户群的认识日深，对于他们所代表的财务机会更能精确衡量，从而更清楚了解每一个细分市场的成长率、获利率、服务品质与市场占有率，并能据此调整行动。比如，戴尔将顾客分为大型企业、中型企业、教育机构、政府组织、小型企业以及一般消费者。经过分析比较发现，大中型企业客户需求量较大，既能满足顾客的个性化需求，又能实现大规模生产，获取规模经济效益，利润较高，遂决定将其作为业务重点，事实也证明了这个战略的正确性。大公司客户在戴尔的净销售额中的比重已从 1991 年的 59%升至 1997 年的 70%。

（三）降低甚至消除库存。在计算机市场上，微处理器等重要部件性能不断升级，价格不断下降，新型电脑开发周期不断缩短，技术经常更新，而整机售价却呈现下跌趋势，因此产品库存最容易造成亏损。对于电脑产业来说，时间就是金钱，据美国个人电脑大代销商安泰克斯公司总经理约翰·麦克凯南计算，用同样的代价 ，每月可以买到功能提高 2%的个人电脑。按照常规，个人电脑削价时，公司有责任对代销商库存产品进行差价补偿；代销商退货时，公司要按原价支付；对于本公司尚未销出的库压产品 ，当然要自己背包袱。由于上述这些营销特点 ，库存对电脑公司的压力特别大。但在直销模式下，公司可以在接到客户订货单后再将电脑部件组装成整机，而无需根据对市场的预测制定生产计划先批量制成成品。所以对现做现卖的戴尔公司来说不存在库存造成亏损的压力。

这样做的结果是可以降低制造成本，及时用上最新技术。由于戴尔公司只是在接到一批定货时才要求供应商及时提供个人电脑部件，部件的库存也可以减少到最低限度。如前所述，电脑部件价格不断下调，更新快，随时进货新型部件不但有利于降低整机成本，而且也可以保证电脑能及时采用最新技术。这些也都可以转化为竞争优势。在 1996 年上半年，动态随机存取存储器（DRAM）由于供过于求，价格猛降将近一半，这为戴尔公司盈利创造了极为有利的条件，同时也免于由于库存大量过时部件而承受“留之无用 ，弃之可惜”的负担。

二、大规模定制

大规模定制采用的原理是由丰田公司提出的精益生产模式，其基本目的是，要在一个企业里同时获得极高的生产率、极佳的产品质量和很大的生产柔性。其核心产品策略是快速、高品质、低成本地满足顾客要求。这种策略要求，一方面强调较高的差异性，另一方面强调较高的顾客感知程度，通过让顾客更多的感受到自己产品与竞争对手产品的差异，为顾客创造更高的价值。

实现这样一种生产方式面临着巨大的挑战：既要实现产品外部多样化，同时又不能因为产品内部多样化而导致额外的成本和时间的延误。这就要求企业外部的物资供应和商品销售渠道必须十分通畅，否则就可能为预防供应中断而增加原材料库存或因销售渠道不畅而产生产品积压，从而无从实现均衡生产。电子商务的出现使得圆满解决这两个问题成为可能。

通过互联网，戴尔将自己与供应商、顾客连成了一个整体，将整个价值链整合成了一个虚拟的企业。戴尔认为，使用互联网作为一个销售渠道，只是实现了商务的最终价值的一小部分。“互联网的真正潜力存在于它对于传统的供应商——中间商——客户链的关系的转变能力之中。”通过与供应商虚拟地形成为一个整体，将他们融入到戴尔当中。并且由于戴尔所有的产品是根据客户订单进行生产的，要求有一个动态的存货控制。供应商与戴尔虚拟地工作在一起，戴尔就可以要求供应商在产品质量和效率上达到新的高度。同时与供应商保持经常性的沟通，使他们知道自己的存货状况与补货需求，从而有效地减少自己的存货需要。通过从“跨行业整体”到“虚拟整体”的转化，实现了三个方面的转化：存货价值被信息价值所取代；物质资产用于购买知识性资产；创建合作伙伴关系，而不是密集型商务系统。

在大规模定制战略方面，戴尔已成为成功的典型。其成功的原因可归结为：精简客户订货流程、精简产品从供货到制造流程的复杂企业管理模式、应用网络技术、了解新技术发展情况。戴尔公司每年生产数百万台个人计算机，都是根据客户的具体要求组装的。要实现大规模定制的梦想，就必须掌握各个客户订货以及自己企业各种资产的全部信息。戴尔公司的立足之本就是以低于竞争者的成本向客户提供有价值的个性化的服务，他们最关键的竞争武器就是掌握信息。以福特公司为例，戴尔公司为福特汽车公司不同部门的员工设计了不同的配置。当通过福特公司内部网络接到订货时，戴尔公司马上就知道订货的是哪个工种的员工，他需要那种计算机，从而为顾客组装合适的硬件，甚至安装适当的软件。

目前，顾客已经可以利用戴尔公司的在线配置系统，在硬盘能力、调制解调器等方面进行多达1600多万种的组合，每种选择都有花多少钱和省多少钱的明确说明。对于公司而言，因为没有必要处理积压的未销售产品，戴尔公司的存货量从没超过6天的用量。戴尔公司的后勤服务软件十分全面和先进，因此能以较低的成本开展大规模定制服务。

综上所述，在现有的市场形势与竞争格局下，戴尔的公司战略有着无与伦比的优越性。无论从理论分析角度，还是从实际效果来看，均可称得上成功的企业战略，戴尔公司能够取得今天的成就，其独有的企业战略功不可没。

转自国际商务桥网站（www.ibb.cn）。

模块三　美国通用电气公司网络营销策略分析

案例导读

一、公司简介

美国通用电气公司（GE），在1998年《财富》全球500强企业中位居第十。其市值在20世纪末已经达到近4900亿美元；英国《金融时报》1998年评选它为世界声望最佳的公司，且得票数竟是如日中天的微软公司的两倍。2000年6月，百年巨人GE公司以总分第一的排名荣登美国最著名的因特网和信息技术杂志《因特网周刊》“本年度电子商务企业”，因为GE公司在实施电子商务的头一年（1999年）就获得了10亿美元的网上销售收入。

2000年，GE公司的电子商务战略有三个方面的内容：（1）保证每一家GE企业集团有一个客户网络中心；（2）将内部采购和供应商资源转移到网上；（3）不断开发新技术和服务以增加在线销售。

从1999年上半年开始，GE在其原先的全球化、服务和六个西格玛三大发展战略之上又加上了电子商务，使之成为这家百年辉煌的公司在新世纪持续高速发展的一个新的、同时也是最重要的动力。这一变化在整个西方企业界产生了巨大的影响。GE之所以做这样的改变，原因很简单：GE董事长杰克·韦尔奇皈依电子商务了。

杰克·韦尔奇曾经因拒绝在办公室安装计算机而被人称为计算机盲。但是他的脑筋一经开化，就深深地钟爱上电子商务，宣布电子商务是GE的一个重要发展战略，决定将整个GE投入到这场“工业革命以来最重大的产业革命”（韦尔奇语）之中。

杰克·韦尔奇20世纪80年代初上任以来，曾在GE内部推动了数次影响深远的变革。电子商务成为GE最重要的发展战略后，立刻在公司所辖的全球每个角落受到了最具韦尔奇特色的推动——充分甚至夸张的强调、不遗余力的推广、人人参与的要求及不断的重复，最终使所有人都接受、认同、并主动地去推广。进入21世纪后，GE的每个CEO都有三个最首要的任务，那就是互联网、互联网、互联网。韦尔奇深知，自己及他手下600名高级经理对互联网知之甚少。于是他命令大家找年轻人做自己的互联网辅导员。这些老师的年龄大多在30岁左右，而学生则是40～60岁。韦尔奇自己的辅导员37岁，她负责GE公司的网址ge.com。韦尔奇曾经以手写便条出名，而今也得意自己操作互联网的熟练程度：“我可以访问所有的网址。我访问聊天室看人们是如何评论GE的。”

美国通用电气公司在1996年开通了美国通用电气网站（www.ge.com）。该网站在设计中采用的营销宗旨是基于BtoC运作模式，以6～8种主导电器为促销对象；以争取25%的新增家庭为主的顾客，同时兼顾其他以替换或添置个别产品的顾客。在经过几次总体结构调整后，现已成为在线销售、在线设计、在线咨询与服务的大型电子商务网站。

二、GE网站的基本结构

GE网站由众多独立网站组成，成为其结构特点之一。主站拥有众多栏目，目前是按“主导栏目区”、“在线购物区”、“离线购物区”、“广告区”、“服务区”、“商务新闻区”、“技术新闻区”、“股市行情区”、“重点推介区”、“体育新闻区”及几条信息检索入口窗等。如图5－2所示。

GE主导栏目区及内容如下：

1.GE首页

2.GE业务

（1）航空发动机	（2）电气设备	（3）航空服务
（4）资金服务	（5）商用设施投资	（6）商业信贷
（7）雇员再保险公司	（8）GE股票	（9）金融保险

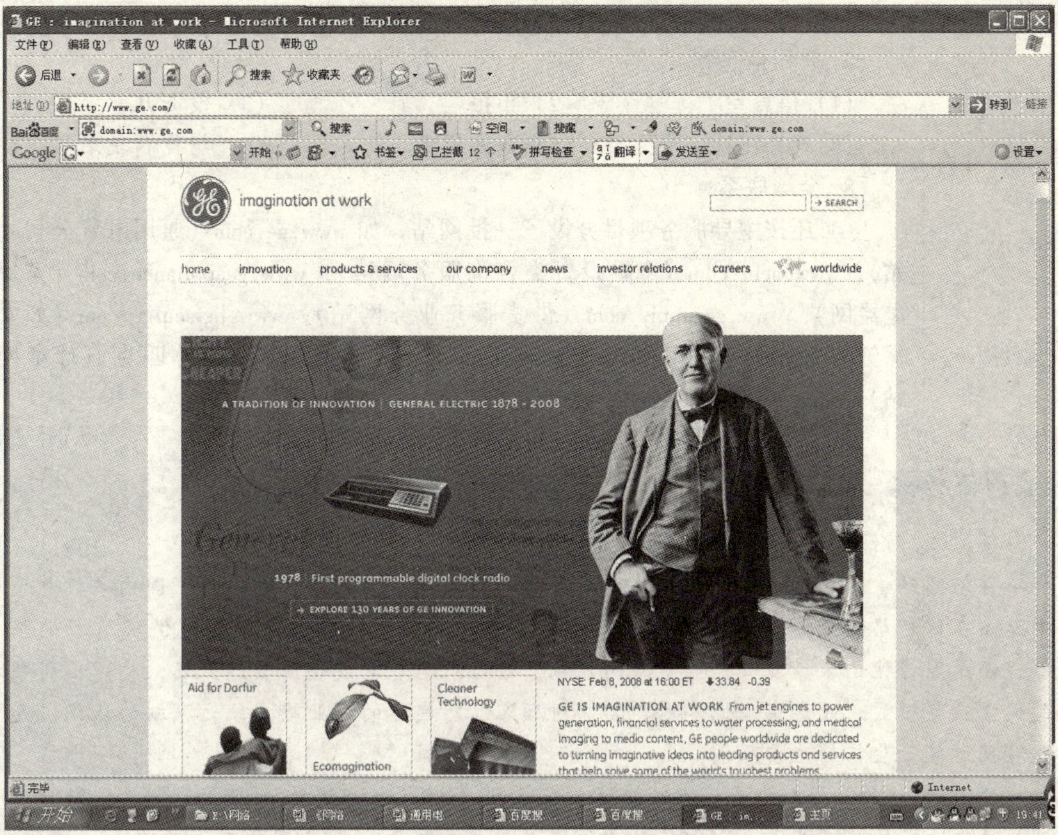

图 5－2 美国通用电气网站

(10) 全球消费者资金 (11) 全球信息中枢服务 (12) 工业系统
(13) 照明 (14) 医疗系统 (15) 抵押保险公司
(16) NBC(全美职业篮球赛) (17) 塑料业 (18) 能源系统

3. 小企业服务方案

(1) 小企业解决方案 (2) 获取业务 (3) 购买/租赁交通工具
(4) 购买/租赁设备 (5) 购买新 IT 设备 (6) 公司信用
(7) 员工福利 (8) 扩充/添置设备 (9) 减少交通开支
(10) 重新申请贷款 (11) 短期流动资金

4. 工业解决方案

(1) 车辆 (2) 建筑与工程结构 (3) 远程通信
(4) 运输 (5) 设备装备

5. 家庭解决方案

(1) 照明 (2) 家用电气 (3) 家庭用电安全 (4) 粘接剂和密封剂

6. 个人理财咨询

(1) 年金收入 (2) 汽车保险 (3) 银行存贷
(4) GE 信用 (5) 直接股票投资 (6) GE 汽车担保程序
(7) GE 支付管理 (8) GE 支付加利息 (9) 房屋抵押贷款

(10) 人寿保险　(11) 长期医疗保险　(12) 互助基金

7. 公司信息

(1) 信息室　(2) 年报　(3) 投资方

(4) GE 在社区中　(5) 人才招聘　(6) 与我们联系

8. 全球联系

GE 还按主导服务项目分设了一批网站，如 www.ge.com（通用电气公司主站），www.gefn.com（金融投资类咨询服务网站），www.geappliance.com（家用电器网），www.gesupply.com（供货服务业务网站），www.hersource.com（妇女保健咨询网站），www.nbcolympics.com（全美职业篮球及奥林匹克篮球赛网站），www.gesmallbusiness.com（通用电器小企业服务网站）等。

案例评析

一、GE 网站定位

任何网站，其竞争力可体现在三个层面上：信息层、渠道层、服务层。国内多数电子网站尚在信息层面上竞争，这并非是因为其不想构建稳定的顾客渠道，提供实质性的服务，而是因为他们多数没有产业实践的基础，难以从消费者或企业实际出发，构建出新颖的网上业务模式。或者说，他们对产品、对顾客、对实际的商业模式缺乏深刻的认识，是这些网站缺乏生机的主要原因。

GE 网站无论在信息发布、渠道建设，还是服务模式上都堪称一流。首先，该网站并不是简单地定位在“B2B”、“B2C”、“B2G”等外部形式上，而是定位在客户群上。因此，该网站是按“个人”、“家庭”、“小企业”、“公司”、“产业解决方案”、“GE 业务”及“全球服务”等纲目设计的。

基于这种理念，GE 网站以信息“捕获”客户，以服务拓展渠道。从作业的形态上，则包含了以下等模式：

1. B2C——“照明”、“家电”、“粘接与密封剂”、“家电安全”、“个人理财”、“GE 信用卡”、“房屋租赁”、“信贷”等；

2. B2B——“通用网络服务”、“小企业服务”、“购置/租赁设备”、“添置新 IT 设备”、“减低车辆费用开支”、“开拓业务”、“员工福利”、“自动化”、“通信”、“交通”、“GE 投资”、“商用设备”等；

3. ASP——“全球信息交换服务”、“企业采购解决方案”、“GE 网站解决方案”、“EDI 解决方案”等。

从所谓门户形态上，也很难说 GE 网站属于哪一种。作为企业网站，在产品营销方面，它做得非常专业，也非常排他，如其家用电器和电光源产品栏目板块，在营销创意和虚拟效果展示上堪称所有 B2C 网站之典范。

二、以亲情为营销的主题

让生活更美好一直是通用电气公司的网络营销主题。美国通用电气公司早期的各类产品的主页就是以人间亲情和天伦之乐为主题，引起顾客对该网站的兴趣，利用人间亲情来缩短公司与顾客的距离。网站暗示上网的顾客：本网站志在培养与顾客的至爱亲情，那么您对我们的产品和企业还会有什么安全感和信任感方面的疑虑呢？“亲情营销”给通用电气网站带来了众多的上网顾客，也带来了巨大的收益。美国通用电气公司几经改版和总体结构的调整，建立了在线销售、在线设计、在线咨询与服务等栏目。如2002年版通用电气公司的主页，该主页链接了“GE业务”、“小企业服务方案”、“工业解决方案”、“家庭解决方案”、“个人理财咨询”、“公司信息”和“全球联系”共7个栏目，这是按业务分类的7个分网站，主页的整体页面纵横划分精确、明晰、规范，同时建立了多种分类索引，方便顾客进入各个链接区。网页的改版也体现了通用公司的网络营销策略的改变，从初期的吸引更多的顾客向更好地服务于顾客转化，网络结构的主题也从“亲情营销”转向“互动营销”。如图5-3所示，通用电气以亲情为营销的主题。

图5-3 通用电气以亲情为营销的主题

三、通用电气公司的精确营销体系

“精确营销体系”的首要目标是找对顾客、找准顾客，再利用各种手段发展同顾客的关系。其次，该体系要在保持同顾客的关系的基础上，了解顾客现在使用的家用电器产品、顾客的满意层次，以及重购电器的意愿。有了这些公司就可以介入，采用各种手段增强顾客购买电器的意愿。早在1981年，GE公司就开始了以“通用电器向消费者个人化，消费者向通用电器个人化”的尝试。公司在美国第一批将800数字电话公诸于世，期求顾客对公司和产品的反馈意见。结果是成千上万的顾客利用这种免费电话来诉说不满，提出问题。通用电气公司马上意识到，这是让客户释放其被压抑的需求的好方法，立即设立了5个电话应答中心，分别为打来电话的顾客提供有关使用、保养电器的一般知识，诊断他们遇到的问题，提供技术援助、开展区域购物、管理服务合同，以及设立零售商论坛，不仅建立了同大客户的关系，同时有20%的销售量通过这些渠道来完成。

20世纪90年代初，GE率先构建了遍及全球的电子邮件网。Internet普及后，公司利用新平台更丰富多彩、迅速便捷的特点，强化了公司与顾客间的交互联系，增强了其面向全球的营销功能。应答中心也从开始时的“技术支持基地”或反馈工具，演化成公司重要的客户管理机构。

1. 公司在线应答中心主页。GE利用这些网页在个体层面上促进了与客户的交流，刺激合作，进行交际及对客户进行服务。

2. 通用电气家用类产品在线应答主页，在该主页上链接了每种家电产品、每种规格型号产品的明细、照片及通篇的说明书等。例如“灶具类”产品中“户外烹调中心”中有48、36、27规格的单轮手推式不锈钢折叠架内置烧烤炉具，用户可下载其规格说明、使用手册及全套的保险单据，以及安装说明等；用户还可以通过800免费电话获得咨询或收到传真件。另外，还有一系列的“扩展服务项目”，所有的通用电气产品都有此类超值服务，绝对体现了韦尔奇的“非正式价值”。

美国通用电气公司的网络营销系统了解客户所希望的商品或服务的特殊性，介绍商品或服务。一旦一个人成为公司的客户，系统立刻与其建立信息交换，提供实时支持。同时，网站应答中心系统还能为企业产品的功能设计、产品销售和各地区市场营销等搜集到第一手信息，为公司指导生产、创建知识、产品改造提供依据。

四、公司客户关系的三个层次

美国通用电气公司在网络营销系统中，建立了客户关系的三个层次，进行三个层次上的客户联系工作以强化对客户的联系，增进公司对客户的价值。

1. 解决问题层面。在该作业层上，公司的网上应答代表必须去诊断问题，提出解决问题的办法或提供客户所需要的信息。例如，一个客户的某种型号的烤箱出了问题，但不能确定指出故障的根源时，公司代表就需要帮助该客户确定哪里需要维修，或者帮客户参考是否买一种新型的烤箱更省钱。为此，公司有“客户记录资料库”和“解决问题的资料库”，使公司代表能从全公司范围内获得专业知识，帮助其对问题做出诊断并且解决其中大部分问题（成功率一般大于75%）。维修人员如不能立即解决的问题，可发送给产品专家去应答，在解决了客户的问题后，把解决办法加到资料库中，作为将来同样案例的参考。

2. 营销作业层面。为了建立长期客户关系，代表们通过咨询客户的电器拥有情况及重购电器的意图等信息，加强对该客户的关注，同时把信息转发给市场营销部门，让他们利用这个机会去跟踪客户，直接开展营销活动。

3. 研发信息反馈作业层面。代表们将用户意见通过企业网发至各相关部门，以充分发挥信息杠杆的作用。通用电气公司有所谓“重要的可执行的消费者想法系统”，其功能是将客户的问题或表扬分类，再用特殊模型进行处理。这样，公司可以针对出现的问题给予立刻解决，或在将来的设计中改进这些问题，使产品更趋于完备。企业网还对这些问题重新组织，使所有相关人员都能接收到这些信息，从中汲取经验教训。公司还经常召开市场营销和产品设计圆桌会，会上代表们要站在用户的立场上，对所有投诉和意见反馈按产品进行分类检讨，设计师们要据此拟订出改进方案。

从以上美国通用电气公司在网络营销系统中建立的三个层次客户关系来看，通用电气不仅仅把应答中心系统建成了快速解决问题的渠道，而且还将它变成为产品设计的信息源。它要求优秀的设计者在设计过程中每一步都要访问应答中心，一年必须要听几次应答中心的电话，让应答代表们从想法到产品原型提出建议，充分利用资料库中的知识和代表们头脑中的知识为其产品改进服务，为客户提供“非正式价值”。

五、GE 公司对客户的丰厚回报

基于这样的长期努力，通用电气公司得到极其丰厚的回报：它已拥有了几乎占全美国家庭 1/3 的包括 3500 万个姓名的庞大的客户资料库。所有信息均由上述应答中心即客户连接点提供，包括了电话中心、销售中心、各地区维修人员、技术人员、交易商和市场研究人员等。这些人员或部门不仅为资料库提供资料，而且能进入各网站提取信息，获得各类技术支持，以支持市场营销项目、开发新产品等类似的活动。GE 公司的 www 站点开通以来，该资料库更扩展到了全球各地，在线联系中有种类繁多的“浏览数量统计”、“在线意见反馈”、“在线调查”、“零售商与批发商信息联系”、“通用电气客户资源共享”等，更使全球客户信息数量翻番。

通过提供客户与公司联系的便捷渠道和公司信息的及时反馈，通用电气不仅可加强与客户的关系，而且通过与网络营销中心的接触，可以在很大程度上提高客户对通用电气公司产品系列的关注和认知程度。同时通过与客户相互交流而产生的知识，可以为销售、市场开发及新产品开发程序提供有价值的投入。

这样，企业通过不断学习如何动态地管理与认知客户的过程，就会获得巨大的客户价值提升和忠诚度的提升；公司则集中精力对客户较满意的各主导产品进行改进，并不断发现新的销售机会。这些才是其亲情营销的明确使命：网络营销的目的在于“使客户达到高层次的满意，逐渐增加公司的年收入，扩大市场占有率，加强对本公司品牌的长期忠诚，降低保修费用”。

六、总评

1. 从 GE 来说，互联网的发展，使企业与客户、企业与员工、员工与员工之间等一切关系变得透明，知识就是力量成为过去，因为所有的人都将可以轻易地同时获得大量的信息，企业传统的经营方式，将必然受到冲击，包括中间商解体、集合竞争、虚拟商业社区、对客户的完全渗透、动态价格、针对性产品、协同市场、伙伴服务等已经初步显现的企业经营模式的变化。

2. 通过向消费者传达定位的信息，使差异性清楚凸现于消费者面前，从而引起消费者注意你的品牌，并使其产生联想。若定位与消费者的需要相吻合，那么你的品牌就可以留驻消费者心中。对于一般商品来说，差异总是存在的，只是大小强弱而已。而差异化营销所追求的“差异”是产品的“不完全替代性”，即在产品功能、质量、服务、营销等方面，本企业为顾客所提供的是部分对手不可替代的。

3. GE迄今为止仍是全球最优秀的公司，它以最大的热情推动电子商务的革命，不仅决定了这个百年巨人未来的命运，也必将产生全球性的深远影响。

本单元实训

试为某一企业设计一份可行的网络营销规划。

本单元习题

1. 实施网络营销应具备哪些条件？
2. 实施网络营销应具备什么外部环境？
3. 如何理解网络营销的战略目标？
4. 网络营销战略规划包括哪些内容？
5. 企业如何选择合理的网络营销战略？
6. 网络营销战略模式的种类有哪些？
7. 企业如何制定网络营销战略规划？
8. 登录海尔网站，试分析其营销战略。

单元六

网络营销产品策略及案例透析

知识目标

- □ 了解网络产品的概念和特征
- □ 掌握网络营销产品的选择策略
- □ 掌握网络营销产品的服务策略
- □ 掌握网络营销产品的品牌策略

技能目标

- □ 熟悉网络产品的选择
- □ 熟悉网络产品的销售服务策略
- □ 熟悉建立和推广网络品牌的主要途径
- □ 熟悉网络营销顾客服务策略

模块一 相关理论

案例导读

大宝，抢占低端的护肤品市场

“大宝”系列护肤品1990年诞生至今，适应了不同时期、不同层次的消费需求，已陆续形成护肤、洗发、美容修饰、香水、特殊用途共五大类100多个品种。

翻开大宝护肤品有限公司的历史：1990年，大宝公司（当时的北京三露厂）的银行存款只有7000元！到了2002年，大宝年销售额达7亿元，年纳税1.5亿元，成为北京市“纳税百强企业”之一。这条上升的发展线浸透了“大宝人”的心血。

1. 大宝新产品研发：硕果累累

据称，大宝公司的研发部门占了公司的一个层面，并且注重与科研单位的合作。大宝日霜、晚霜就是大宝研究所与北京中医药大学合作研制的成果。

2.产品导入市场：利用产品概念，差异化定位策略

产品导入市场时，大宝遵循了我国品牌进入市场的规律，以产品概念切入市场。那时竞争并不激烈，人们的需求也并不像今天这样被划分得非常仔细，当时大家都只是去追求一个概念。所以当SOD蜜这个产品概念被推出后，几乎年龄适宜的人群都去购买这个产品进行尝试，甚至带动市场，使市场上出现了许多品牌的SOD蜜。后来，大宝又推出了日霜、晚霜等一系列标有自己品牌的产品。从推出产品的时间、方式及方法上，大宝不仅抢占了先机，同时也贴合了市场以产品概念做产品入市突破的理念，目的是启动市场及消费者利益，然后用产品的概念与消费者的利益做一个接口，使消费者对产品的独特概念产生偏好，最终赢得市场。

案例启示：从不同层次的消费需求进行有效的产品定位能够提升产品的销售。

产品就是能给组织或顾客需求带来满足的各种效用的总和。“产品”这个词既包括实物，也包括服务、主意、人或地点等，所有的这些都可在互联网上进行营销。此外，品牌和形象也是使用者关注的效用的一部分。在传统的市场营销组合策略中，产品策略是企业营销策略的一个重要组成部分，但是，随着社会生产力以及网络和信息化的发展，在网络营销中传统产品策略已开始变化，逐渐演变为满足消费者需求的营销策略。从网络营销角度来看，产品策略的内容已由原来单一的实物产品策略转化为实物产品策略、服务产品策略和信息产品策略三位一体的产品策略。

一、网络营销产品概述

（一）网络营销中产品内涵

从严格意义上讲，任何企业的产品都能通过网络进行营销。网上营销的产品与传统市场上营销的产品没有本质上的区别。但由于技术、物流、消费者偏好、目前网络营销的普及程度等原因，网络营销的产品与传统市场上营销的产品相比还有其独有特点。要想充分理解网络营销中的产品还需对传统市场上营销的产品进行必要的了解。

从市场营销的角度理解产品，目的在于考虑产品应从哪些方面去满足顾客的需求，从而对顾客产生吸引力，以利于企业打开市场营销思路，有针对性地制定竞争策略。这样引申出整体产品概念，这种概念把产品理解为五个层次组成的一个整体。

1.核心产品。其含义与传统产品整体概念中的核心产品的意义相同，是指产品或服务所能提供给顾客的最基本的效用。例如，顾客购买空调是为了调节室内气温，购买书籍是为了获取信息和知识，购买游戏软件是为了娱乐等。网络营销的突出特点是互动性，通过网络能充分地了解顾客的需求，更好地为顾客服务是网络营销的一大优势。因此，从事网络营销的企业，在进行新产品的开发与设计时，要以顾客为中心，使自己产品提供的基本效用符合顾客的需求。同时，由于不同类型的顾客对同种产品的核心需求存在着差异，在营销过

程中也应注意识别。

2. 有形产品。有形产品是核心产品借以实现的形式，即向市场提供的实体和服务的形象，是消费者所追求利益的附着物。如果有形产品是实体物品，则它在市场上通常表现为产品质量水平、外观特色、式样、品牌和包装等。产品的基本效用必须通过某些具体的形式才能得以实现。市场营销应首先着眼于顾客购买产品时所追求的利益，以求更完美地满足顾客需求，从这一点出发，寻求利益得以实现的形式，进行产品设计。对于物质产品来说，(1) 产品的品质必须有保障；(2) 必须注重产品的品牌；(3) 注意产品的包装；(4) 在式样和特征方面要根据不同地区的亚文化来进行针对性加工，即使是纯粹劳务产品，也应具有与上述相类似的形式上的特点。

3. 期望产品。期望产品指购买者在购买该产品时期望能得到的东西。期望产品实际上是指一系列属性和条件。在网络营销中，顾客处于主导地位，消费呈现出个性的特征，不同的消费者可能对产品的要求不一样，因此产品的设计和开发必须满足顾客的这种个性化的消费需求。这种顾客在购买产品前对所购产品的质量、使用方便程度、特点等方面的期望值，就是期望产品。

期望产品对企业开发与设计核心产品和形式产品有指导作用。作为开展网络营销的制造企业，为了能快速响应顾客提出的期望产品，要提高自身在设计、生产等环节的灵活性，并积极引导顾客在上述环节中的参与程度。

4. 延伸产品。延伸产品是指顾客在购买产品时，从产品的生产者或经营者那里得到的附加服务。产品的这一层次的主要作用是协助顾客更充分、更好地享受核心产品带来的基本效用。在网络营销中，延伸产品层次包括售后服务、送货、质量保证、信贷等。

延伸产品的设计应该注意三点：(1) 任何延伸产品并不是越多越好，应考虑顾客是否愿意承担因此发生的额外支出，这要与消费者的消费习惯、消费档次相结合；(2) 延伸产品给予顾客的利益要与顾客的期望利益相联系起来，而且随着顾客期望利益的变化而变化。这种现象是竞争促成的，竞争者为了吸引顾客而不断增加向顾客提供的延伸产品。因而，延伸产品的设计不是一劳永逸的事情，而是应该根据顾客的需要和竞争者的动向，不断改进；(3) 由于延伸产品提高了产品的价格，促使某些竞争者剥削其他细分市场的顾客。因此，与五星级豪华宾馆同时存在的也有廉价旅馆、汽车旅馆等设施简单的小旅馆，以廉价的价格满足顾客的吃和住方面最共同的需要。

5. 潜在产品。潜在产品是指核心产品、有形产品、期望产品、延伸产品之外，能满足消费者潜在需求，尚未被消费者意识到，或者已经被意识到但尚未被消费者重视或消费者不敢奢望的一些产品利益。与附加产品不同，潜在产品对顾客更好地使用核心产品而言并不是必不可少的，它属于一种增值服务。

二、网络营销中产品特征

（一）网络产品特征

一般而言，目前适合在互联网上销售的产品通常具有以下特征：

1. 产品形式大多属于易于数字化、信息化的产品。通过互联网可以营销任何形式的产品，但最适合网上营销的产品是那些易于数字化、信息化的产品，如音乐、电子图书、信息软件、信息服务、网上咨询、远程教育、远程医疗等。经营这类商品，商家投资小，消费者购买方便，消费者只需按几下鼠标就可以完成全部购物过程，商品可以直接通过网络实现配送。如果企业经营的产品是大型机械设备，网络营销的主要任务就是企业形象的宣传与产品品牌的推广，而非在线销售。

2. 产品性质一般属于质量差异不大的同质产品或非选购品。网络的虚拟性使消费者在购买之前可以进行较充分的挑选与评估比较。因此，适合在网上营销的产品一般属于质量差异不大的同质产品或非选购品，根据从网上获得的信息就能确定和评价产品质量，如书籍、计算机、手机、预订机票、名牌产品等。但是像高档时装等需要消费者试穿合适后才会购买的产品就不适合在网上销售。

3. 产品品牌一般是名牌企业的产品或名牌产品。一般名牌企业的产品或知名网站经销的产品或名牌产品，属于质量差异较大的异质产品，这些产品已经被众多的消费者的购物实践证明货真价实、质量可靠，因此消费者在购物过程中只是认牌购物，不必再花费太多的精力和时间去比较选择，如海尔系列产品、TCL 产品。

4. 产品的顾客群容量大、覆盖范围广、配送容易。适合在网上销售或能发挥网络营销优势的产品一般市场覆盖面广、市场容量较大。如果产品的目标市场比较狭窄，就不能充分发挥出网络营销的优势且营销效果也不佳。当然，如果网络目标市场覆盖范围很广、市场容量很大，而物流配送体系跟不上或者网络营销信息到达率很低，这种情况下也不适合网络营销的开展。

5. 产品价格一般要有低价优势。互联网发展初期采用共享和免费策略，网上用户比较认同网上产品价格低廉的特性。实际上，由于通过互联网进行销售的成本低于其他渠道，网上销售产品一般采用低价位定价。

6. 产品的利益最好有不可替代的垄断性。网上营销企业一般应选择那些替代性不大的具有较强垄断性的产品经营，或者选择那些不太容易在网下设店经营的特殊品。如果经营那些消费者随处可得或极易替代的产品，则很难形成网络营销优势。

（二）网络营销产品分类

在网络上销售的产品，按照产品性质的不同，可以分为两大类：即实体产品和虚体产品。将网络上销售的产品分为实体和虚体两大类，主要是根据产品的形态来区分的。

1. 实体产品。实体产品是指具有物理形状的物质产品，也称为有形产品。所谓有形产品，是指具有具体物理形状的物质产品，它包括工业产品、农业产品和消费品。在网络上销售有形产品的过程与传统的销售方式不同，网络上的交互式交流成为买卖双方交流的主要形式。与传统的销售渠道不同，通过网络销售有形产品，没有顾客和销售人员的直接接触，网络成为顾客了解产品与订购产品的媒介，即顾客通过浏览企业的网页，了解感兴趣的产品的相关信息；当决定购买以后，顾客可以填写企业在网络上设置的订购单进行购买（订购单的内容主要是：品种、数量、交款方式、送货地点等）。由于无法在网上直接进行消费有形产品，因此在达成交易之后，企业必须按照顾客的要求将产品送达顾客，而顾客也必须等待一定的时间后再消费。

通过网络进行销售的有形产品按照购买性质的不同又可以分为以下三大类：

（1）便利产品。顾客购买这类产品的频率较高，在购买时顾客不会花费太多的时间和精力，同时此类产品的价值都比较低廉，如洗发水等。便利产品还可以依据顾客购买方式的不同细分为日用品、冲动购买品和急需品。日用品是顾客日常消费需要购买的产品，属于习惯性的购买；冲动购买品是指顾客本来没有计划购买，因为一时冲动，偶然购买的产品；急需品是在紧急情况下购买的应急产品。

（2）选购产品。在购买这类产品时，顾客对产品的质量、样式、价格等要进行反复比较，才能最终决定是否购买该产品。通常这类产品的使用时间都比较长，不需要高频率地购买，如香水等产品。

（3）特殊产品。特殊产品是指具有特殊效益的产品。通常这种产品的销售渠道十分有限，也只有特定的顾客群体热衷于购买该产品，如个人计算机、打印机、轿车等。

2. 虚体产品。用非物质性的形式来满足人们需要的东西称为虚体产品。虚体产品与实体产品本质的区别是：虚体产品是无形的，也称为无形产品，即使表现出一定形态也是通过其载体体现出来，但产品本身的性质和性能是通过非物质方式表现出来的。

网络上销售的虚体产品可以分为两大类：软件商品和服务。软件商品包括信息提供和各类软件，信息提供主要有资料检索、电子新闻、电子图书、电子报刊、研究报告和论文等。网上软件销售常常可以提供一段时间的试用期，允许用户尝试使用并提出意见。好的软件很快能够吸引顾客，使他们爱不释手并为此慷慨解囊。

服务可以分为普通服务和信息咨询两大类：普通服务包括远程医疗、法律救助、飞机火车订票、入场券预订、饭店旅游服务预约、医院预约挂号、网络交友等，而信息咨询服务包括法律咨询、医药咨询、股市行情分析、金融咨询等。

需要注意的是，对于普通服务来说，顾客不仅注重所能够得到的收益，还关心自己付出的成本。通过网络这种媒体，顾客能够尽快地得到所需要的服务，免除恼人的排队等候的时间成本。同时，消费者利用浏览软件，能够得到新的更多更快的信息，提高信息传递过程中的效率，增强促销的效果。

对于信息咨询服务来说，网络是一种最好的媒体选择。用户上网的最大需求就是寻求对自己有用的信息，信息服务正好提供了满足这种需求的机会。通过计算机互联网络，消费者可以得到包括法律咨询、医药咨询、金融咨询、股市行情分析在内的咨询服务和包括资料库检索、电子新闻、电子报刊在内的信息服务。

三、网络营销顾客服务策略

在网络营销中，服务是构成网络营销产品的重要组成部分。作为企业，通过互联网提供的服务产品一种是属于网络营销整体概念中作为有形实体产品核心利益的附加服务，它是网络营销产品附加产品层次重要的组成部分；另一种是独立向消费者传递利益的网上服务，称为网上服务产品。

（一）网络顾客服务的内容

网上顾客服务过程实质上是满足顾客除产品以外的其他派生需求的过程。用户上网购物所产生的服务需求主要有：了解公司产品和服务的详细信息，从中寻找能满足他们个性需求的特定信息；需要企业帮助解决产品使用过程中发生的问题；与企业有关人员进行网上互动接触；了解或参与企业营销全过程四个方面的需求。因此，网上顾客服务的内容也主要包括以下几个方面：

1. 全方位的信息服务。用户做出购买决策前，需要了解产品或服务比较全面的信息，以增强决策的科学性。提供全面而详细的产品信息是网络营销的最大优势，这是传统营销媒体难以比拟的。

2. 针对性的个性化服务。从人们对服务的需求而言，电子商务时代是一个服务需求多样化、个性化的时代。网络营销的个性化服务正是满足了用户个性化需求的趋势，其特点是企业针对每个用户的不同需求提供相应的信息服务。

3. 多元化的促销服务。网络还可以采用多元化的服务策略，使服务方式和内容多样化。例如，可以采用传统的折扣优惠，包括批量折扣及热销商品、廉价商品和专家精选商品推销，更可以利用网络技术提供服务。

4. 网上个人定制。网上个人定制是指作为网上用户，可以按照自己的目的和要求，在某一特定的网上功能和服务方式中，自己设定网上信息的来源和方式、表现形式、特定功能及其特有的网上服务方式等，以达到方便、快捷地获取所需的服务内容的目的。可以说，个人定制的服务方式是个性化服务的一种高层次表现。

（二）网络营销服务策略

1. 售前服务策略。网上售前服务是指企业在产品销售之前，针对消费者的购物需求，通过网络向消费者开展诸如产品介绍、产品推荐、购物说明、协助决策等消费者教育与信息提供活动。企业网络营销售前服务的主要任务是向潜在用户提供产品技术指标、产品性能、式样、价格、使用方法、功能、特色等全面有用的信息。其主要渠道有：

(1) 发布产品信息和相关知识，开展网上消费者教育，培养消费需求。销售之前，企业应积极利用网络媒体开展多方面的消费者教育活动。利用网络展开发布信息、介绍消费时尚、引导消费潮流、宣传消费知识、营造消费文化、培养消费观念等服务。设计网上产品信息的发布时应努力使客户看到这些产品信息或知识后，基本上不再需要通过其他渠道了解产品信息的效果。另外，需要注意的是，很多企业提供的服务往往是针对某一特定群体的，并不是针对网上所有公众。对于一些复杂产品，客户在选择、购买与使用时需要了解大量与产品相关的知识和信息后才能做出购买决策。特别是一些高新技术产品，企业在详细介绍产品各方面信息的同时，还需要介绍一些相关的知识，以帮助客户更好地使用产品，增强他们对购买行为的信心，减少顾虑，提高满意程度。

（2）建立“虚拟展厅”充分展示产品形象，激发购买欲望。网上购物的缺陷之一就是难以满足消费者眼观手摸商品的需求。如果建立网上“虚拟展厅”，利用网络上立体逼真的图像，结合声音甚至味道来展示企业的产品，使消费者如身临其境一般感受到产品的存在，对产品能有一个较为全面的认识与了解，激发他们的需求与购买欲望。在技术上，企业应在展厅中设立不同产品的显示器，并建立相应的导航系统，使消费者能迅速、快捷地寻找到所需的产品信息。

2. 售中服务策略。网上售中服务主要是指销售过程中的服务。在交易过程中，企业向用户提供简单方便的商品查询、体贴周到的导购咨询、简便高效的商品订购、安全快捷的货款支付、迅速高效的货物配送等服务，以保证商品交换活动的顺利实现。另外，在设计营销网站时，在提供网上订货功能的同时，还要提供订单、执行查询功能，方便顾客及时了解订单执行情况。例如，美国的联邦快递（www.Fedex.com）通过其高效的邮件快递系统将邮件在递送过程中的信息输送到指定的数据库，用户可以直接通过互联网查找邮件的“足迹”与最新动态，直到收件人安全地收到为止。其主要渠道有：

（1）建立“虚拟组装室”，努力开展定制营销，以满足个性化需求。在“虚拟展厅”中，对于一些可以由消费者决策为主进行组装的产品，可设计多种备选方案，由消费者根据自己的需求或喜好对产品进行个性化组装。

（2）建立实时沟通系统，增强消费者网上购物的信心。用户对网上购物的安全性与可靠性存有较大的顾虑。如果能建立及时的信息沟通系统，则可以大大消除他们的顾虑，增强他们网上购物的信心。为使企业的各种信息能及时地传递给消费者，应建立及时、快捷的信息发布系统；为加强与消费者在文化、情感上的沟通，要建立信息的实时沟通系统，还要建立快速高效的用户查询系统。

（3）发挥网络优势，提供个性化服务。就是按照用户，特别是一般消费者的要求提供特定的有针对性的服务，包括服务时空的个性化、服务方式的个性化、服务内容的个性化。

3. 售后服务策略。网上售后服务就是为了使用户需求得到更好地满足，企业借助互联网直接沟通的功能，以便捷的方式满足用户在产品消费过程中所派生的各种需求。网上售后服务有两类：一类是基本的网上产品的消费支持和技术服务；另一类是企业为满足用户附加需求而提供的各种附加利益的服务。提供网上产品的消费支持和技术服务，可以帮助用户通过网站直接找到相应的企业或者专家进行技术咨询，从而减少诸多不必要的中间环节。

网上销售服务与传统的网下销售服务相比，具有方便快捷、灵活有效、成本低廉、直接自助的特点，从而大大增强了企业的竞争实力。网上销售服务是24小时开放的，不再受作息时间的限制，用户可以根据需要从网上自助寻求相应的帮助。企业可以减少销售服务和技术支持人员，从而减少了管理费用和服务成本。其主要渠道有：

（1）建立顾客数据库，积极管理顾客关系。在网络营销活动中，顾客是企业的一项重要资源，企业应树立关系营销观念，建立顾客数据库，以积极管理顾客关系，提高顾客的满意度，提高顾客的忠诚度，培养出大批的忠诚顾客。通过顾客数据库，企业可以全面了解顾客的购买、个性偏好等信息，从而在合适的时间用极具针对性的促销方案，通过电子邮件的方式来向顾客推荐他所偏好或者过去购买的产品。

（2）提供良好的网上自动服务系统，提高顾客满意度。在消费者购物过程的最后一个阶段是购后评价阶段，在网上在线售后服务过程中，如果能根据顾客的需要自动适时地提供网上顾客服务，是提高顾客满意度的重要途径。

（3）设计 FAQ 页面，解决常见问题。在网站中提供 FAQ 页面，主要是为顾客提供有关产品、公司情况方面的信息，它既能够引发那些随意浏览者的兴趣，也能够帮助那些在产品使用中遇到疑难问题的顾客迅速找到所需的信息，获得常见问题的现成答案。

（4）设计答疑解惑空间，解决疑难问题。目的是解答一些不是经常遇到的且相对深入的问题，特别是一些故障类的问题。可以让顾客在企业的技术指导下自己解决问题，并因此提高企业或网站在顾客心目中的可信度。

（5）利用在线聊天室。在企业网站上建立网上社区，可以用在线聊天让用户对企业的产品或服务品头论足，提供售后服务人员与用户实时交流的渠道。企业设计网上虚拟社区就是让用户在购买后既可以发表对产品的评论，也可以提出针对产品的建议，可以与一些使用该产品的其他用户进行交流；营造一个与企业服务或产品相关的网上社区，同时还可以吸引更多潜在客户的参与。

（6）利用 BBS。BBS 是一种简单实用的方法，但一定要做到有问必答，网上解决不了的问题应马上通过电话、传真、信函等传统的方式回复用户并加以解决。

（7）电子邮件列表。电子邮件是最便宜的沟通方式，企业建立邮件列表，可以让客户自己登记注册，然后定期向客户发布企业最新的信息，加强与客户联系，这是很多企业网站经常采用的方法之一。这种方式的效果远远大于漫无目的、轰炸式的电子邮件广告。

（8）利用交互式的表格。在许多网站上有“在线反馈”、“读者留言”等栏目，目的就是通过网络直接为用户进行产品售前、售中、售后的全过程服务。网站设计中还可以考虑产品信息查询、驱动程序选择、疑难问题解答等内容；可以利用“信息查询”向用户提供服务政策、服务网点、在线支持、下载中心、服务产品等信息。

（三）联想的全方位服务战略

1. 联想的服务战略。联想集团有限公司成立于1984年，是一家以研究、开发、生产和销售自有品牌的计算机系统及其相关产品为主，在信息产业领域内多元化发展的大型企业。在联想发展的过程中，始终致力于为中国用户提供最新最好的科技产品，推动中国信息产业的发展，同时为用户提供全方位的服务体系。联想集团的业务涉及个人电脑、外设、网络、软件、系统集成、制造业等多方面。

联想代表性的产品昭阳笔记本电脑，是由联想电脑公司于1996年8月28日正式投放市场的中国第一款国有品牌笔记本电脑。自诞生之日起，联想昭阳笔记本电脑就一直秉承联想电脑的设计理念，以“互联网时代的移动计算的国货精品”为品牌定位，从而准确揭示了互联网时代高效、快捷商业化社会特征，反映出笔记本电脑轻薄便携、个性化、时尚化的产品特点，凸显了联想昭阳品牌独特的中国人文气质和深厚的民族文化底蕴。经过多年努力，联想昭阳笔记本电脑的业务高速发展，产品日渐成熟，服务不断完善，博得国人的厚爱，取得了骄人的市场业绩。

联想昭阳笔记本电脑一贯以“让中国人用得起、用得好的笔记本电脑”为产品理念，提供更加符合中国用户需求、品质更加完美的笔记本电脑精品。同时提供了良好的售后服务。昭阳笔记本电脑以联想电脑公司技术服务中心为后盾，通过全国各大区技术服务中心、维修站及数百家销售代理共同形成强大的全国四级维修服务网，令昭阳笔记本电脑无论何时何地都能得到及时、完善、快捷的服务。

联想笔记本电脑全国联保，电脑出现故障时，可凭保修证书在联想电脑维修服务网中的任何一家维修站获得服务。联想笔记本电脑自生产日期起，出厂所配电路板（包括主板、电源板、声卡等）保修三年，其余部件（不含电池、机器外壳等塑材、背包等）保修一年、二年或三年且只收成本费，免收维修费。

2. 联想的服务体系结构。联想公司现在正在建设自己的电子商务体系，并要求各代理商和该体系对接，逐步实现营销网络化。就传统代理商来说，这种模式在初期就可以降低他们的订单成本。电子商务使销售环节得到简化。在联想公司的网站专门有服务支持网页，所提供的服务支持项目有：服务政策、服务网点、服务产品、下载中心、技术小助手、知识库查询、轻松e学堂、IT大峡谷等，构成了联想完整的服务体系结构。联想服务支持网页如图6-1所示。

3. 服务战略给联想带来什么。全方位服务战略使联想在各个领域取得了巨大的成功。经过十几年的发展，各类产品和技术已成为中国政府、金融、交通、邮电、商品流通等许多重要领域必不可少的信息技术手段。

如联想昭阳专卖店不仅提供笔记本电脑，还提供移动办公的相关产品与服务。1999年联想昭阳笔记本电脑的市场排名从年初的第六名跃居第三季度的第一名，而且12月份销量突破1万台大关，称得上是“创造业界奇迹”的专卖店。

图 6-1　联想服务支持网页

教育领域正在成为联想商用电脑的最大市场。在教育信息化过程中，教育领域需要大批量的计算机与计算机网络产品，联想抓住机遇，提出为教育信息化提供全线可定制的方案和产品。联想针对教育信息化提出的一些应对措施让人感觉服务远远超出了 IT 技术本身，除了全线的 PC 机、服务器等商用产品外，联想还定制适合客户不同应用需求的教育专用产品。如联想推出了专门针对教育行业应用的新品“启天电脑”，展示了联想教育系列解决方案。

针对教育信息化资金不足的问题，联想联合众多的投资和租赁公司采用租赁或分期付款等手段帮助用户解决资金匮乏问题，为提高资金利用，联想还参与用户信息化的整体规划。

针对教育信息化缺乏 IT 专业咨询顾问指导的问题，联想贴近用户为用户作专业咨询。客户经理直接深入学校，了解用户的信息化需求；联想和代理商举行“手牵手”活动，深入学校，熟悉教学管理过程，掌握教育理念，提供信息化咨询和培训。

针对学校缺乏专业的 IT 师资队伍问题，联想与学校结合采取多种培训方式，逐步提高教师在 IT 应用方面的综合素质。

正因为联想完整的服务体系和为用户着想的服务战略使得联想能够在 IT

业市场收缩的形势下，仍然能够蓬勃发展保持PC销量亚洲第一的地位。

四、网络营销产品策略

由于网络营销活动场所是一个虚拟的世界，网络营销所借助的网络也是一种虚拟营销网络，具有不同于传统营销的若干特点，因此在网络上销售商品的过程与传统的销售方式有所不同。在这里，已没有面对面的买卖方式，网络上相互对话成为买卖双方交流的主要形式。消费者或客户通过卖方的网页考察商品，通过填写表格表达自己对商品品种、价格水平、购买数量的选择意愿；卖方则将面对面的交货改为邮寄商品或送货上门。因而，网络对营销的商品有一定的要求，那么，什么样的商品适合于网络营销呢？这实际上是一个网络营销市场的商品定位问题，认真研究商品的属性，科学筛选适应网络销售的商品，是网络营销组合中产品策略的重要一环，也是企业网络营销成功与否的主要因素。

（一）产品选择策略

1. 产品选择的范围。从理论上来说，在网络上可以营销任何形式的实物产品。但在现阶段受各种因素的影响，网络还不能达到这一要求。一般而言，企业在进行网络营销时，可首先选择下列产品：

（1）具有高技术性能或与电脑相关的产品；

（2）市场需要覆盖较大地理范围的产品；

（3）不太容易设店的特殊产品；

（4）网络营销费用远低于其他销售渠道费用的产品；

（5）消费者可从网上取得信息，即做出购买决策的产品；

（6）网络群体目标市场容量较大的产品；

（7）便于配送的产品；

（8）名牌产品。

2. 选择产品时应注意的问题。网络作为一种新型的营销元素，既可以作为整个营销系统中的一个组成部分，与传统营销中的其他部分进行整合，也可作为营销的主体出现，成为主要的营销载体、销售渠道和营销工具。当网络作为营销体系中的一部分，与其他成分相辅相成时，对大多数的商品来说都是适合的。例如，在网上和传统媒体上对某产品进行宣传，扩大其影响力和知名度，树立品牌形象；同时，利用传统的渠道进行销售，从而对整个营销活动起到推动与促进作用。

并不是所有的产品都适合进行大范围的网络销售。一般而言，在选择网络营销产品时要考虑以下因素：

（1）充分考虑产品的目标顾客群。不同的产品针对的目标顾客群不同。由于上网浏览的网民具有一定的特征，这些特征与企业产品目标顾客群的特征的重合度，就是企业是否选择该产品进行大范围网络营销的决策依据之一。重合度大，进行网络营销的效果显著；重合度小，就应该开辟其他的方式来进行该产品的营销。此外，还应测算网络营销所能覆盖的目标市场的容量，容量较大时进行网络营销才会有较高的效率。

(2) 充分考虑产品自身的性能和特点，看其是否适合进行网络营销。对有形产品而言，是否能够通过网络来判定产品品质和产品的类别，影响着该产品是否适合进行网络销售。有形产品可以分为三大类：便利产品、选购产品和特殊产品。其中，最适合通过网络来进行销售的是特殊产品。因为通过网络顾客可以以较少的成本接触到稀少的销售渠道，并获取大量的产品信息。选购产品也较适合进行网络销售，因为顾客在购买选购产品时，要反复比较产品的质量、样式和价格，而网络给他们提供了这种方便。而便利产品和选购产品、特殊产品相比较，更适合在传统的渠道上进行销售，因为传统的渠道比网络更加方便，而且顾客在购买时也不需要收集相关的产品信息。在便利产品中，急需品最不适合进行网络销售，因为通过网络销售的有形产品必须通过一定的方式配送给顾客，顾客不可能立即得到产品。因此，顾客通过网络购买的便利产品通常是用于日常有规律的使用或心血来潮、一时兴起而购买，很少有顾客通过网络购买便利产品用于应急。

一些有形产品是顾客在亲自试用后才能评价该产品的好坏，并决定是否购买的，如化妆品、食品、服装等。这种产品不太适合进行大范围的网络营销，因为顾客在购买这类产品时更多地要依赖于自己的经验，更倾向于接受传统营销的方式。在传统的销售地点，也就是通常所说的卖场，亲眼看到该产品并进行试用或试穿，然后再来决定是否购买此种商品。如果在网络上进行这种产品的销售，顾客往往不适应，因而网络营销也不太容易成功。而有一些产品，顾客是可以通过网络来了解其品质的，如CD、VCD、书籍、计算机、打印机等，顾客通过网络上提供的信息与产品技术参数，就可以较为清楚地了解到该产品的品质等级。因此，通过网络营销的方式向顾客销售这种产品，成功的可能性较大。

无形产品通常比较适合通过网络来销售。例如，通过网络来销售软件，顾客可以在购买前进行试用，在决定购买并支付货款后直接从网络上下载该产品，十分方便。还有一些服务，如收费信息、远程教育、远程医疗、外出旅行车、机票和旅店客房预订等，消除了地域的限制，充分发挥了网络的优势，特别适合通过网络来销售。但是，信息服务类产品目前还属于一个特例。因为网络技术最初应用于科研和军事目的，后来才应用于商业目的，所以顾客已经习惯了互联网上信息产品免费的“习俗”。当企业在网络上销售服务或产品的时候，顾客往往不能接受。同时，现在有很多网站依然在向顾客提供免费的信息产品，顾客在看到收费字样时，就会去寻找其他的信息来源。

(3) 充分考虑产品的营销区域范围和物流配送体系，根据企业的物流配送能力来确定企业经营的产品种类。网络的优点之一就是它消除了地域的限制，但是这仅限于信息的传播和某些服务的销售。对有形产品和具有有形介质的无形产品来说，网络销售会受到企业配送能力的限制。例如，一个美国的顾客可以很轻松地通过网络了解到中国企业所生产的个人计算机的各项性能与指标，可如果这名美国顾客想通过网上来购买该计算机，问题就出现了：也许通过很长的时间他才能收到所订购的产品。有形产品和具有有形介质的无形产品购买的实现包括两种流动：一种是金钱的流动，顾客通过一定的方式向企业支付其所购买的商品的费用；另一种流动就是实物的移动，顾客在购买了某种产品之后，该产品必须以一定的方式送到顾客手中。如果企业的物流配送体系达不到顾客所在的区域，不能交付或及时交付实物产品，企业的信誉就要受到影响，并最终导致该产品的网络营销无法进行下去。因此，在选择产品时要考虑到实物配送的问题，选择一些容易配送的产品进行网络营销。例如，CD、书籍可以通过邮寄的方式来进行配送，一些从事网络营销的商家经营该类产品，需要邮政网络解决他们的配送问题，成本不太高，但配送覆盖面却十分广泛。而另外的一些产品，如生活日用品、食物等，配送起来就不那么方便了。

(4) 充分考虑产品市场生命周期。产品的生命周期不是指其使用寿命，而是指它在市场上从诞生、成长到最后被淘汰的市场寿命。由于市场竞争越来越激烈，竞争者都努力地开发新产品或博采众家所长进行产品的仿制和更新换代，从而加速了现有产品的淘汰，缩短了产品的生命周期。因此，适时地调整产品营销策略是十分重要的。

产品的生命周期可分为四个时期，即导入期、成长期、成熟期和衰退期，如图 6－2 所示。根据四个时期产品的不同特点，需要采用不同的产品策略。

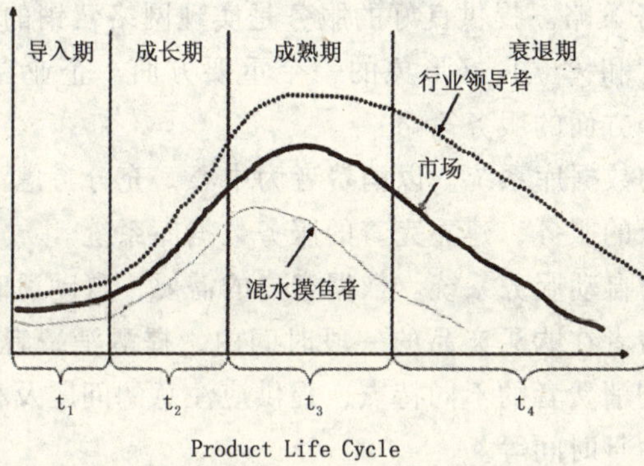

图 6－2　产品的生命周期

①导入期的市场特点和营销策略。处于导入期的产品，消费者对其不太了解，需求有限，生产成本高；销售渠道少且流通不畅导致销售成本较高；但是市场上的竞争者较少。在这个时期，生产者在营销策略方面的重点应是加强促销活动，鼓励消费者使用，吸引中间商。

②成长期的市场特点和营销策略。产品已经定型，技术工艺已经成熟，同时营销渠道也有所增加。消费者对产品已经熟悉，销售量增长很快。生产的批量化使成本降低，但市场上的竞争者开始大量出现。在这个时期，企业在营销方面可以在加强促销的同时，树立产品形象，调整价格，拓展新的市场。

③成熟期的市场特点和营销策略。在成熟初期各销售渠道基本处于饱和状态，销售增长率缓慢上升，进入一个相对稳定的时期；后期销量和利润开始下降，市场上产品过剩，竞争加剧，消费者也开始转移。企业的营销策略可以为

改进产品、开拓市场和调整营销组合。

④衰退期的市场特点和营销策略。产品的销量开始下滑，消费者的兴趣已经完全转移，多数企业无利可图，被迫退出市场。企业在这个时期的策略可以有三个选择：集中策略，即把资源集中到组织已销售的产品上；维持策略，即把销售维持到一个低水平上，直至退出市场；榨取策略，即大幅度的降低销售费用，增加利润。

（二）销售服务策略

1. 网络营销服务的类型。在网络营销中，服务是构成产品营销的一个重要组成部分。作为企业在网上提供的服务，按其营销过程来划分，与传统的营销一样也是分成售前、售中和售后服务三种。

(1) 售前服务，是指企业在进行产品销售前，通过网络向消费者提供诸如产品性能、外观介绍的信息，使消费者在购买产品时能迅速得到有关的信息，并及时得到营销者对消费者咨询的答复。

(2) 售中服务，是指向顾客及时提供购买过程中需要的各种咨询，帮助消费者购买到最称心如意的商品，并帮助消费者学会使用所购买的商品。

(3) 售后服务，是指及时回答、解决用户在购买产品后、在使用过程中所遇到的问题。

2. 网络营销服务策略。提供良好的服务是实现网络营销的一个重要环节，也是提高用户满意度和树立良好形象的一个重要方面。企业在进行网络营销时，可采取以下几个方面的服务策略：

(1) 建立完善的数据库系统。以消费者为中心，充分考虑消费者所需要的服务以及所可能要求的服务，建立完善的服务数据库系统。

(2) 提供网上的自动服务系统。依据客户的需要，自动适时地通过网络提供服务。例如，消费者在购买产品的一段时间内，提醒消费者应注意的问题。同时，也可根据不同消费者的不同特点，提供应注意的问题及相关服务，如提醒客户有关家人的生日时间等。

(3) 建立网络消费者论坛。通过网络论坛对消费者的意见、建议进行调查，借此收集、掌握和了解消费者对产品特性、品质、包装及式样的意见和想法，据此对现有产品进行改造，同时研究开发新一代产品。在条件允许的情况下，也可根据一部分消费者对产品的特殊需求，提供相应的产品和服务，实现产品个性化与服务个性化。

（三）信息服务策略

为用户提供完善的信息服务，是进行网络营销中产品策略的一个重要组成部分。为用户提供完善的信息服务，可以确保网络营销获得成功。

1. 建立“虚拟展厅”。用立体逼真的图像，辅以声音等展示自己的产品，使消费者如身临其境一般，感受到产品的存在，对产品的各个方面有一个较为全面的了解。为更好地满足消费者的需求，企业应在“展厅”中设立不同产品的显示器，并建立相应的导航系统，使消费者能迅速、快捷地寻找到自己所需要的产品信息。

2. 设立“虚拟组装室”。在“虚拟展厅”中，对于一些需要消费者购买、进行组装的产品，可专门开辟一些空间，使消费者能根据自己的需求，对同一产品或不同产品进行组合，更好地满足消费者个性化需求。

3. 建立自动的信息传递系统。企业一是要建立快捷、及时的信息发布系统，使企业的各种信息能及时地传递给消费者；二是要建立信息的实时沟通系统，加强与消费者在文化、情感上的沟通，并随时收集、整理、分析消费者的意见和建议，在产品改进、开发、生产及营销的同时应给予相应的回报。

（四）产品组合决策

1. 产品组合概念。产品组合，服务性企业也称业务组合，即企业的业务范围与结构，实践中叫企业产品结构。它是指网络营销企业向网络上目标市场所提供的全部产品或业务的组合或搭配。

产品组合中的全部产品可以分成若干条产品线，每条产品线中的每种产品又叫产品项目。所有这些产品大类和项目按一定比例搭配，就形成了企业的产品组合。产品线是指产品组合中所有产品根据某一分类标准划分成的产品大类。产品组合中的产品划分依据有：产品功能上相似、消费上具有连带性，供给相同的顾客群，有相同的分销渠道，或属于同一价格范围。

产品项目是指每一产品大类中所包括的每种产品，即产品组合中各种不同品种、档次、质量、价格或其他属性的特定产品。

一个企业提供给目标市场的一般不会是单一的产品，而是产品组，即由若干条产品线组成的，每条产品线又包括若干个产品项目，而每一产品项目可能又包含若干不同的品牌、包装和服务等内容。网络营销借助网络的特性，可以做到零库存、“先销售、后生产”、“虚拟店铺”，企业的经营范围在网络营销环境下可以充分扩大。因此，网络营销活动中，企业不但要在产品的品牌、包装、服务和配送等方面做出决策，而且要从整体上对产品、产品线和产品项目上做出决策。

2. 产品组合决策。一般是从产品组合的宽度、长度、深度和关联性等方面做出决策与规划。

产品组合的宽度，是指一个企业生产经营的产品大类的多少，即拥有多少条产品线。多则称之为宽，少则称之为窄。产品组合宽度主要反映企业网络营销活动中所涉及的产品或业务的宽窄问题。产品组合的长度，是指企业产品中包含在各条产品线中的所有产品项目的总数。产品组合的长度反映企业在网络营销活动中所经营的产品项目内容的多少。多则称之为长，少则称之为短。

一条产品线中所包含的项目越多，说明企业经营的某一大类产品越齐全，开发的深度较大，所以产品组合的深度是指企业产品组合中平均每条产品线所包含的产品项目数。产品组合的关联性，是指各条产品线在最终使用、生产条件、分销渠道或其他方面的相互关联的程度。

（五）产品组合策略

研究网络营销中产品组合的以上四个方面对于营销决策有着重要意义，企业在调整自己的产品组合时，根据情况不同，可选择以下策略：

1. 扩充产品组合策略。产品组合扩充策略主要包括增加企业网络营销产品组合的宽度或深度，从而增加产品组合的长度等策略。

增加产品组合的宽度是指在原有的产品组合中增加一个或几个产品线，扩大企业网上营销产品的范围；增加产品组合的深度是指在原有产品线内增加新的产品项目。增加企业网络营销产品组合的宽度，扩大企业网上营销的范围，可充分发挥企业各项资源的潜力，提高效益，减少风险；增加产品组合的长度和深度，可以使产品线丰满充裕，可以迎合广大网上用户的不同需要和爱好，以吸引更多的顾客，从而占领同类产品的更多细分市场。

2. 缩减产品组合策略。缩减产品组合策略与扩充产品组合策略正好相反，是指企业减少网上营销的产品大类数或者减少某一产品线内的产品项目数。

3. 产品线延伸策略。产品线延伸策略就是突破企业网络营销原有营销档次的范围，使产品线加长的策略。其实，产品线延伸策略是实现扩充产品组合策略的一种重要途径。可供选择的产品线延伸策略主要有以下几种：

(1) 向下延伸。有些生产或经营高档产品的企业逐步增加一些较低档的产品，称为向下延伸。当企业生产经营的高档产品由于种种原因，不能再提高销售增长速度，而且企业具备生产经营低档产品的条件，能最大限度避免向下延伸带来的风险时，可以采用该策略。

(2) 向上延伸。企业的网络营销原本只经营低档产品，现在逐步增加中高档的产品或业务，称为向上延伸。它一般适用于这样几种情况：一是高档产品有较高的销售增长率和毛利率；二是为了追求高中低档产品齐全的完整的产品线；三是以某些高档的产品来调整整条产品线的档次。

(3) 双向延伸。有些经营中档产品的企业，在一定条件下，逐渐向高档和低档两个方向延伸，称为双向延伸。这种策略可以加强企业竞争地位，击退竞争者，赢得市场领先地位。

(六) 网络营销品牌策略

当用户看到一个知名企业网站时，会联想到该企业的形象。如果企业网站看起来比较专业，可以为用户提供有价值的信息和服务，那么用户就会对该品牌满意，否则将对企业品牌产生负面影响。如果用户看到一个并不熟悉的企业网站时，通常是产生一定的印象，还很难与企业的品牌结合在一起，因为这个品牌在该用户心目中还不存在，这时通过网络形成的品牌印象，也是对企业品牌的第一印象。这也可以说明，知名品牌企业的网络品牌策略主要是品牌形象从网下向网上的延伸和发展，而非知名品牌企业和新创品牌企业的网络品牌则是近乎全新的创建过程。对于网络用户来说，从网上获得的印象几乎就是对于企业的全部印象，因此这些企业在向用户传递品牌信息时更应细心。

1. 网络品牌的含义。为了详细说明网络品牌的含义，有必要先回顾市场营销中品牌的概念。美国市场营销协会对品牌的定义是："品牌是一种名称、属性、标记、符号或设计，或是它们的组合运用，其目的是借以辨认某个销售者或某群销售者的产品或服务，并使之同竞争对手的产品和服务区别开来。"

从这个定义来看，主要强调了品牌的可辨识性因素，即企业品牌存在的特征。那么什么是网络品牌呢？简单来说，企业品牌在互联网上的存在即网络品牌。网络品牌有两个方面的含义：一是通过互联网手段建立起来的品牌；二是互联网对网下既有品牌的影响。两者对品牌建设、推广的方式和侧重点有所不同，但目标是一致的，都是为了企业整体形象的创建和提升。

网络品牌包含三个层次。(1) 网络品牌要有一定的表现形态。一个品牌之所以被认知，首先应该有其存在的表现形式，也就是可以表明这个品牌确实存在的信息，即网络品牌具有可认知的、在网上存在的表现形式，如域名、网站(网站名称和网站内容)、电子邮箱、网络实名或通用网址等。(2) 网络品牌需要一定的信息传递手段。仅有网络品牌的存在并不能为用户所认知，还需要通过一定的手段和方式向用户传递网络品牌信息，才能为用户所了解和接受。网络营销的主要方法，如搜索引擎营销、许可 E – mail 营销、网络广告等都具有网络品牌信息传递的作用。网络营销的方法和效果之间具有内在的联系。例如，在进行网站推广的同时也达到了品牌推广的目的，只有深入研究其中的规律，才能在相同营销资源的条件下获得综合营销效果的最大化。(3) 网络品牌价值的转化。网络品牌的最终目的是为了获得忠诚顾客并达到增加销售的目的，因此网络品牌价值的转化过程是网络品牌建设中最重要的环节之一。用户从对一个网络品牌的了解到形成一定的转化，如网站访问量上升、注册用户人数增加、对销售的促进效果等，这个过程也就是网络营销活动的过程。

2. 网络品牌的特点。相对于传统意义上的企业品牌，网络品牌具有下列特点：

(1) 网络品牌是网络营销效果的综合体现。网络营销的各个环节都与网络品牌有直接或间接的关系。因此，可以认为网络品牌建设和维护存在于网络营销的各个环节，从网站策划、网站建设到网站推广、顾客关系和在线销售，无不与网络品牌相关。网络品牌是网络营销综合效果的体现，如网络广告策略、搜索引擎营销、供求信息发布、各种网络营销方法等均对网络品牌产生影响。

(2) 网络品牌的价值只有通过网络用户才能体现出来。正如科特勒在《营销管理》一书中所言，“每一个强有力的品牌实际上代表了一组忠诚的顾客”，网络品牌的价值也就意味着企业与互联网用户之间建立起来的和谐关系。网络品牌是建立用户忠诚的一种手段，因此对于顾客关系有效的网络营销方法对网络品牌营造同样是有效的，如集中了相同品牌爱好者的网络社区。此外，网站的电子刊物、会员通讯等也是创建网络品牌的有效方法。

(3) 网络品牌体现了为用户提供的信息和服务。Google 是最成功的网络品牌之一。当想到 Google 这个品牌时，头脑中的印象不仅是那个非常简单的网站界面，更主要的是它在搜索方面的优异表现。可见，有价值的信息和服务才是网络品牌的核心内容。

(4) 网络品牌建设是一个长期的过程。与网站推广、信息发布、在线调研等网络营销活动不同，网络品牌建设不是通过一次活动就可以完成的，不能指望获得立竿见影的效果。从这个角度也可以说明，网络营销是一项长期的营销策略，用一些短期目标并不能全面衡量网络营销效果。

3. 建立和推广网络品牌的主要途径。主要有以下几方面：

（1）企业网站中的网络品牌建设。企业网站建设是网络营销的基础，也是网络品牌建设和推广的基础。在企业网站中有许多可以展示和传播品牌的机会，如网站上的企业标识、网页上的内部网络广告、网站上的公司介绍和企业新闻等有关内容。

企业网站必不可少的要素之——域名——与网络品牌之间也存在密切的关系。由于英文（或汉语拼音）域名与中文品牌之间并非一一对应的关系，使得域名并不一定能完全反映出网络品牌。这是中文网络品牌的特点。一个中文品牌可能并非只对应一个域名，如康佳集团，中文商标为“康佳”，其英文商标为“KONKA”。那么康佳的汉语拼音所对应的域名也将对康佳的网络品牌有一定影响，但汉语拼音“kangjia”所对应的中文并不是唯一的。除了康佳之外，还有“康家”等也有一定意义的词汇。这也为网络品牌推广带来一定的麻烦，同时也出现了域名保护问题。尽管从用户网站访问的角度来看，一个域名就够了，但实际上由于域名有不同的后缀（如 .com、.net、.cn、biz 等），以及品牌谐音的问题，为了不至于造成混乱，对于一些相关的域名采取保护性注册是有必要的，尤其是知名企业。但过多的保护性注册也增加了企业的支出，这些网络品牌资产虽然也有其存在的价值，但却无法转化为收益。

（2）电子邮件中的网络品牌建设和传播。作为市场工作的需要，每天都可能会发送大量的电子邮件，其中有一对一的顾客服务邮件，也会有一对多的产品推广或顾客关系信息。通过电子邮件向用户传递信息，也就成为传递网络品牌的一种手段。

以下是在电子邮件信息中传播网络品牌信息值得重视的一些方面：

①设计一个含有公司品牌标志的电子邮件模板（其作用就像邮政信函中使用的有公司品牌标志的公文纸和信封一样）。这个模板还可以根据不同的部门或者不同接收群体的特征进行有针对性的设计，也可以为专项推广活动进行专门设计。

②电子邮件要素完整，并且体现出企业品牌信息。

③为电子邮件设计合理的签名档。

④商务活动中使用企业电子邮箱而不是免费邮箱或者个人邮箱。

⑤企业对外联络的电子邮件格式要统一。

⑥在电子刊物和会员通讯中，应在邮件内容的重要位置出现公司品牌标识。

（3）网络广告中的网络品牌推广。网络广告的作用主要表现在两个方面：品牌推广和产品促销。相对于其他网络品牌推广方法，网络广告在网络品牌推广方面具有针对性和灵活性的特点，可以根据营销策略需要设计和投放相应的网络广告。例如，根据不同节日设计相关的形象广告，并采用多种表现形式投放于不同的网络媒体。利用网络广告开展品牌推广可以是长期的计划，也可以是短期的推广，如针对新年、情人节、企业年庆等特殊节日的品牌广告。

（4）搜索引擎营销中的网络品牌推广。搜索引擎是用户发现新网站的主要方式之一，用户在通过某个关键词检索的结果中看到的信息是对一个企业网络品牌的第一印象，这一印象的好坏决定了这一品牌是否有机会进一步被认知。可见，网站被搜索引擎收录并且在搜索结果中排名靠前，是利用搜索引擎营销手段推广网络品牌的基础。这也说明，搜索引擎的品牌营销是基于企业网站的营销方法。

搜索引擎营销中的品牌推广是搜索引擎营销层次中的第二个和第三个目标层次，即在主要搜索引擎中获得好的排名，并且提高用户对检索结果的点击率；在网络品牌的层次中，则属于第二层次——网络品牌的信息传递。搜索引擎营销的层次和网络品牌的层次，两者研究问题的侧重点不同，因而表现形式有一定的差异，但两者实质是一样的。

搜索引擎营销研究的是信息传递一般过程中的用户行为；而搜索引擎营销中的网络品牌则仅考虑搜索引擎检索与网络品牌之间的关系。利用搜索引擎进行网络品牌推广的主要方式包括在主要搜索引擎中登录网站、搜索引擎优化、关键词广告等常见的搜索引擎营销方式。这种品牌推广手段通常并不需要专门进行，在制定网站推广、产品推广的搜索引擎策略的同时，考虑到网络品牌推广的需求特点，采用“搭便车”的方式即可达到目的。这对搜索引擎营销提出了更高的要求，同时也提高了搜索引擎营销的综合效果。

(5) 用病毒性营销方法推广网络品牌。病毒性营销对于网络品牌推广同样有效。例如，Flash幽默小品是很多上网用户喜欢的内容之一。一件优秀的作品往往会在很多同事和网友中相互传播，在这种传播过程中，浏览者不仅欣赏了画面中的内容，同时也会注意到该作品所在网站的信息和创作者的个人信息，这样就达到了品牌传播的目的。除此之外，常见的病毒性营销的信息载体还有免费电子邮箱、电子书、节日电子贺卡、在线优惠券、免费软件、在线聊天工具等。

(6) 提供电子刊物和会员通讯。电子刊物和会员通讯都是许可 E－mail 营销中内部列表的具体表现形式。这种基于注册用户电子邮箱传递信息的手段对于顾客关系和网络品牌都有显著的效果。在许可 E－mail 营销原理和方法中，已经介绍了内部列表 E－mail 营销的一般方法。

研究表明，实际上很多中小企业并没有能力应用这一方法，只有部分电子商务公司和大型企业才能将内部列表的价值充分挖掘出来。

(7) 建立网络营销导向的网络社区。网络社区营销已经逐渐成为过时的网站推广方法，但网络社区的网络营销价值并没有消失，尤其是建立企业自己的网络社区，如论坛、聊天室等。企业网站建立网络社区，对于网络营销的直接效果是有一定争议的。因为大多数企业网站访问量本来就很小，参与社区并且重复访问者更少，因此网络社区的价值便体现不出来。但对于大型企业，尤其是有较高品牌知名度并且用户具有相似爱好特征的企业来说就不一样了，如大型化妆品公司、房地产公司和汽车公司等。由于有大量的用户需要在企业网站获取产品知识，并且与同一品牌的消费者相互交流经验，这时网络社区对网络品牌的价值就表现出来了。

模块二 透视“亚马逊”之谜

案例导读

亚马逊书店（amazon.com）是世界上销售量最大的书店。它可以提供310万册图书目录，比全球任何一家书店的存书要多15倍以上。而实现这一切既不需要庞大的建筑，又不需要众多的工作人员，亚马逊书店的1600名员工人均销售额37.5万美元，比全球最大的拥有2.7万名员工的Bames & Noble图书公司要高3倍以上。

亚马逊书店的商业活动主要表现为营销活动和服务活动。它工作的中心就是要吸引顾客购买它的商品，同时树立企业良好的形象。

亚马逊书店的营销活动在其网页中体现得最为充分（如图6－3）。亚马逊书店在营销方面的投资也令人注目：现在，亚马逊书店每收入1美元就要拿出24美分搞营销、拉顾客，而传统的零售商店仅花4美分就够了。

图6－3 亚马逊书店主页

案例评析

亚马逊书店的营销策略主要有：

一、产品策略

亚马逊书店根据所售商品的种类不同，将产品分为三大类：书籍（BOOK），音乐（MUSIC）和影视产品（VIDEO），每一类都设置了专门的页面。同时，在各个页面中也很容易看到其他几个页面的内容和消息。它将书店中不同的商品进行分类，并对不同的电子商品实行不同的营销对策和促销手段，如图 6-3，图 6-4 所示。

二、定价策略

亚马逊书店采用了折扣价格策略。所谓折扣策略是指企业为了刺激消费者增加购买，在商品原价格上给以一定的回扣。它通过扩大销量来弥补折扣费用和增加利润。亚马逊书店对大多数商品都给予了相当数量的回扣。例如，在音乐类商品中，书店承诺："You'll enjoy everyday savings of up to 40% on CDs, including up to 30% of Amazon.com's 100 best-sellong CDs（对 CD 类给 40%的折扣，其中包括对畅销 CD 的 30%的折扣）。"

三、促销策略

常见的促销方式，即企业和顾客以及公众沟通的工具主要有四种，分别是广告、人员推销、公共关系和营业推广。在亚马逊书店的网页中，除了人员推销外，其余部分都有体现。逛书店的享受并不一定在于是否有足够的钱来买想要的书，而在于挑选书的过程。手里捧着书，看着精美的封面，读着简介往往是购书的一大乐趣。在亚马逊书店的主页上，除了不能直接捧到书外，这种乐趣并不会减少，精美的多媒体图片、明了的内容简介和权威人士的书评都可以使人有身临其境的感觉。

主页上广告的位置也很合理，首先是当天的最佳书，而后是最近的畅销书介绍，还有读书俱乐部的推荐书，以及著名作者的近期书籍等等。不仅在亚马逊书店的网页上有大量的多媒体广告，而且在其他相关网络站点上也经常可以看到它的广告。例如，在 Yahoo 上搜索书籍网站时就可以看到亚马逊书店的广告。

该书店的广告还有一大特点就在于其动态实时性，每天都更换的广告版面使得顾客能够了解到最新的出版物和最权威的评论。不但广告每天更换，还可以从"Chech out the Amazon.com Hot 100. Updated hourly"中读到每小时都在更换的消息。

亚马逊书店千方百计地推销自己的网站，不断寻求合作伙伴（Associate）。由于有许多合作伙伴和中间商，从而使得顾客进入其网站的方便程度和购物机会都大大增加，它甚至慷慨地作出了如下的承诺：

只要你成为亚马逊书店的合作伙伴，那么由贵网站售出的书，不管是否达到一定的配额，亚马逊书店将支付给你 15%的介绍费。

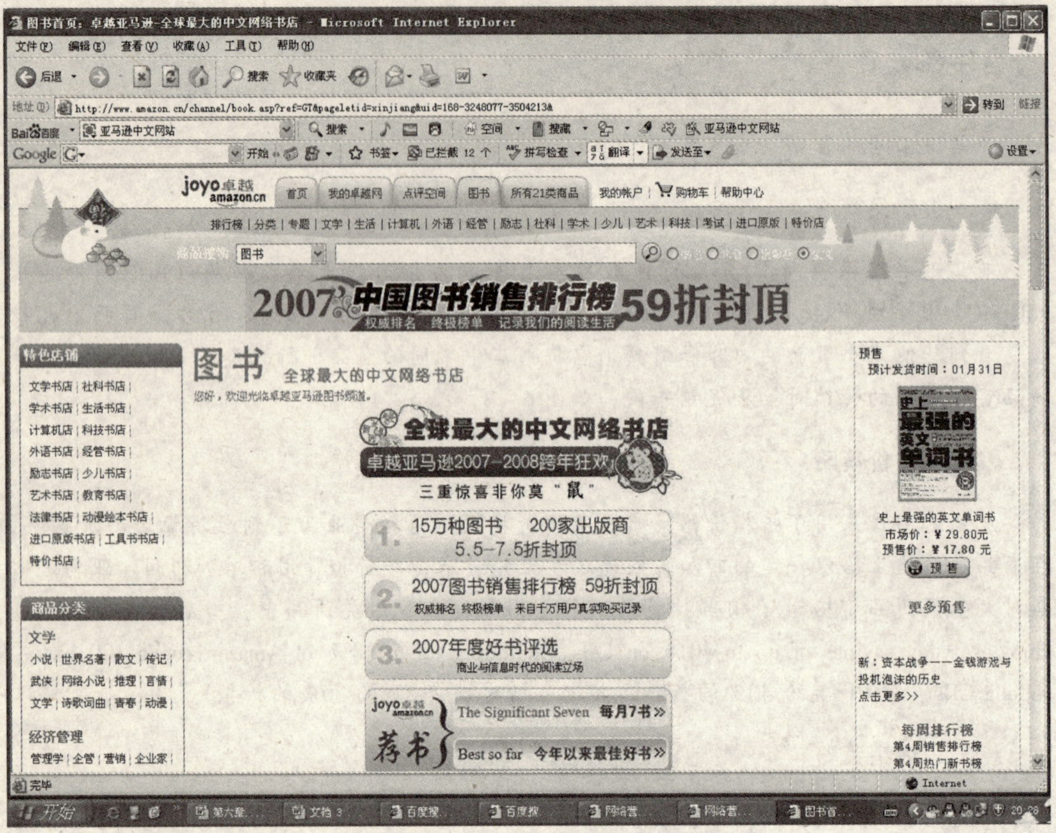

图 6－4 卓越亚马逊图书主页

这是其他合作型伙伴关系中很少见的，目前，亚马逊书店的合作伙伴已经有很多，从其网页上的下面这段话“In fact, five of the six most visited Web sites are already Amazon.com Associates. Yahoo! And Excie are marketing products from their Web sites. So are AOL com, Geocities, Netscape, and tens of thousands of other sites both large and small.”中，我们可以得知：包括 Yahoo 和 Excie 在内的五个最经常被访问的站点已经成为亚马逊书店的合作伙伴。

亚马逊书店专门设置了一个 Gift 页面，为大人和小孩都准备了各式各样的礼物。这实际上是价值活动中促销策略的营业推广活动。它通过向各个年龄层的顾客提供购物券或者精美小礼品的方法吸引顾客长期购买本店的商品。另外，亚马逊书店还对长期购买其商品的顾客给予优惠，这也是一种营业推广的措施。

亚马逊书店专门的礼品页面，为网上购物的顾客（包括大人和小孩）提供小礼品这既属于一种营业推广活动，也属于一种公共关系活动；再有，是做好企业和公众之间的信息沟通，它虚心听取、搜集各类公众以及有关中间商对本企业和其商品、服务的反映，并向他们和企业的内部职工提供企业的情况，经常沟通信息；公司还专门为首次上该书店网的顾客提供一个页面，为顾客提供各种网上使用办法的说明，帮助顾客尽快熟悉，这也是一种搞好公共关系的方法。

四、售前售后服务

（一）搜索引擎

一家书店，如果将其所有书籍和音像产品都一一列出，是没有必要而且对用户来说也是很不方便的。因此，设置搜索引擎和导航器以方便用户的购买就成为书店的一项必不可少的技术措施。在这一点上，亚马逊书店的主页就做得很不错，它提供了各种各样的全方位的搜索方式，有对书名的搜索、对主题的搜索、对关键字的搜索和对作者的搜索，同时还提供了一系列的如畅销书目、得奖音乐、最卖座的影片等等的导航器，而且在书店的任何一个页面中都提供了这样的搜索装置，方便用户进行搜索，引导用户进行选购。这实际上也是一种技术服务，归结为售前服务中的一种。

（二）顾客的技术问题解答

除了搜索服务之外，书店还提供了对顾客常见技术问题的解答这项服务。例如，公司专门提供了一个 FAQ（Frequently Asked Questions）页面，回答用户经常提出的一些问题，例如，如何进行网上的电子支付？对于运输费用顾客需要支付多少？如何订购脱销书等等。而且，如果你个人有特殊问题，公司还会专门为你解答。

（三）用户反馈

亚马逊书店的网站提供了电子邮件、调查表等获取用户对其商务站点的反馈。用户反馈既是售后服务，也是经营销售中的市场分析和预测的依据。电子邮件中往往有顾客对商品的意见和建议。书店一方面解决用户的意见，这实际上是一种售后服务活动；另一方面，也可以从电子邮件中获取大量有用的市场信息，常常可以作为指导今后公司各项经营策略的基础，这实际上是一种市场分析和预测活动。另外，它也经常邀请用户在网上填写一些调查表，并用一些免费软件、礼品或是某项服务来鼓励用户发来反馈的电子邮件。

（四）读者论坛

亚马逊书店的网站还提供了一个类似于 BBS 的读者论坛，这个服务项目的作用是很大的。企业商务站点中开设读者论坛的主要目的是吸引客户了解市场动态和引导消费市场。在读者论坛中可以开展热门话题讨论。以一些热门话题，甚至是极端话题引起公众兴趣，引导和刺激消费市场。同时，可以开办网上俱乐部，通过俱乐部稳定原有的客户群，吸引新的客户群。通过对公众话题和兴趣的分析把握市场需求动向，从而经销用户感兴趣的书籍和音像产品。

模块三 eBay 网上拍卖

案例导读

十多年前，加州硅谷的软件工程师皮埃尔·欧米迪亚（Pierre Omidyar）为了取悦未婚妻，开始思考如何利用互联网来开辟一个由买卖双方自己确定交易价格的网站平台。为此，他利用长假架设了网站。最初，只有很少人访问他的“杰作”。但到 1995 年底，这个网站已经完成了几千宗商品拍卖交易。

它就是 eBay，从开始并不引人注目的网站，到现在成为在世界范围内拥有 1.5 亿注册用户的全球电子商务巨头，eBay 的用户当今买卖的商品价值总额已经超过 400 亿美元。

作为全球最大的在线交易平台，eBay 在全球 33 个国家或地区建立了拍卖网站，也就是说，eBay 相当于拥有了全球 33 个直接寻找货源的平台。只要在“eBay 易趣”（eBay 易趣是 eBay 中国子公司）上注册一个用户名以及通过相关的身份认证，就有了通往 eBay 32 个国家和地区网络贸易平台的通行证。不仅能够把国内生产的物美价廉的货品卖到国外，更能够将外国产品的原产地作为进货来源，实现自由、低价的国际贸易。eBay 易趣的跨国交易如图 6－5 所示。

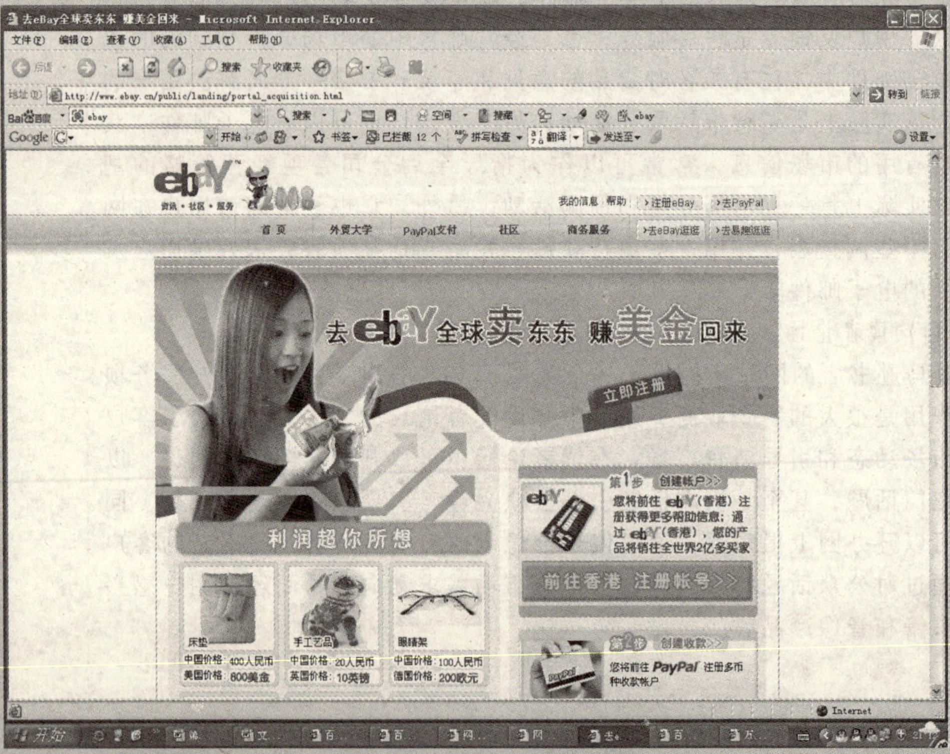

图 6－5 eBay 易趣的跨国交易

eBay易趣公关经理刘薇介绍，eBay在全球33个国家和地区拥有1.5亿用户，在中国有1510万用户，不少做国际贸易的用户彻夜守在eBay网站上，只为在第一时间拍下物美价廉的货品，然后在自己的小店中二次出售。

eBay易趣上做的最好的化妆品卖家潘黎帆就是从中国台湾、中国香港、美国、法国的eBay上拍韩国、日本品牌或法国、美国的稀有品牌，然后利用线上、线下价格差，向中国买家进行销售。“比如产自法国的香水从原产国进货很便宜，意大利的时装很多纪念款或者最新款要比亚洲市场的售价低50%。我就是利用eBay全球平台上某些产品国外品牌全、选择余地大、进货比国内大批量线下进货有很明显成本优势的特点，打区域价格差。”

案例评析

eBay非凡的成长传奇给今天所有的在线交易商和绝大多数的网络公司提供了很好的经验。

对于网络公司来说，必须具有至关重要的一种认识：所有的市场策略均操控在用户不断变化的行为方式之中。许多用户的行为方式总在不断变化，比如发现新的购物方式并且通过网络互相影响。为此，必须认真听取用户的意见，密切关注什么是他们想要或不想要的。eBay能够取得今天的成功，使其业务成型就是拜全球用户所赐。

eBay的经营者们发现二手车占eBay网上销售额的30%，这是他们之前没有预料到的，当用户开始在玩具汽车栏目下登录真正的汽车时，管理者们才发现自己的网站原来可以卖车。他们得到了灵感，从而在更多方面去满足更多的用户，包括服饰、化妆品和昂贵的医疗及工业设备。而且，30%的商品都以固定价格销售，而不是拍卖。

更难能可贵的是，eBay的经营者很清醒地意识到：如果服务费过高，或者让用户们感到失望，用户群很容易一起离开，去建立他们自己专门的拍卖或交易网站。为此，eBay在2005年7月支付6.2亿美元买下Shopping.com，这是一个购物比较网站，可以帮助用户把拍卖的物品推广给更多的人。

eBay公司能取得成功，还在于它选择了正确的商业模式。eBay公司没有库存概念，而其他的拍卖网站却经常为库存积压感到头疼。商业模式不同，它们收获当然也不同。

虚拟运营——就是eBay最独特的商业模式，其核心是“零库存”，这样它们的核心业务（拍卖）就没有任何库存风险，所有的商品都由客户提供，eBay只负责提供虚拟的拍卖平台——网络和软件。因此，eBay公司的财务报表上永远不会出现“库存费用”和“保管费用”等账目。

从根本上摆脱了库存的烦恼，eBay可以集中精力进行网站和软件管理，它们向拍卖者提供的专业软件为该网站提供了附加价值。同时，eBay提供的软件很有吸引力，卖家可以更好地利用这个网络平台。

此外，值得一提的还有eBay管理体系中的“商品分类”管理技术。通常情况下，电子商务网站应该按照卖方的意愿建立商品目录，eBay的做法却颇有不同：它追踪观察商品的交易活跃程度，然后根据实际情况建立不同的目录。如果eBay发现某类商品交易趋于火爆，它就会极力推动这种趋势。比如二手车交易，当年它们从汽车拍卖活动中直接“进账”30亿美元，另从家电、家具交易中赚了36亿美元，儿童用品交易量增长了50%。这些交易活动都得到了eBay高层的大力支持。实际上，eBay网站交易最火爆的商品仅占总商品目录（约18000种）的3%左右，其增长空间依然很大。

（资料来源：《IT时代周刊》2005年8月13日）

本单元实训

某人开了一家砖厂，生产盖房子的砖，听说电子商务时代来了，于是他也决定把砖放到网上去卖，赶一赶时代的潮流。此人便请人做了个网站，但是网站建成之后，却没几个人知道。于是就进行“垃圾邮件式营销”，到处发邮件，钱和时间是花了不少，但还是少有人问津。

后来有了几个人上网看，也是出于对网上卖砖的好奇，没几个认真的，偶尔有个认真的一问，也就笑了笑跑了。请讨论网上卖砖为什么不能成功。

本单元习题

1. 什么是网络营销产品？网络营销产品策略包含哪些方面？
2. 网络营销产品的内涵包括哪些？
3. 海尔集团是如何运用产品策略的？
4. 什么是网络营销服务？服务在网络营销中有什么意义？
5. 在网上开展服务的主要方式有哪些？
6. 什么是个性化服务？在网上开展个性化服务与传统方式有什么区别？
7. 举例说明什么是售前、售中、售后服务。
8. 什么是服务产品？在网络营销中，服务产品的特点是什么？
9. 上网调查在网上开展个性化服务的现状，并分析个性化服务的优势及其存在的问题。

单元七

网络营销的价格策略及案例透析

知识目标

- □ 了解网络营销价格策略的概念
- □ 了解网络营销定价目标及特点
- □ 了解网络营销主要定价策略
- □ 掌握网络营销个性化定价策略
- □ 掌握网络营销竞争定价策略
- □ 掌握网络营销自动调价、议价策略
- □ 掌握网络营销特有产品价格策略
- □ 了解网络营销使用定价策略
- □ 掌握网络营销定制定价策略
- □ 掌握网络营销拍卖竟价策略
- □ 掌握网络营销免费价格策略

技能目标

- □ 熟悉网络市场常用的定价方法方式与特点
- □ 熟悉网络营销特有产品价格策略
- □ 熟悉免费价格策略特点与适用条件

模块一 相关理论

案例导读

从淘宝收费事件看淘宝网经营策略

2005年10月，淘宝网宣布："继续免费3年"的承诺不变，不向淘宝C2C业务收费。2006年5月，淘宝网尝试推出一个名为"招财进宝"的收费增值服务，当时卖家反映强烈，并引起大规模的抵抗，甚至罢市。最终在反对意见占绝对优势的网络投票后，淘宝取消了此项服务。然而还不到一年，淘宝网又开始了类似的收费尝试。业内人士认为，商家对电子商务交易平台的趋之若鹜和依赖，是淘宝此番大胆在B2C领域实施收费增值服务的重要前提。此前淘宝依靠免费策略打败易趣，从中夺取了超过一半的市场份额，成为国内最大的C2C电子商务平台。在此背景下，淘宝的当务之急是稳定客户、增加利润，从而拉开与其他C2C平台的竞争差距，但这无法靠免费策略来获得，只能从服务品类、质量、市场营销等方面下手。

淘宝网分为淘宝集市、品牌/商城、二手/闲置、团购、全球购等多个频道，人群也主要分为经营品牌/商城（B2C模式）为主的卖家和从事淘宝集市、二手（C2C模式）等业务的卖家。淘宝网收费增值服务只针对于商城用户，并不面向C2C业务的人群，而且商城卖家完全可以根据自身的条件进行取舍。

淘宝网有哪些收费的增值项目以及收费标准是什么呢？在淘宝网品牌/商城频道经营化妆品的刘女士告诉笔者，在淘宝网发给商户的协议中，将店铺保证金划分为A、B、C三类，每类服务均赠送阿里旺旺子账户功能5个。A类店铺服务，旺铺/橱窗宝贝推荐位增加30个，每个季度600元；B类店铺服务，旺铺/橱窗宝贝推荐位增加50个，每个季度1200元；C类店铺服务，旺铺/橱窗宝贝推荐位增加80个，每个季度1800元。淘宝网为什么选择在这个时候进行收费的尝试呢？

早在最初几年，eBay易趣和淘宝网是C2C市场的焦点，它们之间的相互竞争也带动了电子商务市场的繁荣，而淘宝网的免费策略无疑是导致eBay易趣落败的致命原因。大批量的用户就是冲着“免费”二字而投向淘宝。现在C2C市场只剩下了淘宝一家（拍拍网还不成气候）。既然竞争对手没有了，那么收费也就理所应当了。竞争对手的倒下不是什么好事，直接导致的后果就是一家独大。

案例启示：显然，C2C的收费只是迟早的问题。

一、网络营销价格策略概述

定价是管理者最关心的问题，也是营销活动中最活跃的因素，一个公司或它的竞争对手能在瞬间改变价格。随着网络技术的发展，互联网和信息紧密地联系在一起，而价格的信息又意味着每个公司的定价行为都受到互联网的影响。价格与信息之间的联系以多种方式体现出来。消费者的价格意识对于正确的定价是非常关键的。正确的定价也建立在对于不同来源的不同价格的了解上。一个公司要想制定出科学合理的价格，就必须对成本、顾客品味和竞争活动中不断发生的变化进行及时的追踪，确定企业合理的定价目标，进而确定产品的价格。

定价就是一个公司怎样把它提供给消费者的利益转变成它可得到的利润。任何企业都不能只凭直觉随意定价，而必须借助于科学的、行之有效的定价方法。网络营销价格策略是网络营销策略的重要内容，对买卖双方是否能达成交易有重大影响。网络营销价格策略与传统营销价格策略有所不同。

（一）网络营销产品定价目标

企业的定价目标一般有：生存定价、获取当前最高利润定价、获取当前最高收入定价、销售额增长最大量定价、最大市场占有率定价和最优异产品质量定价。企业的定价目标一般与企业的战略目标、市场定位和产品特性相关。企业在制定价格时，主要是依据产品的生产成本，这是从企业局部来考虑的。企业价格的制定更主要是从市场整体来考虑的，它取决于需求方的需求强弱程度和价值接受程度，以及来自替代性产品（也可以是同类）的竞争压力程度；需求方接受价格的依据则是商品的使用价值和商品的稀缺程度，以及可替代品的机会成本。

在网络营销中，产品的定价一般都是低价甚至是免费，以求在迅猛发展的网络虚拟市场中寻求立足机会。网络市场分为两大市场，一是消费者大众市场，另一个是工业组织市场。对于前者，属于成长市场，企业面对这个市场时必须采用相对低价的定价策略来占领市场；对于工业组织市场，购买者一般是商业机构和组织机构，购买行为比较理智，企业在这个网络市场上的定价可以采用双赢的定价策略，即通过互联网技术来降低企业、组织之间的供应采购成本，并共同享受成本降低带来的双方价值的增值。

在网络营销战略中，可以从降低营销及相关业务管理成本费用和降低销售成本费用两个方面分析网络营销对企业成本的控制和节约。互联网的应用给企业的职能部门业务带来的成本费用节约主要有以下几方面：

1. 降低采购成本费用。通过网络营销可以减少人为因素和信息不畅通的问题，最大限度上降低采购成本。因为，利用网络营销可以将采购信息进行整合和处理，统一从供应商订货，以求获得最大的批量折扣。同时，通过网络营销实现库存、订购管理的自动化和科学化，最大限度减少人为因素的干预，并以较高效率进行采购，节省大量人力和避免人为因素造成不必要损失。另外，通过网络营销可以与供应商进行信息共享，帮助供应商按照企业生产的需要进行供应，同时又不影响生产和不增加库存产品。

2. 降低库存。利用网络营销将生产信息、库存信息和采购系统连接在一起，可以实现实时订购，企业可以根据需要订购，最大限度降低库存，实现“零库存”管理。这样，一方面减少资金占用和减少仓储成本，另一方面可以避免价格波动对产品的影响。正确管理存货能为客户提供更好的服务并为公司降低经营成本，加快库存核查频率会减少与存货相关的利息支出和存储成本。减少库存量意味着现有的加工能力可更有效地得到发挥，更高效率的生产可以减少或消除企业和设备的额外投资。

3. 生产成本控制。利用网络营销可以节省大量生产成本，首先利用网络营销可以实现远程虚拟生产，在全球范围寻求最适宜生产厂家生产的产品；另一方面，利用网络营销可以大大节省生产周期，提高生产效率。使用网络营销与供货商和客户建立联系使公司能够比从前大大缩短用于收发定单、发票和运输通知单的时间。有些部门通过增值网（VAN）共享产品规格和图纸，以提高产品设计和开发的速度。网络营销的发展和应用将进一步减少产品生产时间，其途径是通过扩大企业电子联系的范围，或是通过与不同研究小组和公司进行的项目合作来实现。

（二）网络营销定价特点

1. 全球性。网络营销市场面对的是开放的和全球化的市场，用户可以在世界各地直接通过网站进行购买，而不用考虑网站是属于哪一个国家或者地区的。目标市场从过去受地理位置限制的局部市场，一下拓展到范围广泛的全球性市场，这使得网络营销产品定价时必须考虑目标市场范围的变化给定价带来的影响。

如果产品的来源地和销售目的地与传统市场渠道类似，则可以采用原来的定价方法；如果产品的来源地和销售目的地与原来传统市场渠道差距非常大，定价时就必须考虑这种地理位置差异带来的影响。

如 Amazon 的网上商店的产品来自美国，购买者也在美国，那产品定价可以按照原定价方法进行折扣定价，定价也比较简单。如果购买者是中国或者其他国家的消费者，那采用针对美国本土的定价方法就很难面对全球化的市场，影响了网络市场全球性作用的发挥。为解决这些问题，可采用本地化方法，准备在不同市场的国家建立地区性网站，以适应地区市场消费者需求的变化。

因此，企业面对的是全球性网上市场，不能以统一市场策略来面对这差异性极大的全球性市场，必须采用全球化和本地化相结合原则进行。

2. 低价位定价。互联网使用者的主导观念是网上的信息产品是免费的、开放的、自由的。在早期互联网开展商业应用时，许多网站采用收费方式想直接从互联网赢利，结果被证明是失败的。成功的 Yahoo! 公司是通过为网上用户提供免费的检索站点起步，逐步拓展为门户站点，到现在拓展到电子商务领域，一步一步获得成功的，它成功的主要原因是它遵循了互联网的免费原则和间接收益原则。

网上产品定价较传统定价要低还有着成本费用降低的原因，网络营销可以从诸多方面来帮助企业降低成本费用，从而使企业有更大的降价空间来满足顾客的需求。因此，如果在网上定价过高或者降价空间有限的产品，在现阶段最好不要在消费者市场上销售。如果面对的是工业组织市场，或者产品是高新技术的新产品，网上顾客对产品的价格不太敏感，主要是考虑方便、新潮，这类产品不一定要考虑低价位定价的策略。

3. 顾客主导定价。所谓顾客主导定价，是指为满足顾客的需求，顾客通过充分的市场信息来选择购买或者定制生产自己满意的产品或服务，同时以最小代价（产品价格、购买费用等）获得这些产品或服务。简单地说，就是顾客的价值最大化，顾客以最小成本获得最大收益。

顾客主导定价的策略主要有：顾客定制生产定价和拍卖市场定价。这两种主要定价策略将在下面详细分析。根据调查分析，由顾客主导定价的产品并不比企业主导定价获取的利润低，根据国外拍卖网站 eBay.com 的分析统计，在网上拍卖定价产品，只有 20% 的产品拍卖价格低于卖者的预期价格，50% 的产品拍卖价格略高于卖者的预期价格，剩下 30%的产品拍卖价格与卖者预期价格相吻合，在所有拍卖成交产品中有 95%的产品成交价格令卖主比较满意。

因此，顾客主导定价是一种双赢的发展策略，既能更好满足顾客的需求，同时企业的收益又不受到影响，而且可以对目标市场了解得更充分，企业的经营生产和产品研制开发可以更加符合市场竞争的需要。

网络营销价格是指企业在网络营销过程中买卖双方成交的价格。网络营销价格的形成是极其复杂的，它受到多种因素的影响和制约。企业在进行网络营销决策时必须对各种因素进行综合考虑，从而采用相应的定价策略。很多传统营销的定价策略在网络营销中得到应用同时也得到了创新。

二、网络营销定价策略

案例导读

便宜有好货

消费者总想买到便宜货，商家总想赚取尽可能多的利润。怎样解决这对矛盾是商业圈的大学问。第一家拍卖网站 Onsale.com 成功地开辟了网上拍卖这种新业务，大发其财。Onsale.com 向制造商批发曾经退货、换货的电脑产品，再放到网上让企业或个人出价竞标。由于这些曾遭退货或换货的产品，制造商卖出的价格都不高，加上 Onsale.com 大量进货外引内联，所以成本很低，而标出拍卖的底价已经高于 Onsale.com 的成本。对 Onsale.com 而言，无论顾客如何竞价，都只赚不赔。Onsale.com 的总裁杰瑞·费希尔说，Onsale 的顾客定位主要是企业，企业的消费能力远远超过个人消费者，而且产品替换率高，这给了网上拍卖企业很大的利润空间。根据市场调查公司 Forester Research 的报告，在 1998 年价值 1090 亿美元的 B2B 电子商务交易额中，以拍卖方式成交的金额高达 500 亿美元，所占比例将近 50%。

Priceline.com 是一家让消费者自由出价的网络旅游经纪商。消费者只要将想去的地方及愿付出的机票、旅馆或租车价格输入，Priceline.com 就帮你去寻找。Priceline.com 没有仓库，完全是根据消费者的需求来行动，它让消费者和航空、汽车租赁公司及旅馆讨价还价，提供完全免费的服务，让消费者以尽可能少的花费就能满意地去旅游、度假。Onsale.com 和 Priceline.com 的共同点就是让消费者以最低的价格享受最好的服务。提供网络贴心服务的企业必须明白，它们的“钱眼”来自上游厂商，而不是下游的消费者。

（一）竞争定价策略

通过顾客跟踪系统（Customer Tracking）关注顾客的需求，注意潜在顾客的需求变化，保持网站向顾客需要的方向发展。在大多购物网站上，将网站的服务体系和价格等信息公开申明，这就为了解竞争对手的价格策略提供方便。随时掌握竞争者的价格变动，调整自己的竞争策略，时刻保持同类产品的相对价格优势。

（二）个性化定价策略

消费者往往对产品外观、颜色、样式等方面有具体的内在个性化需求，个性化定价策略就是利用网络互动性和消费者的需求特征来确定商品价格的一种策略。即时获得消费者的需求，使个性化营销成为可能，也将使个性化定价策略有可能成为网络营销的一个重要策略。

（三）自动调价、议价策略

根据季节变动、市场供求状况、竞争状况及其他因素，在计算收益的基础上，设立自动调价系统，自动进行价格调整。同时，建立与消费者直接在网上协商价格的集体议价系统，使价格具有灵活性和多样性，从而形成创新的价格。这种集体议价策略已在现在的一些中外网站中采用。

（四）特有产品价格策略

这种价格策略需要根据产品在网上的需求来确定产品的价格。当某种产品有它很特殊的需求时，不用更多地考虑其他竞争者，只要去制定自己最满意的价格就可以。这种策略往往分为两种类型，一种是创意独特的新产品（“炒新”），它是利用网络沟通的广泛性、便利性，满足了那些品味独特、需求特殊的顾客的“先睹为快”的心理；另一种是纪念物等有特殊收藏价值的商品（“炒旧”），如古董、纪念物或是其他有收藏价值的商品，在网络上，世界各地的人都能有幸在网上一睹其“芳容”，这无形中增加了许多商机。

1. 折扣定价策略：在实际营销过程中，网上商品可采用传统的折扣价格策略，主要有以下几种形式：

（1）数量折扣策略：企业在网上确定商品价格时，可根据消费者购买商品所达到的数量标准，给予不同的折扣。购买量越多，折扣可越多。在实际应用中，其折扣可采取累积和非累积数量折扣策略。

（2）现金折扣策略：在B2B方式的电子商务中，由于目前网上支付的缺欠，为了鼓励买主用现金购买或提前付款，常常在定价时给予一定的现金折扣。例如，某项商品的成交价为360元，交易条款注明“3/20 净价 30”意思是：如果在成交后20天内付款可享受3%的现金折扣，但最后应在30日内付清全部货款。随着网上支付体系和安全体系的健全，这种定价策略将逐步消失。

（3）此外，还包括同业折扣、季节折扣等技巧。如为了鼓励中间商淡季进货，或激励消费者淡季购买，也可采取季节折扣策略。

2. 企业声誉定价策略：企业的形象、声誉成为网络营销发展初期影响价格的重要因素。消费者对网上购物和订货往往会存在着许多疑虑，比如在网上所订购的商品，质量能否得到保证，货物能否及时送到等。如果网上商店的店号在消费者心中享有声望，则它出售的网络商品价格可比一般商店高些；反之，价格则低一些。

3. 品牌定价策略：产品的品牌和质量会成为影响价格的主要因素，它能够对顾客产生很大的影响。如果产品具有良好的品牌形象，那么产品的价格将会产生很大的品牌增值效应。名牌商品采用“优质高价”策略，既增加了盈利，又让消费者在心理上感到满足。对于这种本身具有很大的品牌效应的产品，由于得到人们的认可，在网站产品的定价中，完全可以对品牌效应进行扩展和延伸，利用网络宣传与传统销售的结合，产生整合效应。

4. 撇脂定价和渗透定价：在产品刚介入市场时，采用高价位策略，以便在短期内尽快收回投资，这种方法称为撇脂定价。相反，价格定于较低水平，以求迅速开拓市场，抑制竞争者的渗入，称为渗透定价。在网络营销中，往往为了宣传网站、占领市场而采用低价销售策略。另外，不同类别的产品应采取不同的定价策略。如日常生活用品，对于这种购买率高、周转快的产品，适合采用薄利多销、宣传网站、占领市场的定价策略。而对于周转慢、销售与储运成本较高的特殊商品、耐用品，网络价格可定高些，以保证盈利。

5. 产品生命周期定价策略：这种网上定价是沿袭了传统的营销理论：每一产品在某一市场上通常会经历导入、成长、成熟和衰退四个阶段，产品的价格在各个阶段通常要有相应反映。网上进行销售的产品也可以参照经济学关于产品价格的基本规律。并且由于对于产品价格的统一管理，能够对产品的循环周期进行及时的反映，可以更好伴随循环周期进行变动。根据阶段的不同，寻求投资回收、利润、市场占有的平衡。

（五）低价定价策略

根据研究，消费者选择网上购物，一方面是因为网上购物比较方便，另一方面是因为从网上可以获取更多的产品信息，从而以最优惠的价格购买商品。由于网上的信息是公开和易于搜索比较的，借助互联网进行销售，比传统销售渠道的费用低廉。

直接低价定价策略就是由于定价时大多采用成本加一定利润，有的甚至是零利润，因此这种定价在公开价格时就比同类产品要低。它一般是制造业企业在网上进行直销时采用的定价方式，如 Dell 公司电脑定价比同性能的其他公司产品低 10%～15%。采用低价策略的基础是前面分析中指出的，通过互联网企业可以节省大量的成本费用。

另外一种低价定价策略是折扣策略，它是在原价基础上进行折扣来定价的。这种定价方式可以让顾客直接了解产品的降价幅度以促进顾客的购买。这类价格策略主要用在一些网上商店，它一般按照市面上的流行价格进行折扣定价。如 Amazon 的图书价格一般都要进行折扣，而且折扣价格达到 3～5 折。

如果企业是为拓展网上市场，但产品价格又不具有竞争优势时，则可以采用网上促销定价策略。由于网上的消费者面很广而且具有很大的购买能力，许多企业为打开网上销售局面和推广新产品，采用临时促销定价策略。促销定价除了前面提到的折扣策略外，比较常用的是有奖销售和附带赠品销售。

在采用低价定价策略时要注意的是：在网上不宜销售那些顾客对价格敏感而企业又难以降价的产品；其次，在网上公布价格时要注意区分消费对象，一般要区分一般消费者、零售商、批发商、合作伙伴，分别提供不同的价格信息发布渠道，否则可能因低价策略混乱导致营销渠道混乱；第三，网上发布价格时要注意比较同类站点公布的价格，因为消费者可以通过搜索功能很容易在网上找到最便宜的商品，否则价格信息公布将起到反作用。

（六）定制生产定价策略

1. 定制生产内涵。在网络营销服务策略中分析了个性化服务的特点。作为个性化服务的重要组成部分，按照顾客需求进行定制生产是网络时代满足顾客个性化需求的基本形式。定制化生产根据顾客对象主要是面对工业组织市场的定制生产，这部分市场属于供应商与订货商的协作问题，如波音公司在设计和生产新型飞机时，要求其供应商按照其飞机总体设计标准和成本要求来组织生产。这类属于工业组织市场的定制生产主要通过产业价值链，从下游企业向上游企业提出需求和成本控制要求，上游企业通过与下游企业进行协作设计、开发并生产满足下游企业需要的零配件产品。

由于消费者的个性化需求差异性大，加上消费者的需求量又少，因此企业实行定制生产必须在管理、供应、生产和配送各个环节上，都必须适应这种小批量、多式样、多规格和多品种的生产和销售变化。为适应这种变化，现在企业在管理上采用 ERP（企业资源计划系统，Enterprise Resource Planning）来实现自动化、数字化管理，在生产上采用 CIMS（计算机集成制造系统，Computer Integrated Manufacturing System），在供应和配送上采用 SCM（供应链管理，Supply Chain Management）。

2. 定制定价策略。定制定价策略是在企业能实行定制生产的基础上，利用网络技术和辅助设计软件，帮助消费者选择配置或者自行设计能满足自己需求的个性化产品，同时承担自己愿意付出的价格成本。Dell 公司的用户可以通过其网页了解本型号产品的基本配置和基本功能，根据实际需要和在能承担的价格范围内，配置出自己最满意的产品，使消费者能够一次性买到自己中意的产品。在配置电脑的同时，消费者也相应地选择了自己认为价格合适的产品，因此对产品价格有比较透明的认识，增加企业在消费者面前的信用。目前这种允许消费者定制定价订货的尝试还处于初步阶段，消费者只能在有限的范围内进行挑选，还不能完全要求企业满足自己所有的个性化需求。

（七）使用定价策略

所谓使用定价，就是顾客通过互联网注册后可以直接使用某公司的产品，顾客只需要根据使用次数进行付费，而不需要将产品完全购买。这一方面减少了企业为完全出售产品而进行的不必要的大量的生产和包装浪费，同时还可以吸引过去那些有顾虑的顾客使用产品，扩大市场份额。顾客每次只是根据使用次数付款，节省了购买产品、安装产品、处置产品的麻烦，还可以节省不必要的开销。如微软公司计划在 2000 年将其产品 Office 2000 放置到网站，用户通过互联网注册使用，按使用次数付钱。

采用按使用次数定价，一般要考虑产品是否适合通过互联网传输，是否可以实现远程调用。目前，比较适合的产品有软件、音乐、电影等产品。对于软件，如我国的用友软件公司推出网络财务软件，用户在网上注册后便可在网上直接处理账务，而无须购买软件和担心软件的升级、维护等非常麻烦的事情；对于音乐产品，也可以通过网上下载或使用专用软件点播；对于电影产品，则可以通过现在的视频点播系统 VOD 来实现远程点播，无须购买影带。另外，采用按次数定价对互联网的带宽提出了很高的要求，因为许多信息都要通过互联网进行传输，如互联网带宽不够将影响数据传输，势必会影响顾客租赁使用和观看。

（八）拍卖竞价策略

网上拍卖是目前发展比较快的领域，经济学认为市场要想形成最合理价格，拍卖竞价是最合理的方式。网上拍卖由消费者通过互联网轮流公开竞价，在规定时间内价高者赢得产品。目前国外比较有名的拍卖站点是：http：//www.ebay.com，它允许商品公开在网上拍卖，拍卖竞价者只需要在网上进行登记即可，拍卖方只需将拍卖品的相关信息提交给 eBay 公司，经公司审查合格后即可上网拍卖。根据供需关系，网上拍卖竞价方式有下面几种：

1. 竞价拍卖：最大量的是 C2C 的交易，包括二手货、收藏品，也可以是普通商品以拍卖方式进行出售。如 HP 公司也将公司的一些库存积压产品放到网上拍卖。

2. 竞价拍买：是竞价拍卖的反向过程，消费者提出一个价格范围，求购某一商品，由商家出价，出价可以是公开的或隐蔽的，消费者将与出价最低或最接近的商家成交。

3. 集体议价：在互联网出现以前，这一种方式在国外主要是多个零售商结合起来，向批发商（或生产商）以数量换价格的方式。互联网出现后，使得普通的消费者能使用这种方式购买商品。集合竞价模式，是一种由消费者集体议价的交易方式。这在目前的国内网络竞价市场中，还是一种全新的交易方式。提出这一模式的是美国著名的 Priceline 公司（http：//www.priceline.com）。在国内，雅宝已经率先将这一全新的模式引入了自己的网站。

理论上有两种价格模式：浮动价格模式和固定价格模式。浮动价格模式包括竞价拍卖、竞价拍买和集体议价等竞价模式；固定价格模式包括供方定价直销、需方定价求购等定价模式。

在拍卖交易关系中，根据交易双方的关系，可以将交易关系形式化为交易模式 X:Y。在交易模式中 X:Y 的含义为达成交易时供需者数量的对比。根据数量对比关系，有下面四种模式：

1. 1:1（1 对 1）的交易模式：大部分的个人交易（C2C）、企业以拍卖方式出售商品，传统拍卖企业进行的对单个购买者的拍卖交易，均为这一模式。

2. 1:n（1 对多）的交易模式：多数企业对个人的交易（B2C）是这种模式。这一模式中价格的形成，既有供方主导的正向定价法，也有通过集体议价由需方主导的逆向定价法。

3. m:1（多对 1）的交易模式：当任何一个供应方无法满足需求方批量要求时，将由多个商家提供商品或服务，这将导致 m:1 的交易模式的使用。

4. m:n（多对多）的交易模式：当集体议价模式盛行，同时参与集体议价的需方数量又超过了单一供应方的供给能力时，m:n交易模式将会出现。

目前拍卖竞价针对的购买群体主要是消费者市场，个体消费者是目前拍卖市场的主体。因此，采用拍卖竞价并不是企业目前首要选择的定价方法，因为拍卖竞价可能会破坏企业原有的营销渠道和价格策略。比较适合采用网上拍卖竞价的产品，是企业的一些库存积压产品，也可以是企业的一些新产品，通过拍卖展示起到促销效果，许多公司将产品以低廉价格在网上拍卖，以吸引消费者的关注。

企业应根据产品的特性和网上市场发展的状况来决定定价策略的选择。不管采用何种策略，企业的定价策略应与其他策略配合，以保证企业总体营销策略的实施。

（九）免费价格策略

免费价格策略是市场营销中常用的营销策略，它主要用于促销和推广产品，这种策略一般是短期和临时性的。但在网络营销中，免费价格不仅仅是一种促销策略，还是一种非常有效的产品和服务定价策略。

具体说，免费价格策略就是将企业的产品和服务以零价格形式提供给顾客使用，满足顾客的需求。免费价格形式有这样几类形式：一类是产品和服务完全免费，即产品（服务）从购买、使用到售后服务所有环节都实行免费服务；另一类是对产品和服务实行限制免费，即产品（服务）可以被有限次使用，超过一定期限或者次数后，取消这种免费服务；第三类是对产品和服务实行部分免费，如一些著名研究公司的网站公布部分研究成果，如果要获取全部成果必须付款成为公司客户；第四类是对产品和服务实行捆绑式免费，即购买某产品或者服务时赠送其他产品和服务。

免费价格策略之所以在互联网上流行，是有其深刻的背景的。一方面，由于互联网的发展得力于免费策略实施；另一方面，互联网作为20世纪末最伟大的发明，它的发展速度和增长潜力令人生畏，任何有眼光的人不敢放弃发展成长的机会，免费策略是最有效的市场占领手段。

企业在网络营销中采用免费策略，一个目的是让用户免费使用形成习惯后，再开始收费，如金山公司允许消费者在互联网下载限次使用的WPS 2000软件，其目的是让消费者使用习惯后，然后掏钱购买正式软件，这种免费策略主要是一种促销策略，与传统营销策略类似。另一个目的是想发掘后续商业价值，它是从战略发展的需要来制定定价策略的，主要目的是先占领市场，然后再在市场上获取收益。

1. 免费产品的特性。网络营销中产品实行免费策略是要受到一定环境制约的，并不是所有的产品都适合于免费策略。互联网作为全球性开放网络，它可以快速实现全球信息交换，只有那些适合互联网这一特性的产品才适合采用免费价格策略。一般说来，免费产品具有下面特性：

(1) 易于数字化。互联网是信息交换的平台，它的基础是数字传输。对于易于数字化的产品都可以通过互联网实现零成本的配送。企业只需要将这些免费产品放置到企业的网站上，用户可以通过互联网自由下载使用，企业通过较小成本就实现产品推广，可以节省大量的产品推广费用。

(2) 无形化特点。通常采用免费策略的大多是一些无形产品，它们只有通过一定的载体才能表现出一定的形态。如软件、信息服务（如报刊、杂志、电台、电视台等媒体)、音乐制品、图书等。这些无形产品可以通过数字化技术实现网上传输。

(3) 零制造成本。这里零制造成本主要是指产品开发成功后，只需要通过简单复制就可以实现无限制的生产。对这些产品实行免费策略，企业只需要投入研制费用即可，至于产品生产、推广和销售则完全可以通过互联网实现零成本运作。

(4) 成长性。采用免费策略的产品一般都是利用产品成长推动占领市场，为未来市场发展打下坚实基础。

(5) 冲击性。采用免费策略的产品主要目的是推动市场成长，开辟出新的市场领地，同时对原有市场产生巨大的冲击。如 3721 网站为推广其中文网址域名标准，以适应中国人对英文域名的不习惯，采用免费下载和免费在品牌电脑预装策略，在 1999 年短短的半年时间内迅速占领市场成为市场标准。

(6) 间接收益特点。采用免费价格的产品（服务)，可以帮助企业通过其他渠道获取收益。这种收益方式也是目前大多数 ICP 的主要商业运作模式。

2. 免费价格策略的实施。免费价格策略一般与企业的商业计划和战略发展规划紧密关联，企业要降低免费策略带来的风险，提高免费价格策略的成功性，应遵循下面步骤思考问题：

(1) 互联网作为成长性的市场，在市场获取成功的关键是要有一个可能获得成功的商业运作模式，因此考虑免费价格策略时必须考虑是否与商业运作模式吻合。

(2) 分析采用免费策略的产品（或服务）能否获得市场认可，也就是提供的产品（服务）是否是市场迫切需求的。互联网上通过免费策略已经获得成功的公司都有一个特点，就是提供的产品（服务）受到市场的极大欢迎。如 Yahoo 的搜索引擎克服了在互联网上查找信息的困难，给用户带来了便利。

(3) 分析免费策略产品推出的时机。在互联网上的游戏规则是“Win take all（赢家通吃)”，只承认第一，不承认第二，因此在互联网上推出免费产品是为抢占市场，如果市场已经被占领或者已经比较成熟，则要审视推出的产品（服务）的竞争能力。

(4) 考虑免费价格产品(服务)是否适合采用免费价格策略。目前国内外很多提供免费 PC 的 ISP,对用户也不是毫无要求:它们有的要求用户接受广告;有的要求用户每月在其站点上购买多少钱的商品;还有的提供接入费用等等。

(5) 策划推广免费价格产品（服务)。互联网是信息海洋，对于免费的产品（服务)，网上用户已经习惯。因此，要吸引用户关注免费产品（服务)，应当与推广其他产品一样有严密的营销策划。在推广免费价格产品（服务）时，主要考虑通过互联网渠道进行宣传。如 3721 网站为推广其免费中文域名系统软件，首先通过新闻形式介绍中文域名概念，宣传中文域名的作用和便捷性；

然后与一些著名ISP和ICP合作，建立免费软件下载链接，同时还与PC制造商合作，提供捆绑预装中文域名软件。

模块二 亚马逊公司差别定价实验

案例导读

差别定价被认为是网络营销的一种基本的定价策略。差别定价虽然在理论上很好，但在实施过程中却存在着诸多困难，以亚马逊的一次不成功的差别定价实验作为案例，分析企业实施差别定价策略时面临的风险以及一些可能的防范措施。

一、亚马逊公司实施差别定价实验的背景

1994年，当时在华尔街管理着一家对冲基金的杰夫·贝佐斯（Jeff Bezos）在西雅图创建了亚马逊公司。该公司从1995年7月开始正式营业，1997年5月股票公开发行上市，从1996年夏天开始，亚马逊极其成功地实施了联属网络营销战略，在数十万家联属网站的支持下，亚马逊迅速崛起成为网上销售的第一品牌，到1999年10月，亚马逊的市值达到了280亿美元，超过了西尔斯（Sears Roebuck & Co.）和卡玛特（Kmart）两大零售巨人的市值之和。亚马逊的成功可以用以下数字来说明：

根据Media Metrix的统计资料，亚马逊在2000年2月在访问量最大的网站中排名第8，共吸引了1450万名独立的访问者，亚马逊还是排名进入前10名的唯一一个纯粹的电子商务网站。

根据PC Data Online的数据，亚马逊是2000年3月最热门的网上零售目的地，共有1480万独立访问者，独立的消费者也达到了120万人。亚马逊当月完成的销售额相当于排名第2位的CDNow和排名第3位的Ticketmaster完成的销售额的总和。在2000年，亚马逊已经成为互联网上最大的图书、唱片和影视碟片的零售商。亚马逊经营的其他商品类别还包括玩具、电器、家居用品、软件、游戏等，品种达1800万种之多。此外，亚马逊还提供在线拍卖业务和免费的电子贺卡服务。

虽然亚马逊的业务在快速扩张，亏损额却也在不断增加，在2000年头一个季度中，亚马逊完成的销售额为5.74亿美元，较上一年同期增长95%；第二季度的销售额为5.78亿美元，较上一年同期增长了84%。但是，亚马逊第一季度的总亏损达到了1.22亿美元，相当于每股亏损0.35美元，而上一年同期的总亏损仅为3600万美元，相当于每股亏损0.12美元；第二季度的主营业务亏损仍达8900万美元。

亚马逊公司的经营危机也反映在它股票的市场表现上。亚马逊的股票价格自1999年12月10日创下历史高点106.6875美元后开始持续下跌，到2000年8月10日，亚马逊的股票价格已经跌至30.438美元。在业务扩张方面，亚马逊也开始遭遇到了一些老牌门户

网站——如美国在线、雅虎等——的有力竞争，在这一背景下，亚马逊迫切需要实现盈利，而最可靠的盈利项目是它经营最久的图书、音乐唱片和影视碟片，实际上，在2000年第二季度亚马逊就已经从这三种商品上获得了1000万美元的营业利润。

二、亚马逊公司的差别定价实验

作为一个缺少行业背景的新兴的网络零售商，亚马逊不具有巴诺（Barnes & Noble）公司那样卓越的物流能力，也不具备像雅虎等门户网站那样大的访问流量，亚马逊最有价值的资产就是它拥有的2300万注册用户，亚马逊必须设法从这些注册用户身上实现尽可能多的利润。因为网上销售并不能增加市场对产品的总的需求量，为提高在主营产品上的盈利，亚马逊在2000年9月中旬开始了著名的差别定价实验。亚马逊选择了68种DVD碟片进行动态定价实验，实验当中，亚马逊根据潜在客户的人口统计资料、在亚马逊的购物历史、上网行为以及上网使用的软件系统确定对这68种碟片的报价水平。例如，名为《泰特斯》（Titus）的碟片对新顾客的报价为22.74美元，而对那些对该碟片表现出兴趣的老顾客的报价则为26.24美元。通过这一定价策略，部分顾客付出了比其他顾客更高的价格，亚马逊因此提高了销售的毛利率。但是好景不长，这一差别定价策略实施不到一个月，就有细心的消费者发现了这一秘密，通过在名为DVDTalk（www.dvdtalk.com）的音乐爱好者社区的交流，成百上千的DVD消费者知道了此事。那些付出高价的顾客当然怨声载道，纷纷在网上以激烈的言辞对亚马逊的做法进行口诛笔伐，有人甚至公开表示以后绝不会在亚马逊购买任何东西。更不巧的是，由于亚马逊前不久才公布了它对消费者在网站上的购物习惯和行为进行了跟踪和记录，因此这次事件曝光后，消费者和媒体开始怀疑亚马逊是否利用其收集的消费者资料作为其价格调整的依据，这样的猜测让亚马逊的价格事件与敏感的网络隐私问题联系在了一起。

为挽回日益凸显的不利影响，亚马逊的首席执行官贝佐斯只好亲自出马作危机公关，他指出亚马逊的价格调整是随机进行的，与消费者是谁没有关系，价格实验的目的仅仅是为测试消费者对不同折扣的反应，亚马逊"无论是过去、现在或未来，都不会利用消费者的人口资料进行动态定价。"贝佐斯为这次事件给消费者造成的困扰向消费者公开表示了道歉。不仅如此，亚马逊还试图用实际行动挽回人心，亚马逊答应给所有在价格测试期间购买这68部DVD的消费者以最大的折扣，据不完全统计，至少有6896名没有以最低折扣价购得DVD的顾客，已经获得了亚马逊退还的差价。

至此，亚马逊价格实验以完全失败而告终，亚马逊不仅在经济上蒙受了损失，而且它的声誉也受到了严重的损害。

案例评析

一、亚马逊差别定价失败的原因

亚马逊差别定价策略失败的原因究竟何在？亚马逊差别定价实验从战略制定到具体实施都存在一定问题。

（一）战略制定方面

1. 亚马逊的差别定价策略同其一贯的价值主张相违背。在亚马逊公司的网页上，亚马逊明确表述了它的使命：要成为世界上最能以顾客为中心的公司。在差别定价实验前，亚马逊在顾客中有着很好的口碑，许多顾客想当然地认为亚马逊不仅提供最多的商品选择，还提供最好的价格和最好的服务。亚马逊的定价实验彻底损害了它的形象，即使亚马逊为挽回影响进行了及时的危机公关，但亚马逊在消费者心目中已经永远不会像从前那样值得信赖了，至少，人们会觉得亚马逊是善变的，并且会为了利益而放弃原则。

2. 亚马逊的差别定价策略侵害了顾客隐私，有违基本的网络营销伦理。亚马逊在差别定价的过程中利用了顾客购物历史、人口统计学数据等资料，但是它在收集这些资料时是以为了向顾客提供更好的个性化的服务为幌子获得顾客同意的，显然，将这些资料用于顾客没有认可的目的是侵犯顾客隐私的行为。即便美国当时尚无严格的保护信息隐私方面的法规，但亚马逊的行为显然违背了基本的商业道德。

3. 亚马逊的行为同其市场地位不相符合。亚马逊违背商业伦理的行为曝光后，不仅它自己的声誉会受到影响，整个网络零售行业都会受到牵连，但因为亚马逊本身就是网上零售的市场领导者，占有最大的市场份额，所以它无疑会从行业信任危机中受到最大的打击，由此可见，亚马逊的策略是极不明智的。

（二）具体实施方面

1. 从微观经济学理论的角度看，差别定价未必会损害社会总体的福利水平，甚至有可能导致帕累托最优的结果，因此法律对差别定价的规范可以说相当宽松，规定只有当差别定价的对象是存在相互竞争关系的用户时才被认为是违法的。但同时，基本的经济学理论认为一个公司的差别定价策略只有满足以下三个条件时才是可行的：

（1）企业是价格的制定者而不是市场价格的接受者。

（2）企业可以对市场细分并且阻止套利。

（3）不同的细分市场对商品的需求弹性不同。

DVD 市场的分散程度很高，而亚马逊不过是众多经销商中的一个，所以从严格的意义上讲，亚马逊不是 DVD 价格的制定者。

亚马逊的定价方案试图通过给新顾客提供更优惠价格的方法来吸引新的消费者，但它忽略的一点是：基于亚马逊已经掌握的顾客资料，虽然新顾客很难伪装成老顾客，但老顾客却可以轻而易举地通过重新登录伪装成新顾客实现套利。至于根据顾客使用的浏览器类别来定价的方法同样无法防止套利，因为网景浏览器和微软的 IE 浏览器基本上都可以免费获得，使用网景浏览器的消费者几乎不需要什么额外的成本就可以通过使用 IE 浏览器来获得更低报价。因为无法阻止套利，所以从长远角度，亚马逊的差别定价策略根本无法有效提高盈利水平。

2. 亚马逊歧视老顾客的差别定价方案同关系营销的理论相背离。亚马逊的销售主要来自老顾客的重复购买，重复购买在总订单中的比例在 1999 年第一季度为 66%，一年后这一比例上升到了 76%。亚马逊的策略实际上惩罚了对其利润贡献最大的老顾客，但它又没有有效的方法锁定老顾客，其结果必然是老顾客的流失和销售与盈利的减少。

3. 亚马逊还忽略了虚拟社区在促进消费者信息交流方面的巨大作用，消费者通过信息共享显著提升了其市场力量。的确，大多数消费者可能并不会特别留意亚马逊产品百分之几的价格差距，但从事网络营销研究的学者、主持经济专栏的作家以及竞争对手公司中的市场情报人员会对亚马逊的定价策略明察秋毫，他们可能会把他们的发现通过虚拟社区等渠道广泛传播，这样，亚马逊自以为很隐秘的策略很快就在虚拟社区中露了底，并且迅速引起了传媒的注意。

实施上的诸多问题则是导致其惨败和速败的直接原因。

二、亚马逊差别定价实验的启示

亚马逊的这次差别定价实验是电子商务发展史上的一个经典案例，这不仅是因为亚马逊公司本身是网络零售行业的一面旗帜，还因为这是电子商务史上第一次大规模的差别定价实验，并且在很短的时间内就以惨败告终。从中能获得哪些启示呢？

1. 差别定价策略存在着巨大的风险，一旦失败，它不仅会直接影响到产品的销售，而且可能会对公司经营造成全方位的负面影响，公司失去的可能不仅是最终消费者的信任，而且还会有渠道伙伴的信任，可谓“一招不慎，满盘皆输”。因此，实施差别定价必须慎之又慎，尤其是当公司管理层面临短期目标压力时更应如此。具体分析时，要从公司的整体发展战略、与行业中主流营销伦理的符合程度以及公司的市场地位等方面进行全面的分析。

2. 一旦决定实施差别定价，选择适当的差别定价方法就非常关键。这不仅意味着要满足微观经济学提出的三个基本条件，而且更重要的是要使用各种方法造成产品的差别化，力争避免赤裸裸的差别定价。常见的做法有以下几种：

(1) 通过增加产品附加服务的含量来使产品差别化。营销学意义上的商品通常包含着一定的服务，这些附加服务可以使核心产品更具个性化，同时，服务含量的增加还可以有效地防止套利。

(2) 同批量订制的产品策略相结合。订制弱化了产品间的可比性，并且可以强化企业价格制定者的地位。

(3) 采用捆绑定价的做法，捆绑定价是一种极其有效的二级差别定价方法，捆绑同时还有创造新产品的功能，可以弱化产品间的可比性，在深度销售方面也能发挥积极作用。

(4) 将产品分为不同的版本。该方法对于固定生产成本极高、边际生产成本很低的信息类产品更加有效，而这类产品恰好也是网上零售的主要品种。

当然，为有效控制风险，有时在开始大规模实施差别定价策略前还要进行真正意义上的实验，具体操作上不仅要像亚马逊那样限制进行实验的商品的品种，而且更重要的是要限制参与实验的顾客的人数，借助于个性化的网络传播手段，做到这点是不难的。

实际上，正如贝佐斯向公众所保证过的，亚马逊此后再也没有作过类似的差别定价实验，结果，依靠成本领先的平价策略，亚马逊终于在2001年第四季度实现了单季度净盈利，在2002年实现了主营业务全年盈利。

综上所述，在网络营销中运用差别定价策略存在着很大的风险，在选择使用时必须慎之又慎，否则，很可能适得其反，给公司经营造成许多麻烦。在实施差别定价策略时，通过使产品差别化而避免赤裸裸的差别定价是避免失败的一个关键所在。

模块三 当当网推出“搜索比价”销售

案例导读

1999年以来，当当网一直秉承“盗版价、正版货”的做法，打击盗版市场。经历了五年的时间，在图书与音像商品销售领域里，当当网凭借着其正版图书音像商品优惠低廉的价格、丰富多样的品种在市场中为自己赢得了业界领先的地位，同时通过当当网的实际行动严重打击了音像产品的盗版销售市场，迅速扩大了正版市场。此次，当当网打出“价格牌”，根本不存在不正当竞争的动机，它是对自己价格与品种优势有信心的一种体现。

虽然网上销售由于种种原因在中国并没有像人们预期的那样发展壮大，但是作为全球最大的中文网上图书音像城当当网（www.dangdang.com）的图书音像销售还是很有名气，当当网也成为中国电子商务做得较好的为数不多的几个网站之一，尤其是它长期以来一贯奉行的低价策略，更为它赢得了众多铁杆用户。

什么是“搜索比价”?

近期，当当网又推出了搜索比价活动，它的含义是所有在其他网站上销售的商品，当当网的售价都在其他网站价格的90%以下。此举一出，令业界震动无比，消费者欢呼雀跃，而竞争对手们却指责当当网无端挑起价格战，并有不正当竞争之嫌。

那么，究竟何谓搜索比价？其实，搜索比价是指一种系统，是当当网专为网上销售而开发的智能比价系统。通过此系统，当当网将每天实时对各电子商务网站的同类商品与当当网的同类商品的零售价格进行对比，如对方同类商品价格低于当当网商品价格，此系统将自动调低当当网同类商品的价格，调整后的价格将低于对方价格的10%。

据当当网技术部有关负责人介绍，智能比价是互联网经济的优势，当当网的智能比价系统，通过互联网实时查询所有网上销售图书音像商品的信息。一旦发现有其他网站的商品价格比当当网价格还低，当当网将自动调低当当网同类商品的价格，保持与竞争对手至少10%的价格优势，也确保用户从当当网得到的就是市场最低价。

当当要打价格战?

一提起“价格战”这个词，人们首先想到的应该是前几年家电市场价格血拼的场景，那时候，包括国美、大中等在内的各大型家电零售卖场从电视到空调、冰箱等大型家电商品，为争夺市场份额，纷纷打出价格牌，“争夺”顾客，并通过自身规模的不断扩大来保证用户选购质优价廉的家电。那场价格战最终给中国家电市场带来的是弊大于利，以至于现在人们一听到“价格战”三个字还心有余悸。当当网此次是否想重蹈家电市场的旧路，在刚复苏的电子商务领域掀起更大规模的价格战。

谈及此次当当网在图书音像销售领域挑起的价格战，当当网市场部负责人否认了当当网此举是要挑起价格战的说法，搜索比价活动最主要的目的就是为了最大程度地降低图书音像市场的高利润，将近乎成本价的图书音像产品交到顾客的手中。这位负责人一针见血地指出，中国图书音像商品的高利润，一直是影响图书音像发展的最根本的原因。当当网为了更好地推动图书音像商品的网上销售，迅速做大规模，以推动中国图书音像销售走向正轨。

他说，一本书的价值不在于它的标价，而是在于有多少读者阅读了它，有多少读者从中获益。新书、畅销书的价格过高，让很多顾客望而却步，而当当网已将此类图书的折扣降到了5~7折，通过此次活动，当当网将折扣再次降低了1折，近乎成本价的畅销书一定会让更多的消费者从这些书中获益。

有业内人士分析，随着网络经济的全面复苏，2004年是属于电子商务的一年，这表现在阿里巴巴融资8200万美元、当当网品牌估值7000万美元并获得多家著名投资公司追捧等方面，资本的大量涌入表明电子商务的再度复兴，并以资本为后盾开展急速扩张。目前已有500万网民曾在当当网购物，2004年这一数字将继续飞速提高，当当网利用今天的规模发动价格攻势，以规模的扩大使当当网在商品采购领域得到更多的价格优势，在图书音像市场，当当网此次的举动不但扩大了自身规模，也保证了读者实惠的选购，可谓是“一举两得”。

涉嫌不正当竞争？

当当网2004年频频打出价格的王牌，仅仅是让利吗？在外人看来，当当网此举可谓是“自伤筋骨”，这样做是否意味着当当网现在是在赔本做生意？如果是的话，那么当当网这么做的目的是什么？仅仅是为了对消费者进行让利吗？为什么同一本书在当当网的价格很低，但是在地面书店的价格却相对较高，其中是否有不正当竞争的可能呢？

不正当竞争，按照《反不正当竞争法》的定义，是“以低于成本价销售商品”，就这一问题，当当网市场部负责人也做出了解释，他说，当当网并不存在低于成本价销售的不正当竞争行为，当当网的价格优势在于电子商务企业相比于传统的地面零售店，更节约成本。当当网的库房在北京郊区，面积逾万平米且租金低廉，而且当当网没有在北京旺市开设地面店，首先省去了昂贵的租金与人力资源成本。通过五年的合作，出版社与发行商尝到了在当当网卖书的“甜头”，大部分出版社在当当网的销售量超过了大型地面书店的销售量，并进一步拉大了与其他网站的竞争优势，所以当当网得到了比其他零售企业更好的折扣。

目前，当当网是国内唯一一个提供30万种商品的网上书刊音像城，而其他网站销售图书音像商品的品种只有几千种而已。当当网此次参加比价的商品大概只占总体的40%，降低的只是部分商品的利润，却能够更好地吸引顾客，并且对当当网整体销售额的扩大有好处。同时，当当网此举也是为了引导消费，扩大市场，将更多优惠送给顾客。诸如此类的因素还非常多。通过种种手段，当当网最大程度降低了图书零售市场的中间环节与资金成本，才可以像现在这样将品种如此全、价格如此低的图书音像商品提供给广大消费者。

自1999年以来，当当网一直秉承"盗版价、正版货"的做法，打击盗版市场。经历了五年的时间，在图书与音像商品销售领域里，当当网凭借其正版图书音像商品优惠低廉的价格、丰富多样的品种在市场中为自己赢得了业界领先的地位，同时通过当当网的实际行动严重打击了音像产品的盗版销售市场，迅速扩大了正版市场。此次，当当网打出"价格牌"，根本不存在不正当竞争的动机，它是对自己价格与品种优势有信心的一种体现。

案例评析

作为全球最大的中文网上图书音像城，当当网（www.dangdang.com）为了更好地推动图书音像商品的网上销售，迅速做大规模，当当网近期推出比价活动，所有其他网站销售的商品，当当网售价都在其他网站价格的90%以下。此次，当当网打出"价格牌"，也是对自己价格与品种优势信心的一种表现。

当当网技术部有关负责人介绍，智能比价是互联网经济的优势。搜索比价系统，是当当网开发的智能比价系统。通过此系统，当当网将每天实时对各电子商务网站的同类商品与当当网的同类商品的价格进行对比，如对方同类商品价格低于当当网商品价格，此系统将自动调低当当网同类商品的价格，调整后的价格将低于对方价格的10%。

当当网是国内唯一一个提供30万种商品的网上书刊音像城。而其他网站销售图书音像商品的品种只有几千种而已。当当网参加比价的商品大概只占总体的40%，降低利润能够更好地吸引顾客，对整体销售额的扩大有好处。同时，当当网此举也是为了引导消费，扩大市场，将更多优惠送给顾客。

当当网市场部负责人称当当网此举最主要的目的就是为了最大程度的降低图书音像市场的高利润，将近乎成本价的图书音像产品交给顾客的手中。一本书的价值不在于它的标价，而是在于有多少读者阅读了它，有多少读者从中获益。新书、畅销书的价格过高，让很多顾客望而却步，而当当网已将此类图书的折扣降到了5~7折，通过此次活动，当当网将折扣再次降低了1折，近乎成本价的畅销书一定会让更多的消费者从这些书中获益。

当当网使用了自动调价、议价策略，根据市场供求状况、竞争状况及其他因素，设立自动调价系统，自动进行价格调整。

分析为什么同一本书在当当网的价格很低，但是在地面书店的价格却相对较高，其中是否有不正当竞争的可能？分析网上商店如何体现低价优势？

本单元实训

1. 登录当当（www.dangdang.com）、雅宝（www.yabuy.com）、易趣

(www.ebay.com.cn)、一拍网（www.auctions.yahoo.com.cn)、淘宝(www.taobao.com)等拍卖网站。分析各网站在商品售卖页面设计、拍卖方式、商品分类、报价方式等方面的相同点、区别点、优点与缺点，并写出一份2000字左右的分析报告。

2. 登录中拍网（www.a123.com.cn）搜索近日在线拍卖信息，并观看在线拍卖会（视频），思考消费品拍卖网站与生产资料拍卖网站有何异同?

3. 登录中国招标投标网（www.cec.gov.cn)、中国E财网(www.chinaecai.com),思考作为投标方该如何给出所售卖商品价格。

4. 上网搜索拍卖知识、《中华人民共和国拍卖法》等内容，把这些知识归纳总结后介绍给其他同学。

5. 浏览其他各类拍卖类网站，介绍5个你认为比较成功的、别人没有提到的拍卖类网站，并分析其最富有创意的地方是什么?

6. 考虑如果你主持策划建设一个拍卖网站，该如何定位与运营，并写出一份1000字左右的策划草案。

7. 登录卓越网（www.joyo.com）了解其有哪些定价策略；搜索某一品牌与规格产品，了解其价格后，登录6688网上商城、SOASO网上购物搜索引擎网站（www.soaso.com)、中搜购物（http://shopping.zhongsou.com）搜索同一品牌与规格型号产品，看能否找到同一产品，比较各网上商店定价高低?

8. 通过登陆和讯低价竞拍官方网站（http://pai.hexun.com）用手机注册用户参与出价竞拍，了解有关竞拍规则。

本单元习题

1. 网络营销定价应考虑哪些因素?网络营销定价的目标一般有哪些?网络营销定价与传统营销定价相比较有哪些特点?

2. 实施低价渗透策略需要注意哪些问题?分析网络营销实施低价渗透策略的可行性。

3. 网络营销中实施免费定价有何风险?实施免费定价策略的产品需要具有什么属性?

4. 分析电子商务初级阶段，物流配送体系滞后情况下，地区定价的可行性及其利弊。

5. 企业实行差别定价需要具备哪些条件?谈谈自己对心理定价策略的体验。

6. 折扣定价策略有哪些?你认为企业实行折扣策略中应注意哪些问题，怎样做到“讨好个别顾客，但不得罪大批顾客”?目前B2C网站采取哪种定价策略最为有效?

单元八

网络营销的渠道策略及案例透析

知识目标

- □ 了解网络营销渠道策略的概念
- □ 了解网络营销渠道的特点
- □ 了解网络营销渠道的功能
- □ 了解网络直销渠道概念
- □ 了解网络间接营销渠道概念
- □ 掌握影响网络营销渠道选择的因素
- □ 掌握网络营销渠道策略的选择
- □ 掌握长渠道和短渠道策略的选择
- □ 掌握宽渠道和窄渠道策略的选择

技能目标

- □ 熟悉网络直销渠道和方法
- □ 熟悉网络营销渠道策略的选择
- □ 熟悉长渠道和短渠道策略的选择
- □ 熟悉宽渠道和窄渠道策略的选择

模块一 相关理论

案例导读

戴尔直销的成功源于其效率超乎寻常的供应链

近年来，在全球电脑市场不景气的大环境下，戴尔却始终保持着较高的收益，并且市场份额不断增加。戴尔的成功源于其效率超乎寻常的供应链，它经常以200%以上的年均增长速度飞速发展。戴尔公司分管物流配送的副总裁迪克·亨特一语道破天机："我们只保存5天生产的存货，而我们竞争对手则保存30天、45天，甚至90天的存货。这就是区别。”亨特在分析戴尔成功的原因时候说：“戴尔总支出的74%用在材料配件购买方面，2000年这方面的总开支高达210亿美元，如果我们能在物流配送方面降低0.1%，就等于我们的生产效率提高了10%。物流配送对企业的影响之大由此可见一斑。”

详细见本单元案例评析。

案例启示：戴尔——供应链管理铸就“不可复制”的成功。

一、网络营销渠道策略概述

渠道，是指产品从企业向消费者转移时所经过的路线。在现代社会，大多数情况下，这种转移活动是借助于一系列的中间商转买、辅助活动进行的，因此，渠道又可定为是促使产品或服务顺利地被使用或消费的一整套相互依存的组织。网络经济条件下的企业制定网络营销策略时，除了要对产品策略、促销策略进行考察外，还需根据企业的整体战略以及所具有的各类条件制定相应的渠道策略。

一个网络分销系统是企业一项关键性的外部资源。它的建立通常需要若干年，并且不是轻易可以改变的。它的重要性不亚于其他关键性的内部资源，诸如制造部门、研究部门、工程部门和地区销售人员以及辅助设备等。对于大量从事网络分销活动的企业以及它们为之服务的某一个特定的市场而言，网络分销系统代表着重要的公司义务的承诺。

与传统营销渠道一样，以互联网作为支撑的网络营销渠道也应具备传统营销渠道的功能。网上销售渠道就是借助互联网将产品从生产者转移到消费者的中间环节。

传统的渠道主要是指代理分销制，对于中国的大多数厂商来说，代理分销制度仍然是主流。除了直销的环境不够成熟外，另一个重要的原因是对于一个厂家来说，如果想在市场中获得较好的地位和较大的市场份额，它的渠道必须很丰满、很有实力，必须先在渠道上领先，否则很难占据市场。

传统渠道的理念中（如图8-1)，厂家、代理商与分销商之间的关系常常不外乎两种：买卖关系和合作伙伴关系。第一种关系比较简单，只是单纯的交易行为，双方责、权、利约束性不强；第二种合作伙伴关系更进一步，但许多情况下，都是不稳固的联盟关系，而且双方的关系是松散型的，缺乏一致的目标和利益。应把厂商和经销商的关系提升为一体化的关系，把代理商作为厂家的销售队伍、作为厂家的一部分，使代理商更有安全感和归属感。要想做到这一点，首先就要对网上销售渠道的特点、功能和类型进行分析，进而选择合适的网络营销渠道，促进产品的销售。

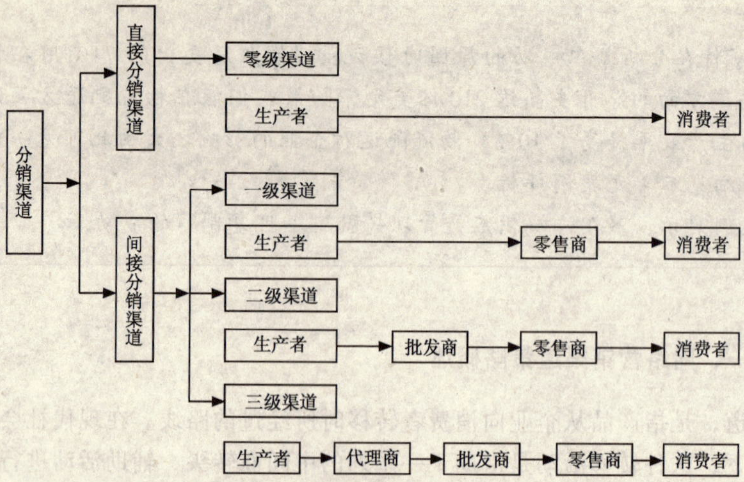

图 8-1 传统分销渠道的分类

（一）网络营销渠道的概念与特点（如图 8-2 所示）

网络营销渠道是一个宽泛的定义，它是指为了能使某一产品或服务实现其价值与使用价值而配合起来完全利用或不完全利用互联网履行供应、生产、分销和消费等功能的所有企业与个人。

网络营销渠道的特点是：

1. 每一条网上分销渠道和传统的分销渠道一样，起点是制造商，终点是最后的消费者或用户。

2. 传统的分销渠道由参加商品流通过程的各种类型的机构组成，而网络营销渠道的中介模式为电子交易市场。电子交易市场即在线中间商，完全承担起为买卖双方收集信息的作用；同时也利用其在各地的分支机构，承担起批发商和零售商的作用。

3. 商品由生产者转移到最后消费者或用户的流通过程中，最少要转移一次商品的所有权，即生产者→中间商→消费者。只是此时的中间商与传统的中间商相比，其内容发生了一些变化。人们一般认为，网上销售就是直销，这是不对的。网络虽然缩短了人们的沟通距离，但并没有缩短人们与商品的物理距离，开展电子商务后，虽然服务方式、方法发生了改变，但中间渠道的作用还是必要的。

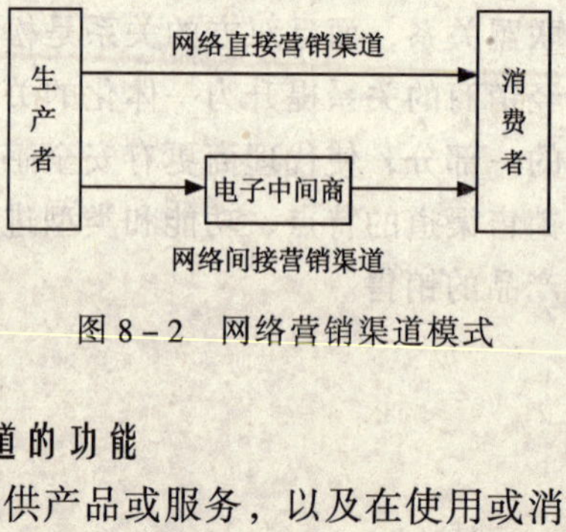

图 8-2 网络营销渠道模式

（二）网络营销渠道的功能

营销渠道是指与提供产品或服务，以及在使用或消费这一过程中有关的一整套相互依存的机构，它涉及到信息沟通、资金转移和产品转移等。因此，一个完善的网络营销渠道除了网络宣传、促销功能外，还应具有下面的三大功能：网络订货交易功能、支付结算功能、网络物流管理功能。

1. 网络订货系统。订货交易系统要能为消费者提供产品信息，同时要便于厂家获得消费者的需求信息，以求达到供求平衡。一个完善的订货系统可以最大限度地降低库存，减少销售费用。我国联想电脑企业，在其开通网上订货系统当天，订货额就高达 8500 万元。可见，网上订货交易系统发展潜力很大。

2. 网络支付结算系统。消费者购买商品后，可以运用多种方式进行付款，那么厂家（商家）也应相应有多种结算方式。目前国外流行的结算方式主要有：信用卡、电子货币、网上划款等几种方式。目前我国的银行业还不是很发达，特别是一般消费者都没有建立信用意识，因此很少有人使用信用卡进行付款。目前国内付款结算方式有：信用卡、邮局汇款、货到付款等。我国一些银行也开通了网上支付手段，如招商银行的与“一卡通”配套的“一网通”、中国建设银行提供的“网上银行”和中国银行以信用卡为基础的“电子钱包”等。

(1) 网上支付包括四个部分：电子钱包：e - wallet，负责客户端数据处理，开户信息、购买记录等；电子通道：e - pos，从客户端电子钱包到收款银行之间的交易部分；电子银行：e - bank，包括转账卡、信用卡、电子现金、微电子支付等方式；认证结构：certificate authority，负责身份认证工作。

(2) 电子支付方式有：电子货币：电子现金；信用卡类：智能卡、电话卡等；电子支票。

(3) 网上支付的安全控制：采用 SET——网上交易安全支付协议。

3. 物流配送系统。物流是指计划、执行与控制原材料和最终产品从产地到使用地点的实际流程，并在营利的基础上满足顾客的需求。产品一般分为有形产品和无形产品。无形产品如服务、软件、音乐等产品可以直接通过网上进行配送，现在许多软件都可以直接从网上购买和下载。配送系统主要是研究、解决有形产品的配送问题，因为要涉及到运输和仓储。在国外已经相继成立了专业的配送公司，如著名的美国联邦快递公司，它的业务已覆盖全球，实现了全球快速的专递服务。

我国物流配送系统的选择，目前主要有三种：提供送货上门服务，货到付款；以邮政、铁路、航空为主体的国有企业和在此基础上发展延伸出的速递、配送服务或储运公司开展的配送业务；社会上小型速递或储运公司的配送代理服务。

（三）分销策略

由于购买者习惯、网络的局限性等原因，在很长时期内，企业将以传统分销渠道为主，网络分销渠道为辅。

网络营销渠道也有直接分销渠道和间接分销渠道之分。但与传统的营销渠道（如图 8 - 1）相比较，网络营销渠道的结构要简单得多。

网络的直接分销渠道和传统的直接分销渠道都是零级分销渠道，这方面没有大的区别；而对于间接分销渠道而言，网络营销中只有一级分销渠道，即只有一个信息中间商（商务中心）来沟通买卖双方的信息，而不存在多个批发商和零售商的情况，所以也就不存在多级分销渠道。

长渠道和短渠道策略的选择。长渠道策略的优点是：一是批发商的介入，利用其经营的经验和分销网络，为零售商节省时间、人力和物力，又为厂商节省营销费用；二是能够提供运输服务和资金融通；三是组织货源，调节供需在时间和空间上的矛盾；四是为生产企业提供市场信息和服务。缺点是：经营环节多，参加利润分配单位多，流通时间长，不利于协调、控制。

采用短渠道策略的条件有：一是有理想的零售市场。即市场要集中顾客流量大的区域，市场潜在需求量要大；二是产品本身的特殊性。如时尚商品、易损易碎商品、高价值商品、技术性强的商品等；三是生产企业有丰富的市场营销经验和公里能力；四是财力资源较为雄厚。

宽渠道和窄渠道策略的选择。所谓营销渠道的宽窄，是以渠道的横向联系来考察的，即在渠道的某一层次上使用同种类型中间商的数目多少构成渠道的宽度。一般的分类标准是指商品生产者在某一特定目标市场某一层次上（如批发或零售）选择两个以上中间商销售本企业的产品称为宽渠道，只选择一个中间商的称为窄渠道。企业对营销渠道宽窄的选择策略，通常有密集型分销渠道策略、选择型分销渠道策略、专营性分销渠道策略三种。

下面简单地介绍在现实生活中存在的网络营销渠道的类型。

1. 网络直销渠道。网上直销渠道与传统的直接分销渠道一样，都没有营销中间商，商品直接从生产者转移给消费者或使用者。网上直销渠道也有订货功能、支付功能和配送功能。在网络直销中，生产企业可以通过建设网络营销站点，使顾客直接从网站进行订货；可以通过与一些电子商务服务机构的合作，如网上银行等，直接提供支付结算功能，解决资金流转问题；另外，还可以利用互联网技术，通过与一些专业物流公司进行合作，建立有效的物流体系。网络直销渠道一般适用于大型商品及生产资料的交易。网络营销渠道模式如图 8－3 所示。

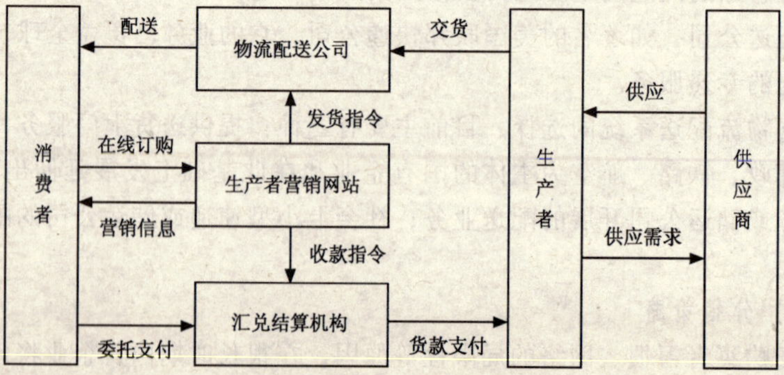

图 8－3　网络直接营销流程图示

2. 网络间接营销渠道。它是通过融入互联网技术后的中间商提供网络间接营销渠道，是指把商品由中间商销售给消费者或使用者的营销渠道，也如图8－1所示。传统间接分销渠道可能有多个中间环节，而由于互联网技术的运用，网络间接营销渠道只需要新型电子中间商这一中间环节即可。间接营销渠道一般适用于小批量商品及生活资料的交易。

直接营销渠道和间接营销渠道构成了网络营销渠道的两种基本类型。但应注意的是，有人认为随着网络营销的发展，直接销售渠道将会完全代替间接销售渠道，这种认识是片面的。因为从商品流通的构成来看，它是由信息流、商流、资金流、物流四个方面构成的，在网络技术比较发达的情况下，信息流、商流和资金流可直接通过网上来完成，但物流也就是商品实体运动必须通过储存和运输来完成。一个企业不可能也不需要在自己的营销区域内建立完善的物流配送体系，它还需要通过不同区域、不同环节的物流商来完成商品的实体配送。

3. 双道法——企业网络营销渠道的最佳策略。在西方众多企业的网络营销活动中，双道法是最常见的方法，是企业网络营销渠道的最佳策略。所谓双道法，是指企业同时使用网络直接销售渠道和网络间接销售渠道，以达到销售量最大的目的。在买方市场条件下，通过两条渠道销售产品比通过一条渠道更容易实现“市场渗透”。

国外亚马逊书店、国内青岛海尔集团、国内数个网上书店的实践，都说明企业上网建站大有可为，建站越早，受益越早。对于中小企业而言，网上建站更具有优势，因为在网络上所有企业都是平等的，只要网页制作精美、信息经常更换，一定会有越来越多的顾客光顾。

二、影响网络营销渠道选择的因素

（一）营销渠道的效用

营销渠道是指某种商品和服务从生产者向消费者转移过程中，取得这种商品和服务所有权或帮助所有权机构转移的所有企业或个人。简单地说，营销渠道就是商品和服务从生产者向消费者转移过程的具体通道或路径。营销渠道在营销过程中可以产生以下三种效用：

1. 时间效用。即营销渠道能够解决商品生产和需求在时间上不一致的矛盾，保证了消费者的需求。

2. 地点效用。即营销渠道能够解决商品生产和需求在空间上不一致的矛盾。

3. 所有权效用。即营销渠道能够实现商品所有权的转移。

网络市场使营销渠道的三种作用得到了进一步的加强。在时间和地点上，它使生产和需求不一致的矛盾得到了较为有效的解决，消费者在家中即能以最近的地点、以较快的时间获得所需的商品。商家也能在较短的时间内，根据消费者的个性化需要进行生产、进货，并在最近的地点、以最小的费用将货物送到消费者手中。

（二）影响网络营销渠道选择的因素

1. 目标市场。目标市场的状况如何，是影响企业营销渠道选择的重要因素，是企业营销渠道决策的主要依据之一。市场因素主要包括：目标市场范围的大小及潜在需求量、市场的集中与分散程度、顾客的购买特点、市场竞争状况等。

2. 商品因素。由于各种商品的自然属性、用途等不同，其采用的营销渠道也不相同，主要包括：商品的性质、商品的时尚性、商品的标准化程度和服务、商品价值大小、商品市场寿命周期等。

3. 生产企业本身的条件。它主要包括：企业的生产、经营规模，企业的声誉和形象，企业经营能力和管理经验，企业控制渠道的程度等。

4. 环境因素等。

三、网络中间商的选择

（一）网络中间商的概念

网络中间商就是生产者通过互联网向消费者出售产品时的中介机构。网络中间商就是在网络营销活动中，介于生产者与消费者之间，执行、实施或协助商品所有权顺利转移的网上虚拟组织或机构。

按照性质网络中间商可划分为：网络经销商、网络代理商、网络经纪人。按照业态形式网络中间商可划分为：网上商店、网上购物中心、网上交易场、商务信息网、购物搜索门户网站等。

（二）网络间接营销的流程

网络间接营销渠道策略的选择有两种：

1. 通过网络经销商间接营销，如图 8－4 所示。其过程包括：

（1）经销商需要向生产者提出经销资格申请；

（2）生产者对经销商资格进行审查；

（3）设置经销商信誉级别和配给额度；

（4）发出授权经销信息；

（5）生产者按约定配送方式将货物发送至经销商协作配送公司货场或仓库；

（6）经销商按照约定付款方式向生产者支付货款。

2. 通过网络经纪人（网络交易市场）间接营销，如图 8－5 所示。其过程如下：

（1）买卖双方将各自的供求信息提交网络交易中介机构，网络交易中介机构通过信息发布服务向参与者提供大量详细的交易数据和市场信息；

（2）买卖双方根据网络交易中心提供的信息，选择自己的贸易伙伴。网络交易中心从中撮合、促使买卖双方签定合同；

（3）买方在网络交易中心指定的银行办理转账付款手续；如果选择网上银行支付，买卖双方应该预先在网上银行开设账户，并存入足够款项；

（4）网络交易中心在各地的配送部门将卖方货物送交买方。

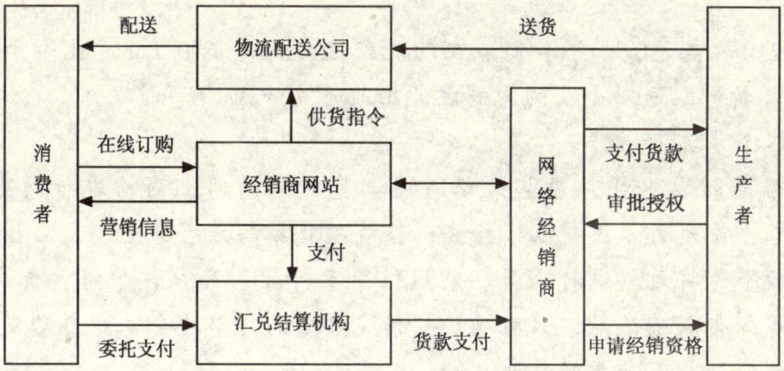

图 8－4　网络间接营销流程图示

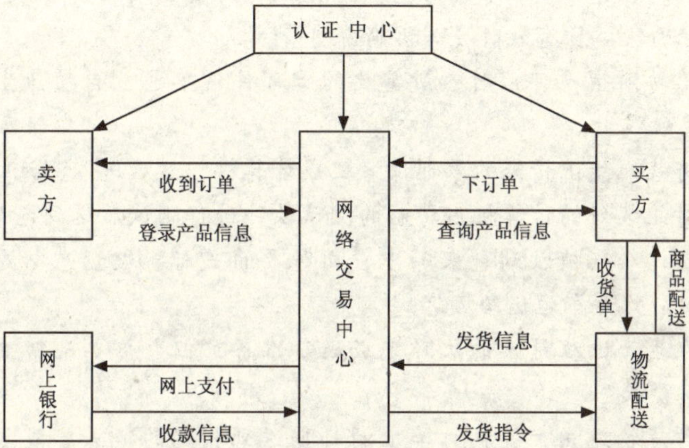

图 8－5　网络间接营销交易流程

模块二　戴尔的成功秘诀：供应链管理

案例导读

戴尔——供应链管理铸就"不可复制"的成功

近年来，在全球电脑市场不景气的大环境下，戴尔却始终保持着较高的收益，并且市场份额不断增加。戴尔的成功源于其效率超乎寻常的供应链，它经常以200%以上的年均增长速度飞速发展。戴尔公司分管物流配送的副总裁迪克·亨特一语道破天机："我们只保存5天生产的存货，而我们竞争对手则保存30天、45天，甚至90天的存货。这就是区别。"亨特在分析戴尔成功的时候说："戴尔总支出的74%用在材料配件购买方面，2000年这方面的总开支高达210亿美元，如果我们能在物流配送方面降低0.1%，就等于于我们的生产效率提高了10%。物流配送对企业的影响之大由此可见一斑。"

戴尔网络营销的八个步骤：

1. 订单处理。消费者拨打800免费电话或通过浏览戴尔的网上商店进行网上订货。戴尔公司通过网上商店系统对订单进行初步检查，检查项目填写是否齐全，然后检查订单的付款条件，并按付款条件将订单进行分类。采用信用卡付款的客户订单将被优先满足。其他付款方式，需要等到付款确认后，只有确认支付完款项的订单才会立即自动发出零部件的订货并转入生产部门进行下一步的作业。

2. 预生产。从接收订单到正式开始生产之前，有一段等待零部件到货的时间，这段时间叫预生产。一般地，戴尔要确定一个等待零部件并且将订货送到消费者手中的时间，这一时间在戴尔向消费者确认订货有效时会告诉消费者。

3. 配件准备。当订单转到生产部门时，所需要的零部件清单也就自动产生，相关人员将零部件备齐传送到装配线上。

4. 配置。组装人员将装配线上传来的零部件装配成计算机，然后进入测试过程。

5. 测试。检测部门对组装好的计算机用特制的测试软件进行测试后送到包装间。

6. 装箱。测试完后的计算机被放到包装箱中，同时要将鼠标、键盘、电源线、说明书及其他文档一同装入相应的卡车运送给顾客。

7. 配送准备。一般在生产过程结束的次日完成送货准备，但大订单及需要特殊装运作业的订单可能花的时间要长一些。

8. 发运。将顾客所订货物发出，并按订单上的日期送到指定的地点。戴尔设计了不同的送货方式，由顾客在订货时选择。

案例评析

戴尔公司的核心竞争力是什么？戴尔公司是如何形成这一核心竞争力的？分析戴尔公司直销上取得的成功，主要在于戴尔公司在供应商管理上严格遴选，控制风险；在库存管理上保持物料的低库存与成品的零库存；在流程管理上采用全程电子化等手段。

1. 供应商管理：严格遴选，控制风险。戴尔公司之所以能围绕直销实现JIT（Just In Time）生产，就是因为它有一个组织严密的供应商网络。戴尔公司95%的物料来自这个供应网络，其中75%来自30家最大的供应商，另外20%来自规模略小的20家供应商。戴尔有一整套供应商遴选与认证制度。考核的标准主要是看供应商能否源源不断地提供没有瑕疵的产品。要想成为其供应商，企业必须保证其在成本、技术、服务和持续供应能力等四个方面具有综合的优势，特别是供应能力必须长期稳定——由于戴尔库存控制极其严格，如果供应不稳定，就有可能影响戴尔对最终用户的承诺。

风险控制，也是戴尔处理供应商关系时重点考虑的因素。供应商很有可能因无法及时调整供应能力，从而难以满足戴尔高速扩张的采购需求，供应商也可能因无法避免产品的升级与技术的换代而导致供应中断。此外，政治经济和其他环境因素的变化，都有可能影响供应链的稳定。对此，戴尔都加以充分考虑，并制定了相应的预案。

2. 库存管理：物料的低库存与成品的零库存。戴尔的物料库存只有5天。在IT界，与戴尔最接近的竞争对手也得有10天以上的库存，业内的其他企业平均库存更是达到了50天左右。由于材料成本每周都会有1%的贬值，仅低库存一项就使戴尔的产品比竞争对手拥有8%的价格优势。

无须讳言，戴尔把库存的压力转移给了供应商。这是加入戴尔供应链的代价，因为加入戴尔供应链就意味着拥有不断增长的市场和随之而来的利润。戴尔的工厂外边有很多配套厂家，戴尔在网上或电话里接到定单，收到货款后告诉消费者多长时间收货。这就保证了成品的零库存。

3. 流程管理：电子化贯穿始终。戴尔电子化的供应链系统为分处链条两端的用户和供应商分别提供了网上交易的虚拟平台。戴尔有90%以上的采购程序通过互联网完成。有了与供应商的紧密沟通渠道，工厂只需要保持2小时的库存即可应付生产。除此之外，戴尔还推出一个名为valuechain.dell.com的企业内联网，此网站堪称供货商的入门网站，供货商可以在上面看到专属其公司的材料报告，随时掌握材料品质、绩效评估、成本预算以及制造流程变更等信息。

模块三　搜易得抢滩地方市场

案例导读

搜易得抢滩地方市场

一、实施同城交易，打造矩阵式服务

2004年是中国的电子商务年已经勿庸置疑，通过各知名电子商务网站2004年上半年频繁的市场运作可以印证这一点。市场上他们的喊声一浪高过一浪，把刚刚燃烧起星星之火的中国电子商务吹得异常旺盛，中国电子商务再次进入激情燃烧的岁月。

作为国内第一IT数码网络营销平台的搜易得IT数码商城也不甘寂寞，一改以往的神秘，频频使出市场高招，其中最为典型的是推出同城交易、本地服务，以矩阵式服务经营新模式来突破区域瓶颈，抢滩地方市场，吹起了进军外埠市场的号角。

任何一种新的模式出现都会有其独到之处，搜易得IT数码商城CEO郭洪驰为此给出了充分理由：2003年中国的上网用户总人数已达7950万人，参与网上购物人群超过3736万人，并以每年15%的速度高速增长。宽带上网用户人数为1740万人，宽带普及并深入到二三级城市，拉动互联网全面应用。同时来自互联网实验室的最新报告显示，除书刊

外，IT数码产品是网民上网购物最经常购买的产品。有32.4%的网民最近一年内在网上实际购买过IT数码产品。面对如此利好消息，中国电子商务却面临着一个令人窘迫的现状——国内各大电子商务网站全囤积在北京、上海、杭州等大城市当中，对日益增长的外埠市场需求严重滞后。

郭洪驰进一步强调说："电子商务企业要在原有基础上做大做强，区域市场拓展是目前最大的瓶颈，我们必须努力去打破这个瓶颈，去解决物流配送、时间过程、资金支付、诚信等诸多问题，而实施同城交易、本地服务是我们认为最为有效的手段，这样可以真正实现电子商务带来的简单、方便、安全、快捷效果，最大化地满足外埠消费者的需求。搜易得的做法是把自己的运营模式和资源移植到各地建立一个新的网络平台，来最终实现同城交易、本地服务。"

搜易得IT数码商城CEO郭洪驰随后给笔者展示了这一模式的流程结构，从中可以清楚地认识到其独特之处。

搜易得市场部负责人补充道，搜易得IT数码商城作为国内第一家获得消协认证的"先行赔付"电子商务网站曾受到过各界的广泛关注，很多人也是通过此事对搜易得产生了良好的印象，从而成为搜易得的忠实用户。而本次推出同城交易、本地服务再次向市场发力，利用搜易得IT数码商城平台优势和品牌影响力，在全国范围内搭建起一个庞大的矩阵式服务体系，让搜易得的模式和服务辐射到全国每一个有网络的地方。具体做法是通过搜易得总部提供统一标准的技术平台和运营管理等资源，在当地建立分站点或以特许经营连锁形式授权特许加盟商，进行独立运营吸引厂商入住平台，然后挑选当地最好的渠道经销商参与到平台经营，通过当地经销商直接面对网上消费者最终实现同城交易的模式，目的是通过打造矩阵式服务模式来提升搜易得的服务和壮大规模占领更大的市场空间，同时有效促进厂商和经销商满足所有网民的购物需求，最终取得多赢结果。

实施同城交易，打造矩阵式服务优势明显。中国幅员辽阔，发展不平衡，从服务和安全的角度考虑，电子商务有效服务的区域受到限制，同城交易、本地服务显得至关重要，B2C模式更是如此。搜易得采用传统行业的特许经营连锁模式进行全国性的平台建设，通过统一形象、统一系统、统一推广等方式，目前已经同时在北京、上海、广东、浙江、山东、四川、湖北、山西等省份和城市开始了运营，而且运营状况良好，发展趋势明显。面对成功的全国性拓展，搜易得CEO郭洪驰信心百倍："根据目前的拓展速度，以及市场对我们的认可和接受程度，再过一年半左右的时间，搜易得将会在超过20个的一级城市实现同城交易、本地服务，在更广阔的区域内，为更多的消费者提供优质、安全的服务。我们拓展外埠市场取得成功说明，同城交易、本地配送目前是切实可行的，将来是势在必行的。"根据对搜易得目前营业状况的统计，2004年，其平台营业额达到15亿元，在竞争日益激烈的情况下继续保持领先。而且，通过全国性平台的成功搭建，搜易得已经具备了通过自身矩阵式的平台，为厂商提供网络渠道的能力，在厂商、经销商和消费者之间，提供完备、安全、高效的物流、资金流和信息流的全方位服务。

二、国美应该从搜易得身上学什么？

搜易得不是国内最大的电子商务网站，但确实是一个独特的存在。不一样的地方在于：

1. 同期其他电子商务网站纷纷自称处于“市场培育”阶段，而搜易得从创立之初就始终赚钱；

2. 国内其他电子商务网站的诚信建设基本还停留在“吆喝”阶段，而搜易得真的设立了“先行赔付制度”，并且真的让消费者拿到了赔款；

3. 别的电子商务网站都开始向国美学习压缩成本了，搜易得创始人郭洪驰却提出针锋相对的追问：“国美应该从搜易得身上学什么？”

就是这样一个不一样的公司，就是这样一个不一样的人。天极网记者与郭洪驰就“不一样的搜易得”进行了采访，以下为对话实录：

天极网：搜易得从创立至今已经花了多少钱？什么时候开始赚钱？有了钱打算怎么花？

郭洪驰：搜易得创立之时仅仅用了17万元，至今的总投入约为400万。从创立开始到现在，搜易得的现金流一直为正向。所有的盈利部分都作为继续投入，用以扩大搜易得的规模，加快搜易得的发展。

天极网：在网上，卖数码（以及最近的3C）跟卖书的区别？谁更累，谁的钱更容易赚？要不要改行？

郭洪驰：书籍在网上更适合自主经营，网站本身就是销售者，因为书籍的单品价值低、库存体积小、资金占压少、客户服务简单、产品生命周期长、利润率高。IT数码产品由于单品价值高、库存体积大、资金占压大、产品更新速度快、利润率低、客户服务复杂，任何一个经销商都不能经营所有的产品，更适合平台模式。

严格地说，在网上卖东西都很辛苦，但是前景一样光明，只要模式适合，营利的问题都比较乐观。搜易得在IT数码网上销售已经取得了很大的成绩，不会改行，但近期正在进行面向3C类产品的拓展。

天极网：电子商务网站怎么比较？前几名能盈利？搜易得现在排在第几？今年底排在第几？为什么有人亏损有人盈利？

郭洪驰：目前中国的电子商务发展还处于初级阶段，目前还无法进行严格的比较。如果按照经营的产品来区分，大众型的有eBay易趣、淘宝，书籍音像类的有卓越、当当，IT数码类的有搜易得，还有B2B的阿里巴巴，等等。在IT数码产品领域，搜易得排名第一，而且优势非常明显，被《中国计算机报》评为“中国最具竞争力的网络电子商城”。

电子商务目前的亏损是正常的，大家都还处于投入期，还在培育市场，但是已经有很多网站开始了阶段性盈利，这是一个非常好的现象。目前盈利的网站，是因为找到了最适合自身发展的运营模式和经营方式，搜易得从创立到现在一直盈利。

天极网：搜易得从电子商务网站和传统卖场（国美）学到了做什么？怎么做？不做什么？为什么？反过来，国美应该从搜易得身上学什么？

郭洪驰：在国美身上，搜易得学到了如何真正给消费者提供物美、价廉、质优的产品和服务，用我们自己的话概括，就是："省钱、省心、开心"；也学会了如何加强对厂商及经销商的控制，为消费者提供统一、优质的服务。我们降低了商家的销售成本，放弃了以前收取租金的方式，改收交易佣金，额度为销售额的3%，除此之外不收任何费用。商家的成本降低了，产品的价格也随之降低。另外，我们通过同一产品多家经营的方式，进行产品价格的动态调节，使价格一直保持在一个比较低的水平，增强了搜易得的竞争力。我们更增强了对消费者的服务。我们在电子商务网站中第一家引入了先行赔付机制，并根据自身的特点，实行了五重保障。

我们要做的，是在买和卖双方之间搭建一个高效率的通道，同时降低双方的成本，提高双方的收益。

目前，在国美和搜易得同时销售的产品中，搜易得的价格明显比国美便宜很多，这实际就是搜易得模式的成功。国美目前采用的办法是，通过强大的用户规模拉低商家的价格，达到自己的价格和利润的要求，而实际上国美只有部分热点产品的价格较低，其他的价格还是比较高。这也是物理店无法解决的问题，毕竟成本太高，分摊到产品的价格之中，使价格无形上涨。

进入国美销售产品，要交纳很高的进店费、店租，还要提供各种促销活动的支持，交易佣金更是高达12%~15%，同搜易得相比，这样的费用对于本来就低利润的IT数码产品来说，无疑是一个很大的负担，而消费者也难以真正得到低价格。

国美应该调整自己的思路，把自己的思路从压低商家利润转向同时降低商家和消费者的成本上来，这样，在买和卖双方的共同支持之下，才能获得更多人的认可。同时，国美还应该注意降低自己的成本。

天极网：别人都不诚信怎么办？第一家先行赔付的感觉如何？诚信究竟有多大用处？

郭洪驰：别人都不诚信显然会降低电子商务的可信度，但更能凸显搜易得的诚信。2004年，中国电子商务协会牵头建立了电子商务诚信联盟，在行业内积极倡导诚信，最大的目的就是为了提高整个行业的诚信度。电子商务诚信联盟中，包括搜易得、eBay易趣、卓越等大型的电子商务网站都积极倡导诚信，是诚信联盟的首批发起单位。我相信经过大家的努力，很多妄图浑水摸鱼、欺骗消费者的伪劣电子商务网站将会被环境抛弃，被消费者淘汰，从而提高整个行业的诚信水平。

作为第一家先行赔付的电子商务网站，搜易得的压力还是很大的，因为很多人都在关注，在审视。

诚信是搜易得取得发展的重要原因之一，消费者选择搜易得，诚信是一个非常有说服力的因素。搜易得有很多用户是通过口口传播产生的，传播的主要内容，就是搜易得的诚信。

天极网：搜易得发展的速度是太快还是太慢，什么制约了发展？

郭洪驰：搜易得的发展速度很快，但还有很大的空间，制约发展的因素主要还是整个电子商务面临的问题：诚信、支付和消费习惯。

天极网：融资方面有什么新闻可以透露？卖？还是不卖？痛苦？还是快乐？

郭洪驰：到目前，已经有很多家投资公司与搜易得进行洽谈，同以前相比，风险投资完全理性了，他们更看重企业的综合实力和发展前景。搜易得不会卖，因为我更看好搜易得未来的发展。投资给搜易得带来的，只能是锦上添花，而不会是雪中送炭。对于搜易得目前的发展，我非常的乐观。

天极网：电子商务网站怎么招人？网上卖东西需要什么样的心态、素质？电子商务是商业还是高科技？

郭洪驰：电子商务已经不是高科技，更是一种商业形态。电子商务是一种通过互联网手段进行的商务活动，越是具有互联网特征的电子商务，越有发展的空间。网上卖东西最需要的心态就是诚信和坚持。

天极网：您自己怎么买东西？去不去国美、家乐福？家人怎么买东西？个人有什么好玩的事情可以分享吗？

郭洪驰：自己买东西主要在网上买，只要是网上有销售的产品，都是在网上买。传统卖场所谓便宜其实只是部分产品，而且找起来很麻烦，浪费时间太多。自己价值30万的本田汽车就是在网上购买的。有趣的事情就是，曾经有消费者打电话投诉国美的价格贵，并且说是拿着搜易得的网页去比较的。还有一次，新浪CEO汪延也曾经在搜易得下定单购买产品，那次我觉得很开心。

案例评析

在2003年，IT数码产品年销售总额达3500亿元人民币，但通过B2C电子商务网站购物的数额为10亿元，仅占IT产品年销售总额的0.4%，而同期美国的这一指标为20%强，这充分显示出我国IT产品网上销售市场容量的巨大增长空间。以搜易得为代表的IT数码产品B2C电子商务网站的运营情况正在证明着这个观点。

预计在未来的几年内，IT数码产品网上成交量将以越来越快的加速度增长。除了网民数量的继续高速增长、宽带的进一步普及、国内购物流程的优化、信用状况的改善、支付手段的丰富以及物流体系的发展带来的支持外，其中最大的支持必定是通过各地同城交易、当地配送来实现不断的增长。以搜易得IT数码商城为例，通过实施这一模式，仅用了一年的时间整个平台体系的销售额就达到5亿元，占据了网上IT数码产品销售量的半壁江山，在其同城交易达到预期之后，无论在销售额和市场份额方面，都会有很大的提高。

实际上，搜易得的成功得益于郭洪驰所倡导的五重保障体系：

第一重保障，严格的准入制度。搜易得是一个平台型的电子商务网站，不是一个拍卖网站，而是一个专业的IT数码产品交易平台。因此，其对平台内的卖家，也就是商户做了严格的要求。入住搜易得的商户，必须在公司资质、信用等级、经济实力、经营状况等方面完全达到搜易得的标准，这个标准，则是站在消费者安全的角度进行制定。

第二重保障，完善的信用评级。不同产品之间存在着较大的价格差异，经营不同的产品承担的成本也不尽相同。搜易得对商户的信用评级，完全根据其在每个产品线的实际表现而定。这也就避免了商户以低成本获得高信用对消费者进行误导和欺骗。在国内还没有一个可以通用的信用体系的情况下，更加适合国内的电子商务，也更适合网络交易平台。

第三重保障，充足的保证基金。对每个进入搜易得进行销售的商户都收取产品和服务质量保证金，金额根据产品的不同有所差别，整体保持在每个品类5万元的平均水平，同一个商户经营不同的品类，必须交纳各个品类相应的保证基金。当消费者因为产品质量问题与商户不能达成一致时，搜易得将动用该商户在搜易得的保证金对消费者进行赔偿。

第四重保障，权威的先行赔付。对于广大消费者来说，先行赔付是目前比较适合国内电子商务网站的一种机制。搜易得在海淀区消费者协会设立了60万元的行业第一笔先行赔付基金，当消费者与搜易得之间因为产品质量的纠纷不能够得到妥善解决时，消费者协会便可根据先行赔付条款，不需经搜易得同意，对消费者按照国家相关的法律法规进行赔偿。

第五重保障，额外的购物保险。搜易得目前正与多家商业保险公司进行洽谈，积极商讨由搜易得出资，建立每一笔搜易得网站交易的购物保险。保险公司的信用等级在社会中是顶级的，而且商业险产品的形式能够给消费者更大的安全保障。这样，消费者就在商户、搜易得、消费者协会以及保险公司四个端口获得多重的保障，完全避免了权益受到侵犯。

模块四　上海正广和的网上营销

案例导读

一、上海正广和开拓网上营销

上海正广和网上购物有限公司是由上海梅林正广和股份有限公司控股，海南海虹股份有限公司等参股，于1998年6月成立的股份有限公司。1999年12月28日，上海梅林“正广和网上购物销售公司”被上海市政府认定为高新技术企业，同日其电子商务网站www.85818.com.cn开通。“上海梅林”在股票市场上从1999年12月中下旬启动，连封涨停，成为2000年元旦后带领股市上升的网络股的领头羊，并被选入《上海证券报》等多种证券类报刊的“网络股指数”，由于适时进入电子商务领域，使这个本已死气沉沉的国有大型企业出现了生机。

正广和是上海一家老字号的饮料企业，也是上海最早推出桶装水的企业之一，这一点使正广和成为上海桶装水名牌企业，并拥有大量的具有极高忠诚度的消费者。梅林正广和的发展轨迹得从1993年说起。1993年底，正广和集团的高层决策者面对当时上海市民强烈要求改变饮用水质量和桶装水市场由国外品牌垄断的现状，敏锐地捕捉市场信息与机遇，在企业逆境中决定实施战略转移：组建饮用水公司。1995年，正广和饮用水公司正式成立，当时每桶水（19升）的生产成本为16元，加上利用卡车、面包车把水直接送到顾客家中的运输成本，每桶水的成本高达28元。根据分析，成本较高的主要原因是运输成本太高，因此如何降低过高的运输成本并提高服务质量，更快捷地把水送到每一个顾客家中，便成了亟待解决的问题。经过深入分析，一条思路在最高决策者的脑海中形成：何不先把水集中送到一个个点，再由这一个个点把一桶桶水送到附近的一个个顾客家中，那么，这一个个的点应归结到哪一个点上呢？居委会一般位于交通便利之地，与街道居委会合建送水站，便成为集团实施这一发展战略的重点。到1997年，正广和饮用水公司在全市已拥有了37万顾客，近90个供水站，形成了"一个电话，送水上门"的售水网络，用户数量不断增长，市场占有率达到40%以上。

最初，正广和萌发了"电话商务"的念头，即将自己的商品单分发到消费者手中，消费者只需打一个电话，便可送货上门。后来，为了使自己的电话商务系统更为畅通，梅林正广和便进一步扩大规模，又增设了不少配送点，使自己的配送系统更完善，覆盖面更广，反应更快。当一个遍布全市区的日益完善的送水网络系统已构建起来并正常运行之后，1997年8月，梅林正广和集团的高层决策者以其敏锐的战略眼光提出：如何充分利用现有的日益成熟的送水系统对顾客进行直接营销活动，最大限度地利用企业资源，提高企业的竞争实力？此时，香港维他奶公司为了大规模进入上海市场，要求与梅林正广和的送水网合作，成为进入正广和送水网络的第一家供货公司。梅林正广和集团自己的产品，如梅林罐头、正广和饮料、光明冷饮也陆续上网销售。正广和的送水网转化为送货网。1998年6月，国内最大的无店铺销售公司——正广和网上销售公司应运而生。

1999年5月19日，股市井喷行情引发的网络概念及对信息化社会的深刻认识，使集团最高决策层深感已苦心经营了三年、遍及除崇明、南汇外所有区县的送货网络是国内为数极少的"地下配送网"，是本企业独有的"核心竞争力"。这一送货网能提供实实在在、及时有效的物流服务，加上一开始就开通的订水电话线65350480，及此后于1999年1月1日开通的订货电话85818的"天上订货网"，"地网+天网"具有极其广阔的商业前景。梅林正广和凭借现有的物流系统，借助新兴的现代网络技术，形成如虎添翼之势。集团高层决策者们提出利用已有的物流配送网络和市场基础，通过直接营销的方式开展适合中国现有国情的电子商务。1999年12月28日，www.85818.com.cn正式开通，当时，该网络已拥有160多辆运输货车，120多个货物配送站，每站有4~5辆黄鱼车，网上可供商品300多种，在上海拥有60多万固定顾客。1999年通过该网络送到顾客家中的商品价值达2.2亿元。

上海梅林正广和集团的高层决策者们认为：电子商务领域最大的优势在于商品配送系统，梅林拥有建立在完善的商品配送系统基础上的直接销售模式及知名度和美誉度极高的品牌资产。在网络出现后，这一模式能与网络比较容易地全面结合，可以说，网络为其提供了一种更强有力的使这些优势得以合理延伸的手段，更加拉进了与顾客之间的距离。

2000年3月20日，85818在北京、广州同时开通网络。同日，凡持招商银行“一卡通”的用户，只要登录www.85818.com.cn就可在网上完成看样订货、网上支付的购物活动。继85818在北京、广州开通网络后，还将使这一业务拓展到全国10多个城市。同时，将努力把“正广和”塑造成为一种服务品牌，把业务范围扩展到网上订机票业务、网上家政服务等方面。

二、正广和配送站惨淡经营

2004年底，记者走访了“作为网络一个细胞”的水站——上海市罗秀路水站，这是正广和网上购物公司100多家水站中的一家，编号为97号。在简陋的配送站前面，停着几辆标有96858网上订购电话号码的“黄鱼车”，水站主管告诉记者，该水站负责几万户居民的配送任务，每天大概送出几百桶水，目前主要送的商品是桶装水、大米、食用油、饮料等。但是水站并不送其他品牌的桶装水，只送正广和牌子的水。在该公司网站（www.85818.com.cn）上看到，购物公司提供了食品饮料、家用电器、生活用品等14大类、上千种商品，但金融服务这一大类只显示了太平洋世纪行卡这一种商品。李星阶表示，“我们是按照公司的订单去配送的，并不负责业务开拓，在这几年中有新业务出来，也有老业务取消。”

三、正广和网站纷纷偃旗息鼓

记者在网上查看了几种日用商品，与中型超市相比发现，价格一般要高出10%左右，当记者以用户身份拨打“96858”订购电话要求购买商品时，被告知一般要隔一天以后才能送到。上年年底，登录www.85818.com.cn网站，首页的中国地图上闪烁着10个红点，它们代表上海正广和网上购物公司的10个分公司、85818网上购物中心的10个分站。点击进去，除了上海主站和广州分站，其他分站都弹出这样一行字：本分站正在调整之中，暂时无法使用，请谅解！然而现在，广州分站的网站也已经关闭。看来，当年正广和网站的分站一家家大张旗鼓地开张，现在则偃旗息鼓了。正广和的一位工作人员无奈地说，现在上海大卖场那么多，商品琳琅满目、价钱又便宜，相比之下，网上购物没有什么优势。

正广和网上购物公司当年的主要策划者谢文对公司现状深表遗憾。他表示，上海梅林拥有做B2B稀缺的仓库、物流等硬件，很可惜最后只是做了一个一般的实体销售网，85818的“电子商务”还不能称其为真正意义的电子商务，而上海梅林也不是一家真正的网络科技公司，仅是将网络用于部分业务而已。“我们对正广和网上购物公司的发展还是很有信心的”，正广和网上购物公司总经理陈海如此表示（http://finance.sina.com.cn 2004年7月1日《南方都市报》记者陈家林上海报道）。

四、85818便利店春节前易帜“光明便利”

南方网（www.southcn.com）讯2005年2月4日消息：梅林、正广和、冠生园等三大名牌集团重组整合成上海光明食品集团有限公司，记者今天上午获悉，日前，全市300家

"梅林正广和"85818便利店已全部翻新，改换为"光明便利店"后闪亮登场，全市600辆正广和网上购物送货车也全部披上了印有"光明"标识的外装。除统一标识外，光明食品集团还把原有的"梅林正广和便利连锁有限公司"和"正广和网上购物有限公司"合二为一。整合后的便利店将主打光明食品集团下属的知名品牌，包括"光明"、"梅林"、"正广和"、"冠生园"、"大白兔"等等。光明便利店还将作为网上购物的中转站，作为消费者网上订购后提取商品的站点。事实上，这种设想已经得到了行业内竞争对手的看好。专家说："这两家企业的率先转型，将真正引发上海便利业步入有形店铺和电子商务相结合的全新扩张模式中。"

案例评析

上海梅林由于适时进入电子商务领域，使这个本已死气沉沉的国有大型企业出现了生机。

1999年12月28日，www.85818.com.cn正式开通，已拥有160多辆运输货车，120多个货物配送站，每站有几辆黄鱼车，网上可供商品300多种，在上海拥有60多万固定顾客。1999年通过该网络送到顾客家中的商品价值达2.2亿元。2000年3月20日，85818在北京、广州同时开通网络。

在支付上，利用招商银行"一卡通"，就可在网上完成看样订货、网上支付的购物活动，同时还将使这一业务拓展到全国10多个城市，并把业务范围扩展到网上订机票业务、网上家政服务等方面。

电子商务领域最大的优势在于商品配送系统，梅林的电子商务与传统业务结合，充分发挥了网络的优势，建立起完善的商品配送系统基础上的直接销售模式，利用其知名度和美誉度极高的品牌资产，取得了不错的业绩。

但是，由于在管理上、经营成本与产品价格上的缺乏应有的竞争力，导致到2004年中出现了正广和网站纷纷偃旗息鼓的现象，最终在2005年被上海光明食品集团并购重组。

光明食品集团把原有的"梅林正广和便利连锁有限公司"和"正广和网上购物有限公司"合二为一。整合后的便利店将主打光明食品集团下属的知名品牌，光明便利店作为网上购物配送的中转站，作为消费者网上订购后提取商品的站点。真正发挥其应有的配送功能，这样使有形店铺和电子商务完整地结合起来，取得了很大的成功。

本单元实训

网络营销渠道分析

海尔产品在传统商店、海尔商城、网上商店中都可以买到；雀巢咖啡产品在雀巢公司网站上并不能在线购买，但是可以在其他网店里买到。分析其各自渠道模式以及特点。请上网查阅有关网站，结合本单元所学知识，以“×××网络营销渠道分析”为题写一篇分析报告。

本单元习题

一、名词解释

1. 网络营销渠道策略
2. 网络营销渠道的特点
3. 网络营销渠道的功能
4. 网络直销
5. 网络间接营销
6. 网络营销渠道选择的因素
7. 宽渠道和窄渠道

二、简答题

1. 网络营销渠道具有哪些功能？网络营销渠道有哪些类型？

2. 一般来说网络直销包括哪些基本的阶段？网络直销有哪些特点与优点、缺点？

3. 解释网络间接营销的概念及其优点，一般来说网络间接营销有哪些基本阶段？

4. 何谓网络中间商，网络中间商有哪些基本类型？

5. 如何设计企业的订单信息管理系统？我国当前常用的网络营销结算方式有哪些？

单元九

网络营销促销策略及案例透析

知识目标

- □ 了解网络促销的概念和特点
- □ 了解网络促销的作用
- □ 了解网络促销与传统促销的区别
- □ 了解网络营销促销的形式
- □ 了解网络营销促销实施的流程

技能目标

- □ 熟悉网络促销的各种形式
- □ 熟悉设计网络促销的内容
- □ 熟悉不同产品的网络促销组合方式
- □ 熟悉不同促销对象的网络促销组合方式
- □ 熟悉制定不同促销方案的促销预算
- □ 熟悉网络促销效果的评估

模块一　相关理论

案例导读

屈臣氏成功促销案例

2004 年 6 月 16 日，屈臣氏中国区提出“我敢发誓，保证低价”承诺，并开始了以此为主题的促销活动，每 15 天一期。屈臣氏的促销活动发展大致分为三个阶段：2004 年 6 月以前为第一阶段。在这一阶段，屈臣氏主要以传统节日促销活动为主。屈臣氏非常重视情人节、万圣节、圣诞节、春节等节日，促销主题多式多样，例如“说吧说你爱我吧”的情人节促销，“圣诞全功略”、“真情圣诞真低价”的圣诞节促销，“劲爆礼闹新春”的春节促销，还有以“春之缤纷”、“秋之野性”、“冬日减价”、“10 元促销”、“SALE 周年庆”、“加

1元多一件”、“全线八折”、“买一送一”、“自有品牌商品免费加量33%不加价”、“60秒疯狂抢购”、“买就送”等等为主题的促销活动；第二阶段是在2004年6月提出“我敢发誓，保证低价”承诺后，以宣传“逾千件货品每日保证低价”为主题。在这一阶段，每期《屈臣氏商品促销快讯》的封面都会有屈臣氏代言人高举右手传达“我敢发誓”信息。到了2004年11月，屈臣氏作出了宣言调整，提出“真货真低价”，并仍然贯彻执行“买贵了差额双倍还”方针。这样一直到2005年8月，“我敢发誓”一周年，屈臣氏一共举行了30期的促销推广，屈臣氏的低价策略已经深入人心；第三阶段是2005年6月起，屈臣氏延续特有的促销方式并结合低价方针，淡化了“我敢发誓”的角色，特别是到了2007年，促销宣传册上几乎是不再出现“我敢发誓”字样，差价补偿策略从“两倍还”到“半倍还”到最终不再出现，促销活动变得更是灵活多变，并逐步推出大型促销活动如：“大奖POLO开回家”、“百事新星大赛”、“封面领秀”、“VIP会员推广”，屈臣氏促销战略成功转型。

案例启示：屈臣氏促销活动之所以获得消费者青睐，其在以下几方面的突出表现值得借鉴：

1. 持之以恒：很多消费者对屈臣氏的促销活动都非常熟悉，他们了解屈臣氏在什么时候举行什么形式的促销活动，这归功于屈臣氏多年来的坚持。屈臣氏的常规促销活动每年都会定期举行，特别是自有品牌商品的促销，如“全线八折”、“免费加量”、“买一送一”、“任意搭配”等等会在每年中定期举办，并且在活动中经常都会包含：“剪角抵用券”、“满50元超值10元换购”、“本期震撼低价”。

2. 丰富多彩：屈臣氏一年24期常规促销活动，形式非常独有，与其他零售店的方式完全不一样。“自有品牌商品免费加量33%不加价”、“60秒疯狂抢购”、“买就送”更是丰富多彩。促销商品品种繁多，如：滋润精选、如丝秀发、沐浴新体验、皓齿梦工场、维有新健康、营养街、清亮新视界、知足便利店、关爱自己、完美纸世界、小工具课堂优质生活、开心美味园、健康情报站、潮流点缀、旅游自助魔法、美丽港……非常多的趣味主题，介绍众多的个人护理用品，引导着消费。

3. 权威专业：屈臣氏的促销活动往往都会贯穿一个权威专业的主导线，每时每刻都在向消费者传递着自己在专业领域里权威专业的信息，让消费者有更大的信任感。屈臣氏的“健康知己”，为顾客提供日常健康知识咨询；《屈臣氏护肤易》、《屈臣氏优质生活手册》、《健与美大赏》、《屈臣氏自有品牌特刊》、《畅游必备品》向顾客推荐好产品的同时，邀请行业界知名人物与读者共同分享美容心得、健康知识。如“美白无暇、靓丽心情”、“健康身心迎夏日”、“健康相伴、美丽随行”、“和您分享”、“美容专家拌靓TIPS”、“夏日护肤心得”、“屈臣氏关心您”等等主题；屈臣氏的《促销商品快讯》也是一本健康美容百科全书，除了众多的特价商品、新商品推介，还有介绍非常多的日常护理小知识。

一、网络促销策略的概念

网络促销策略是通过互联网促进产品销售的简称，是指企业应用各种互联网技术与手段，向网络目标市场传递企业及其产品或服务的相关信息，通过相关信息的披露及与网上顾客之间的沟通，使网上目标顾客对企业及其产品或服务产生兴趣，建立好感与信任，进而做出购买决策，产生购买行为，从而促进企业产品销售的一系列活动的总和。

二、网络促销的作用

目标顾客购买行为的产生，需要是“内因”，促销只是“外因”，这是一个大前提。总体来说，促销起的作用只是催化、加速、促成、激励作用。其作用概括起来有以下五个方面：

（一）传递信息，指导顾客消费——告知功能

企业把进入市场或即将进入市场的产品或服务的有关信息传递给网上目标顾客，引起他们的注意，使他们明确何时、何地、以何价格，能够买到多大数量、多高质量，何种规格型号、什么特色、哪一品牌、能解决目标顾客什么问题的产品或服务，从而使在网络目标市场上的潜在买主成为现实买主。

（二）突出产品特点，激发消费需求——说服功能

网络促销的目的在于通过各种有效的方式，解除目标公众对产品或服务的疑虑，说服目标公众坚定购买决心。网络促销突出本企业产品不同于竞争对手产品的特点，以及它给目标顾客或用户带来的特殊利益，这就有助于加深顾客和公众对本企业产品的了解，建立起本企业产品的形象。例如，在同类产品中，许多产品往往只有细致的差别，用户难以察觉。企业通过网络促销活动，宣传自己产品的特点，使用户认识到本企业的产品可能给他们带来的特殊效用和利益，进而乐于购买本企业的产品。有效的网络促销活动通过介绍产品（尤其是新产品）的性能、用途、特征等，能够诱导和激发需求，在一定条件下还可以创造需求。

（三）强调关系营销，收集市场需求——反馈功能

网络促销能够通过电子邮件及时地收集和汇总顾客的需求和意见，迅速反馈给企业管理层。由于网络促销所获得的信息基本上都是文字资料，信息准确，可靠性强，对企业经营决策具有较大的参考价值。

（四）强调心理促销，激励购买行为——创造需求

运作良好的网络促销活动，不仅可以诱导需求，而且可以创造需求，发掘潜在的顾客，扩大销售量。网络促销活动其实是一项“攻势强大”的、“软硬兼施”的、体现“攻心为上”、“先予后取”等心理战略、战术的心理促销活动。这是因为促销的对象是网络目标市场上的消费者，要使他们产生有利于本企业的购买行为，“心动”是前提，只有“心动”才可能“行动”，无论哪一种网络促销方式，从本质上来说，无不是一种“打动人心”的活动。因此，心理促销将大大提高产品或服务的销售量。

（五）树立企业形象，赢得顾客信任——稳定销售

由于某种原因，一个企业的产品销售量可能时高时低，波动很大。这是产品市场地位不稳的反映。网络促销活动有时并不以立即产生购买行为为直接目

的，其目的可能是“曲线救国”，通过树立企业及其产品在网络市场上的良好形象，给目标顾客留下良好印象，形成目标顾客根深蒂固的特殊偏好，与企业结下“厚意深情”的情结，一旦产生购买欲望与需求时，就会马上联想到企业的产品，从而达到稳定销售的目的。此时，企业追求的是一种远期效益。

三、网络促销的特点

网络促销具有以下三个明显的特点：

（一）技术性

网络促销是通过网络传递商品和服务的存在、性能、功效及特征等信息。多媒体技术提供了近似于现实交易进程中的商品表现方式，双向的、快捷的信息传播模式，将互不见面的交易双方的意愿表达得淋漓尽致，也留给对方充分思考的时间。在这种环境下，传统的促销方法显得软弱无力，这种建立在计算机与现代通讯技术基础上的促销形式还将随着技术的不断发展而改进。因此，网络营销者不仅要熟悉传统的营销技巧，而且需要掌握相应的计算机和网络技术知识，以一系列新的促销办法和手段，撮合交易双方。

（二）虚拟性

网络促销是在互联网的虚拟市场环境下进行的。作为一个连接世界各国的大网络，它聚集了全球的消费者，融合了多种生活和消费理念，显现出全新的无地域、时间限制的电子时空观。在这个环境中，消费者的理念和消费行为都发生了很大的变化，他们普遍实行大范围的选择和理性的消费，许多消费者还直接参与生产和流通的循环。因此，网络营销者一定要突破传统实体市场和物理时空观的局限性，采用虚拟市场全新的思维办法，调整自己的促销策略和实施方案。

（三）全球性

Internet 虚拟市场的出现，将所有的企业，无论其规模的大小，都推向了一个统一的全球大市场，传统的区域性市场正在被逐步打破，企业不得不直接面对激烈的国际竞争。如果一个企业不想被淘汰，就一定要学会在这个虚拟市场中做生意。

四、网络营销促销与传统促销的区别

传统的促销是企业通过一定的方式，将产品或劳务的信息传递给目标顾客，以实现产品的销售。而网络促销是利用现代的网络技术向虚拟市场传递有关产品和服务的信息，以启发需求，引起消费者购买欲望和购买行为的各种活动。虽然这两种促销形式都是让消费者认识产品，引导消费者的注意力和兴趣，激发消费者的购买欲望，以最终实现购买，但二者还是不同。首先因为网络促销是通过网络技术传递产品或服务的信息，所以这就要求网络促销必须要建立在现代计算机与通讯技术的基础之上，并随着计算机和网络技术的发展而不断改进。其次，网络促销是在虚拟市场上进行的，所有的企业都将在统一的世界上竞争，所以从事网上促销的人员必须要跳出实体市场的局限性，采用虚拟市场的思维方法，学会在全球统一的市场上制定促销策略。因此，网络促销与传统促销相比，无论在时间和空间上，还是在信息传播的模式上，以及在顾客参与的程度上都发生了很大的变化。网络促销与传统促销相比，主要有以下四个方面的区别：

(一) 时空观念的变化

目前社会正处于两种不同的时空观念交替作用的时期，我们也将受到两种不同时空观念的影响。也就是说，我们的生活和生产是建立在工业化社会环境和精确的物理时空观的基础上；而反映现代生活和生产（包括生产、经营、营销、管理等）的信息需求又是建立在网络社会柔性可变、没有物理距离的时空环境之上的。网络技术的发展，打破了传统的地理位置和区域的限制，使全球逐步成为一体。例如在产品流通中，传统产品的销售和消费者群体都有地理位置和区域的限制，而网络促销就突破了这个限制，使之成为全球范围的竞争。传统的订货都有时间的限制，而网络订货可以在任何时间、任何地点、全天候24小时内都可以进行。时间和空间观念的变化要求网络营销促销者随之调整自己的促销策略和具体实施方案。

(二) 信息沟通方式的变化

促销的基础是买卖双方信息的沟通。在网络上，信息的沟通渠道是单一的，所有的信息都必须经过线路的传递。多媒体信息处理技术的发展，为买卖双方及时沟通信息提供了很好的前提条件，提供近似现实交易过程中的产品表现形式；双向的、快捷的、互不见面的信息传递模式，将买卖双方的意愿表现得淋漓尽致，也留给对方充分的思考时间在这种环境下，传统的促销方法是无能为力的。因此，网络营销商需要掌握一系列新的促销方法和手段来适应环境变化的需求，促进产品的销售。

(三) 消费群体和消费行为的变化

在网络环境下，消费者的观念和客户的消费行为都发生了很大的变化。不同的网络消费者因所处的社会经济环境不同而产生不同的需求；不同的网络消费者即使在同一需求层次上，他们的需求也会有所不同，这个时期内个性化的消费成为主流。上网购物者是一个特殊的消费群体，这些消费者直接参与生产和商业流通的循环，他们普遍愿意大范围的选择和理性的购买，从而使得他们的消费行为变得更加理性化。这些变化将对传统的促销理论和模式产生重要的影响。

(四) 对网络促销的新理解

虽然网络促销与传统促销在促销观念和手段上有较大的区别，但由于它们推销产品的目的是相同的，因此在整个促销过程的设计上具有许多相同之处。因此，对网络促销的理解，一方面应该站在全新的角度去认识这一新型的促销方式，理解这种依赖现代网络技术、同顾客不见面、完全通过电子邮件交流思想和意愿的产品推销形式；另一方面则应当充分吸收、利用传统促销方式的整体设计思想和行之有效的促销技巧，通过与传统促销的比较去体会二者的差别，吸收传统促销的整体设计思想和行之有效的促销技巧，打开网络促销的新局面。

五、网络营销促销形式

传统营销促销主要有四种形式：广告、销售推进、宣传推广和人员推销。网络营销促销是在网上开展的促销活动，相应的促销形式有六种，分别是网络广告、网上销售促进、站点推广、网络公共关系、电子邮件促销和网络人员推销。企业在促销活动中，通常会把六种促销形式有机结合，综合运用，以便实现更好的整体网络促销效果。其中网络广告和站点推广是主要的网络促销形式，网络广告已经成为一个很有影响力的产业市场，因此企业考虑的首选促销形式就是网络广告。

（一）网络广告

网络广告是指以数字代码为载体，使用文字、图像、动画、声音等多媒体信息表示，由广告主自行或委托他人设计、制作并通过互联网在网站上或网页上以各种形式发布，旨在对企业及产品信息进行宣传推广的活动。网络广告的形式很多，按照广告发布途径不同将网络广告划分为站点广告、排名广告、邮件广告、POP 广告、社区广告。所谓站点广告是指利用自己或别人的网站发布产品信息的广告。其包括文字链接、旗帜、按钮、浮动图标、巨型、弹出式、对联、插页、超级流媒体、分类广告；利用网络排名的广告效应是企业对外沟通不可或缺的策略，按照排名机制的不同可以分为竞价排名、固定排名、优化排名及实力排名四种类型；邮件广告是指通过电子邮件系统发送到目标客户邮箱中的广告。利用 E－mail 发送广告信息，具有针对性强、费用低廉的特点；POP 广告是指在网上商城发布的广告。其具体内容包括店铺名称、成立时间、产品目录、产品描述、联系信息、交易历史、信用等级等；网上交易市场典型的是供求公告栏、二手产品市场、网上租售房市场等，访问者通过 BBS 可以直接与对方进行联系，寻找自己满意的产品。网络销售人员利用社区来发布产品信息，介绍产品功能和使用方法，往往会收到意想不到的效果。

（二）网上销售促进

网上销售促进就是企业在网络营销站点上开展的、直接针对购买行为的，采用各种富有创意的激励方式对顾客进行强烈刺激，以激发顾客的购买欲望，促成购买的一种促销方式。在网络营销活动中，网上销售促进往往配合网络广告、网络公关、电子邮件等各种销售促进方式使用，使整个促销活动产生强烈的氛围和强烈的激励作用。与其他促销方式相比，其最根本的特点是：直接针对购买行为激励，并与网上销售活动紧密配合：产生“短、高、快”的销售效果。网上销售促进的形式多样，主要有免费促销、打折促销、返券促销、电子优惠券、赠品促销、抽奖促销、积分促销、联合促销、竞赛促销和会员制促销等。

（三）站点推广

网络营销促销站点推广就是利用各种技术手段、借助各种媒体工具，向目标客户推广介绍企业网站，从而扩大企业站点的知名度，吸引网上用户访问网站，起到宣传推广企业及企业产品的作用。站点推广主要有两类方法：一类主要是通过改进网站内容和服务，吸引用户访问，起到推广效果；另一类是通过网络广告宣传推广站点。前一类方法，费用较低，而且容易稳定顾客访问，但推广速度较慢；后一类方法，可以在短时间内扩大站点的知名度，但花费较多。

（四）网络公共关系

网络公共关系是指企业为了提高自己的知名度和美誉度，以争取公众舆论支持，而有计划地通过互联网、利用各种网络技术与资源开展的各类活动的总称。企业开展网络公共关系的主要目的就是处理好同各方面关系，形成一种有利于企业“内求团结、外求发展”的良性网络营销关系状态与和谐的网络营销关系环境。

（五）电子邮件促销

电子邮件促销就是企业通过电子邮件的方式向用户发送企业及其产品或服务的信息，以实现促进产品销售目的的各种方法的总称。越来越多的调查表明，使用 E－mail 进行网上营销将会成为未来营销的主流。Forrester Research 机构预言，到 2001 年将会有几乎半数的美国人通过 E－mail 进行交流；在 1997 年有超过 30 亿的正常 E－mail 被寄出，估计到 2002 年这个数字会增长 80 多倍。根据我国 CNNIC 的多次《中国互联网网络发展状况统计报告》可以看出电子邮件是用户经常使用的网络服务功能中排名第一的互联网资源。我国互联网个人用户平均每人拥有一个以上的邮箱账号。电子邮件的普及性决定了电子邮件促销具有最宽阔的覆盖面。其次，无论对于企业发送电子邮件，还是目标顾客接收电子邮件，都只需花费很少的上网费用，可以说快捷方便、成本低廉。同时，电子邮件的寄发一般是针对具体的目标顾客需求的，寄发的电子邮件可以具有高度的个性化，其营销效果相对较好。

（六）网络人员推销

网络人员推销就是企业委派网络营销工作人员代表企业形象、以个性化推销员身份利用互联网与目标顾客进行沟通，将产品或服务的信息传递给目标顾客，运用一定的网络促销手段和技巧，使目标顾客认识产品或服务的性能、特征，激发目标顾客购买欲望、激发目标顾客购买行为，以实现企业推销商品，促进和扩大销售的目的。网络人员推销与传统的人员推销方式相比，主要特点是：借助网络沟通、远程推销、网络推销员“人的表现”是促进销售的主要原因。

六、网络营销促销的实施

对于从事电子商务的企业来说，如何做好网络营销促销工作是一个新课题，对于营销人员也必定是一种新的挑战。因此，每个营销人员都要能够认清形势，深入了解企业产品或服务在网上传播的特点，分析网上目标市场的主体构成，选择企业产品的细分市场，设定网络促销目标，从而制定相应的促销策略、实施程序，打开网络促销的新局面。

通过对国内外网络营销促销大量实践的深入研究，得出网络促销的实施程序大致可以划分为六个方面，即：确定网络促销对象、设计网络促销内容、决定网络促销组合、制定网络促销预算方案、衡量网络促销效果以及网络促销过程的综合管理和协调。下面将分别说明。

（一）确定网络促销对象

网络促销对象是针对可能在网络虚拟市场上产生购买行为的消费者群体提出来的。随着网络的迅速普及，这一群体也在不断膨胀。这一群体主要包括三部分人员：

1. 产品的使用者。这是指实际使用或者消费产品或服务的人。实际的需求构成了这些顾客购买的直接动因。抓住了这一部分消费者，网络销售就有了稳定的市场。

2. 产品购买的决策者。这是指实际决策购买产品的人。在许多情况下，产品的使用者和购买者是一致的，特别是在虚拟市场上更是如此。因为大部分的上网人员都有独立的决策能力，也有一定的经济收入。但在另外一些情况下，产品的购买者和使用者则是分离的。例如，中小学生在网络光盘市场上看到富有挑战性的游戏，非常希望购买，但实际的购买决策往往是由学生的父母做出；婴儿用品更为特殊，产品的使用者毫无疑问是婴儿，但购买的决策者却是婴儿的父母或者其他有关的成年人。因此，网络促销同样应当把购买决策者放在重要位置上。

3. 产品购买的影响者。这是指观念或者建议上对最终购买决策可以产生一定影响的人。在低价、易耗日用品的购买决策中，产品购买者的影响力比较小，但在高价耐用消费品的购买决策上，产品影响者的影响力就比较大。这是因为对高价耐用品的购买，购买者往往比较谨慎，希望广泛征求意见后再作决定。

（二）设计网络促销内容

网络促销的最终目标是希望引起购买。这种最终目标是要通过设计具体的信息内容来实现的。消费者的购买过程是一个复杂的、多阶段的过程，促销内容应当根据购买者目前所处的购买决策过程的不同阶段和产品所处的经济生命周期的不同阶段来决定。一般来讲，一项产品完成试制定型以后，从投入市场到退出市场，大体上要经历四个阶段：投入期、成长期、成熟期和衰退期。在新产品进入市场的投入阶段，是消费者对该产品还非常生疏的阶段，促销活动的内容应侧重于产品的特点，引起消费者的注意；当产品在市场上已经有了一定的影响力，促销活动的内容则需要偏重于唤起消费者的购买欲望，同时还要创造品牌的知名度；当产品进入成熟阶段后，市场竞争变得十分激烈，促销活动的内容除了针对产品本身的宣传外，还需要对企业的形象作大量的宣传工作，树立消费者对企业产品的信心；在产品的衰退阶段，促销活动的重点在于密切与消费者之间的感情沟通，通过各种让利促销，延长产品的生命周期。

（三）决定网络促销组合方式

促销组合是一个非常复杂的问题。网络促销活动主要是通过网络广告促销和网站站点促销两种方法展开。但由于企业的产品种类不同、促销对象不同，促销的方法与产品种类和销售对象之间将会产生多种网络促销组合方式。企业应当根据网络广告促销和网站站点促销两种方法各自的特点和优势，根据自己产品的市场情况和顾客情况，扬长避短，合理组合，以到达最佳促销效果。

网络广告促销主要实施“推战略”，其主要功能是将企业的产品推向市场，获得广大消费者的认可。网络站点促销主要实施“拉战略”，其主要功能是将顾客牢牢地吸引过来，保持稳定的市场份额。

一般来说，日用消费品，比如化妆品、食品饮料、医药制品、家用电器等，网络广告促销的效果比较好，而大型机械产品、专用品则采用网络站点促销的方法比较有效。在产品的成长期，应侧重网络广告促销，宣传产品的新性能、新特点；在产品的成熟期，则应加强自身站点的建设，树立企业形象，巩固已有的市场。企业应当根据自身网络促销的能力确定两种网络促销方式配合使用的比例。

（四）制定网络促销预算方案

在网络促销实施过程中，使企业感到最困难的是预算方案的制定。在互联网上促销，对任何人来说都是一个问题。所有的价格、条件都要在实践中不断学习、比较和体会，不断地总结经验。只有这样才可能用有限的精力和有限的资金收到尽可能好的效果，做到事半功倍。

1. 必须明确网上促销的方法及组合的办法。选择不同的信息服务商，宣传的价格可能悬殊极大。这好比在不同的电视台上做广告，在中央电视台上做广告的价格远远高于在地方电视台上做广告的价格。自己设立的站点宣传价格最低，但宣传的覆盖面可能最小。因此，企业应当认真比较所选站点的服务质量和服务价格，从中筛选适合于本企业的、质量与价格相匹配的信息服务站点。

2. 需要确定网络促销的目标。企业的促销目标是树立企业形象，是宣传产品，还是宣传售后服务，应十分明确。围绕这些目标再来策划投入内容的多少，包括文案的数量、图形的多少、色彩的复杂程度；投放时间的长短、频率和密度；广告宣传的位置、内容更换的时间间隔及效果检测的方法等。这些细节确定好了，对整体的投资数额就有了预算的依据，与信息服务商谈判时也有了一定的把握。

3. 需要明确希望影响的对象。需要明确希望影响的是哪个群体、哪个阶层？是国外的还是国内的？因为在服务对象上，各个站点侧重于不同的产品消费者。有的站点侧重于中青年，有的站点侧重于学术界，有的站点侧重于产品消费者。一般来讲，侧重于学术交流的站点的服务费用较低，专门从事产品推销的站点的服务费用较高，而某些综合性的网络站点费用最高。在宣传范围上，单纯使用中文促销的费用较低，使用中英文促销的费用较高。企业促销人员应当熟知自己产品的销售对象和销售范围，根据自己的产品选择适当的促销形式。

(五) 衡量网络促销效果

网络促销的实施过程到了这一阶段，必须对已经执行的促销内容进行评价，衡量一下促销的实际效果是否达到了预期的促销目标。对促销效果的评价主要依赖两个方面的数据，一方面，要充分利用互联网上的统计软件，及时对促销活动的好坏做出统计。这些数据包括主页访问人次、点击次数、千人广告成本等。因为网络宣传不像报纸或电视那样的媒体，难以确认实际阅读和观看的人数。在网上，可以很容易地统计出企业自身站点的访问人数，也可以很容易地统计广告的阅览人数，甚至可以告诉访问者，他是第几个访问者。利用这些统计数字，网上促销人员可以了解自己在网上的优势和弱点，以及与其他促销者的差别；另一方面，可以通过促销量的增加情况、利润的变化情况、促销成本的降低情况来判断促销决策是否正确。同时，还应注意促销对象、促销内容、促销组合等方面与促销目标的因果关系的分析，从而对整个促销工作作出正确的判断。

(六) 加强网络促销过程的综合管理

网络促销是一项崭新的事业。要在这个领域中取得成功，科学的管理起着极为重要的作用。在衡量网络促销效果的基础上，对偏离预期促销目标的活动进行调整是保证促销取得最佳效果的必不可少的程序。同时，在促销实施过程中，不断地进行信息的沟通协调，也是保证企业促销连续性、统一性的需要。

模块二 品牌与服务的辉煌——希尔顿网站分析

案例导读

希尔顿网站促销案例

管理大师彼得斯和沃特曼的名著《追求卓越》曾在20世纪80年代中期引起轰动并迅速畅销世界。该书介绍的第一个成功案例，就是位于华盛顿的“四季饭店”。该饭店的卓越之处，就是其接待员能记住任何一位曾经下榻过本饭店的客户姓名，在其第二次入住走到迎接台前时，接待员就会亲热地叫着他的名字来招呼他。

那时，全球信息革命正处于孕育之中，饭店要达到这种被彼得斯等称为第一流水平，确实要做出非同一般的努力才行。如今，借助于内部网，任何饭店都可以轻易达到上述要求。借助互联网，饭店还能实现许多水平更高、难度更大、范围更广且效益更佳的服务项目。

其实，国内众多宾馆饭店，如果能仔细研习国际著名同类企业网站，就会有诸多收益和启迪，希尔顿网站就是其中极有参考价值的站点之一。

一、站点目标

金融、餐饮、旅游、宾馆等服务企业的网站，其主要目标是建立品牌、研究并开拓其信息的新型服务项目，将传统服务项目深入细化至各位顾客个体，使企业的反应更加灵敏快捷等。希尔顿网站也不例外，而且激烈的竞争和局部萧条的经济环境不断促使其在网站上做得更好。

（一）品牌建树

服务行业品牌建树的关键是其从各方面取悦于顾客的程度。企业的网络品牌既可视为实际品牌的网络化身，还可视为一种自在的“网络品牌”。

企业建站时，除可承袭其原有品牌的价值与知名度外，还要有相应的“吸引眼球”、“建立大脑皮层兴奋区”的战略，以获得“网上美誉度”，如《财富》1999 年第 15 期“在网络上成功的九个途径”一文所称的网站必备的“黏性”。

希尔顿看来深谙此道，它的所有网页均以清新、精美、豪华为基本格调，刻意体现人际亲善与自然和谐，并以此来引起网上的关注。以首页和各主导栏目主页为例，绝大多数的企业网络都将公司标志、主题名言、企业名称等放在最上方的位置。希尔顿却将所有这些都下降一格，而在最上方放上一些自然风光、各地饭店的内外环境、欢快顾客形象的图片，这些网页的精美程度可与明信片相媲美。

事实上，希尔顿在各国风景名胜都有分店，站点在介绍这些分店的网页中均附上一小帧风景照片，被点击后就能放大为极精美的图片，足以让网民流连忘返。

（二）使顾客作决策的信息

查询虽是任何网站的最普通功能，但即使这种基本服务，也有水平高低优劣的差异。许多企业网站的问题倒不在其查询系统上，而是查询结果在信息量上无助于消费者决策判断，或者形象上根本提不起消费者的购买欲或享受欲，甚至让人看上去倒胃口，这是很糟糕的。

希尔顿出于对本行业消费需求和消费习惯的深刻了解，其查询系统就设计得相当细致周密、脉络清楚，并增加相当投入于其地理环境系统中。检索途径为国家、州/省、市目录，然后是饭店所在地区地理图，其上标出周围各主要街区、景点、标志建筑，再附上放大图，然后才是饭店主楼外景、客房内部陈设图。

这些尚属一般性的介绍，由于该站以“这发生在希尔顿”为主题，暗示其营销方略定位在特色服务上，所以各地饭店的特色项目均尽收站中，采用专栏着重介绍，如“希尔顿机场旅馆”，“海滨浴场”，“高尔夫球场”，“希尔顿花园客栈”，“希尔顿别墅套房”，“休闲娱乐中心”，“浪漫套餐”，“中国古迹探幽”，“塔楼套间”，“节约大地”……

（三）细化服务

细致周到的分类栏目、流程化的互动选择项目，是该站开展网上订房及相关服务的核心。从个人服务到团体活动到大型国际会议的承办，站上都有完备的电子表格和配套的特殊服务，并且用优惠折扣乃至免费项目来取悦不同的顾客，这已达到上文称“走向黏性境界的下一步是增加个人化的特性”之要求。

以举办会议为例，它最能体现饭店的综合服务水平。希尔顿充分发掘网络交互功能设计出一套严格且细致的会务问答接待体系，它包括涉及会前、会中、会后的一系列服务项目表单，数十项选择、顾客意向调查和大量的细节询问。这种不厌其烦的认真态度，不仅不会让客户感觉丝毫不快，而且会使确有诚意的客户感到安全和放心。

二、基本内容与网络促销

良好的网络品牌，除优质服务支持外，还需要与营销主题相配合的合理栏目安排。希尔顿网站分两类板块：一是业务类栏目，二是促销类栏目。凡能引起顾客兴趣的栏目，都挂在首页上。

（一）业务类栏目

这类栏目包括客房预订、公司介绍、人力资源、电子邮件登录、反馈表、集团重要日期、会议预订、印务中心、服务流程、打包服务、相关链接等。

（二）促销类栏目

这类栏目包括促销主管、特别优惠、希尔顿荣誉客户、高速互联网服务、花园客栈、荣誉会员、希尔顿信用卡、希尔顿智能卡、远程客房配置、荣誉点津贴等。

主导业务多为流程化、规范化的格式化页面。但如果仅以其为主，整个站点必然显得沉闷无趣。而促销类网页则较为活泼，多姿多彩。所以该站将两者穿插起来，互为均衡，而融合主题的纽带就是“情”与“景”。

情即亲情，这是“黏性”站点屡试不爽的黏结剂之一。该站也尽其所能地对其进行渲染，但又与强生对婴儿、宝洁对妇女儿童所宣扬的亲情有相当大的不同。由于希尔顿这个品牌在常人心目中代表着富丽、豪华和雍容，有一种功成名就和从容不迫的气韵，其客户也多为金领阶层、富商巨贾、社会名流等，而这些人多在中年以上。所以网站宣扬的是一种面向尊贵、崇敬长者的亲情，这尤其体现在以“特殊的荣幸、专门的优惠、个人的照料”为内容的“希尔顿尊长荣誉”服务栏目中。

情即为主，景则为宾。网站中，风光、建筑、名胜、室内陈设、户外运动场乃至笑脸盈盈的服务生，都是一道道的风景线。这些再与其通过网络申报的各项优惠、免费、“店方回报”、“航空回报”、“汽车回报”、“VIP旅行回报”、“度假回报”、“奖励伦敦梦幻二日游”等融为一体，形成一系列的优惠浪潮，这是对当前经济环境的一种反映。

为解决行业分工的不同与顾客需求整体性之间的矛盾，相关企业通常联合推出互为优惠的一条龙服务。反映到网站上，就形成了跨企业的整体营销体系。希尔顿虽然不是金融实体，但它为促销而向顾客发行“希尔顿信用卡”，这实际上是它与美国运通公司联合发行的特殊信用卡，持卡人在该集团旗下饭店享受服务时，均可得到一定的优惠；类似地，顾客凡乘坐“希尔顿伙伴航空公司”飞机，租用“希尔顿伙伴汽车公司”车辆，享受“希尔顿伙伴旅行公司”服务时，均能得到店方相应的优惠。

由此可以看出，出于为顾客服务的整体商业利益，某个企业网站的促销方案中可能会为相关企业做些宣传，由于这种网上“利益共生体”的合作伙伴都是彼此实力较强、信誉度较高的大企业，故反而对本企业形象建树更为有益。

同时，希尔顿的上述活动都以“优惠点”为折算方式，这种优惠点可存储在饭店中，待各类服务的优惠点累积到一定数量时，就可以兑现某项承诺。这当然是极其精明的手法，不过在统计实施上还有相当难度，但正因为有了网络，使之实现才易如反掌。

案例评析

《财富》一文指出，“公司利用网络的成功依赖于老式的精明和苦干，根本没有什么魔力。在网络上的成败往往取决于人们如何仔细确定一个个细节，微调精心制定的计划。真正懂得这一点的电子化企业知道如何利用网络提高技术系统的能力，创造新的工具和企业模式……”

网上的希尔顿也不例外，它的建立绝不是一两名平面设计人员或计算机高手一挥而就的产物，而至少是这两种人员与店方各部门经营人员一次次地磨合后的成果。所以可以看出，店方在所有面向顾客的业务流程设计上均是十分细致缜密的。例如，在客户会议申请表的设计上，店方会询问申请方：贵方何时能最后决定下榻的旅馆？申报表中的数据是否会改变？可能会改变的数据有哪些？会议是否考虑了别的城市与饭店？什么是影响贵方决策的主要因素（地点/饭店类型/经费)？此前是否举办过此类会议？等等，这些都体现其对业务细节的关注。同时，网站开通以后，饭店的整体灵敏度在人为提高。任何团体活动或大型会议的申请，店方均承诺在接到网上客户的电子申报表后，一日内给出落实到每位参加会议者的总体服务方案的回复。当然，客户一方也需要对该站的各项优惠承诺细加研究。企业任何承诺，在互联网上都是全部公开与透明的，说到必须做到，没有任何事后缩水的余地，否则会在世人面前信誉扫地。因此，店方为保护自己，也在网上对各项优惠的具体条件做了极为明确而周详的限定。

模块三　索尼公司的站点促销

案例导读

企业网上竞争优势，源于上网前的战略策划。当前，网上各企业各商号早已标志飞舞，旗帜飘扬，遮天蔽日。那种只设立一个网址，做几片网页，输入一些不变内容，然后坐等其成的站点必然是“门前冷落车马稀”。企业上网如作战，“多算胜，少算不胜，而况无算乎!”“算”即企业上网前的营销策划。索尼的网络营销战略是：一手硬（产品设备)、一手软（影视娱乐)，两手密切配合，软硬兼施。精良的设备能将新奇的游艺引入胜境，影视娱乐又为视听产品销售铺垫旺途，两者在营销关系上互补，达阴阳调和至善之境。

一、网站定位

企业上网前的“妙算”是指，将其经营模式和方针在网络环境中重新规划整合一番，使企业营销体系与互联网的各种功能有机结合成新的网络营销体系。该体系中包括寻找新的商机，抑制竞争对手，发现、吸引并留住顾客，通过不断增加的产品和服务为自己的品牌增值等。

索尼总裁伊德1995年任职以来，就制定了旨在“将公司网站建设成全球在线娱乐场”的网络战略宗旨，声称“我的目标是要创造一个能为顾客提供新型娱乐场所的公司……索尼公司将努力实现数字时代的梦想。”数字化、娱乐化和寻求梦幻境界的技术、软件及产品为索尼网站的定位。首页中奥特曼式的电子勇士，虽冠以“哥特式杰作”之名，却是日本武士道风骨的数字化体现。“索尼之梦”中的电子宠物竞赛队，才是由技术与软件实现的高科技游艺之梦。

二、网站结构

索尼网站由索尼旗下几大公司协作共建而成。日本本部索尼电器公司和索尼设备公司长于影碟、随身听、摄像机、录音机等产品的研究开发与制造；美国的索尼音乐娱乐公司、索尼影片娱乐公司等则长于影视娱乐等“软件”制造，两者如舟之双楫，相得益彰。因此，虽然索尼的每个公司都具有其独立的特征，在利用网络实现业务目标时各有其独特的方式，但在主站每帧网页上，索尼还是将其统领在一个旗帜下，既体现了统一的索尼网络风格，又实现其“硬中有软，软中带硬”的站点营销主旨。

首页“索尼美国在线”中设有“音乐”、“影视”、“电器”、“娱乐站”、“在线游戏”等栏目，各自链至不同的索尼子公司站点(www.sel.sony.com，www.station.sonyu.com，www.playstation.com 等)。如索尼音乐和索尼影片网站提供音乐和电影促销、声像剪辑和艺术家访谈，索尼电器则介绍款式齐全的新型家电产品。除了娱乐外，索尼也同 Visa 国际公司合资建立了在线商场，使顾客能在线购买索尼产品。音乐、影视产品的营销有相当的难度，但也最容易形成以文化为背景的特殊竞争优势，且这种竞争优势一旦形成后，一般难以用模仿战术或替代战术与之进行抗争。索尼当年以收购哥伦比亚电影公司为契机大举进入美国，并聘《手足情未了》、《蝙蝠侠》这两部世界级卖座片的制片人经营该公司，就是从文化层面打入美国，为其产品进入美国张目。互联网的出现，使文化的交融与传播更便捷，但也需要运作单位的精心组织和巨大投入。

以索尼音乐栏目为例，它的成功是索尼新技术公司（Sony New Technologies）和索尼音乐公司（Sony Music）员工、艺术家和音乐迷们的协同努力，独具智慧的创意，高效、集中的服务器维护和公司间通信系统灵活机动结合的结晶。运作后就体现了该站点网络战略的许多特色：定期提供具有附加价值的最新内容，不断将其添加到网络服务器中去；向公众提供当红歌手的录音和数据、歌手旅行计划和新歌发行计划等信息，使站点能快速有效、源源不断地提供新鲜生动的内容。为此，两公司员工每周要与主要录音公司代表见两次面，协调艺术家们的出品发行计划，并为上网设计相关特色。

该栏目取得了巨大的成功，每周有 80 多万访问者进入索尼音乐网。为进一步开发国际用户，索尼音乐公司已在日本、德国、加拿大等建立了网络服务器，它不仅与东京的索尼网络中央站互联，还利用所在国提供的资料，反映当地民族的爱好和乐迷们的要求。该网站堪称企业利用国际互联网的全球性以实现企业自身跨国经营、吸引全球用户的典范。

索尼音乐网站尚且如此，其影视网站的精彩更无需赘言。互联网本身最贴近于影视传媒，这使该网站独占天时；“索尼在线”以美国本地化操作、本地节目为主，再得地利；其麾下哥伦比亚电影公司幕帐中人才济济，星光灿烂，加之索尼社长大贺典雄本人就是艺术家和索尼大举进军影视产业的始作俑者，使之更具人和。三才具备，网站焉能不盛？

以影片《Cruel Intentions》之角色网页为例，有影片剧照、剧情概要、明星介绍、高潮集锦、观众参评、博彩、剧照屏幕保护等，阵容之强堪与好莱坞匹敌。

索尼电器是公司安身立命之本，强中之强。索尼素以技术力和开发力称雄于世，自然也曾有“豚鼠式企业”的烦恼（即千辛万苦研究开发出的产品，上市后不久其他公司的同类产品便蜂拥而至，自己则承担了市场和研究开发风险，如同别的公司的试验品）。这倒使索尼一个接一个地研究开发出更新的产品，以保持其技术始终居于领先地位。这种令人钦佩的索尼风格必将反映到其站点上来，使之称为“电器新品精品总汇”亦不过分。站中设有电子设备、计算机、无线通信设备、媒体技术、专业级设备、半导体器件类等分栏目，每栏目中又有按目录分列的产品图文详细介绍。

最能体现索尼技术实力与其综合研究成果的，应属其微型机器人开发领域。这是网上的机器人发烧友、软件迷、人工智能研究员的决胜天堂。设有“机器人足球杯赛”、“电子宠物竞赛队”、“梦幻圣斗士”之类栏目。世界各地的资深研究人员、电子专家、仿生学家等在此自动分为各个比赛队，根据彼此认同的游戏规则，设计出亦真亦幻的微电子机器人来，举行足球比赛等竞技活动。“98 机器人足球杯赛”实际是场高智力竞赛，它不仅是场幽默小闹剧，更是四年一次的在人工智能、可学习性与可移动性机器人设计与性能比赛，代表着该领域科技的最新进展，引起各国专家的关注和参与。

案例评析

索尼不是百年老店，该品牌从出道到当今独耀于世只经过了短短数十年，这不仅是日本，也是世界工业史上的奇迹。该企业始终横溢着卓越、独创、活力和强烈的新技术研究开发与市场拓展欲望。从井深大、盛田昭夫、大贺典雄等到当今的企业掌舵者，都具有如《国际先驱论坛》报所称的那种“敢说敢干的风格，与传统日本管理数字化中的谨小慎微、寻求共识的管理方式大相径庭”，他们不仅勇于参与其他公司从未敢轻易参与的冒险事业，而且还具有非凡的技术辨别力和经营洞察力，勇于开拓，敢拼善胜。当然，索尼也有过一些失算之处，如该公司很早就进入了计算机行业，因对该行业缺乏前瞻性认识而囿于短期利润上的原因而退出了该领域，这一决定一直让盛田昭夫追悔莫及。

索尼的技术根基在于电子设备制造，在收购了唱片公司、美国电影公司后，大大增加其文化消费品的生产能力，从而形成其在市场上互补性、扩张性、王道与霸道兼备的多元化经营格局。这股“索尼神风”刮到互联网上，产生了无比的威力。如在营销上，索尼总裁就承诺要提供“一种机会，创造一种利润丰厚的新型硬件，它不仅可以和网络连接，同时还可以独立运行索尼软件”，意图使凡使用该索尼设备上网的，无论是游戏机、计算机还是手提通信器材，都可以看到别人无法得到的东西。索尼素以创造人们的需求为自豪，上网后更致力于增值服务，形成其独具的竞争力。尽管该网站取得了成功，索尼却从未想过要维持现状，站点仍在不断自我更新，目的是抢在模仿者和追随者之前，增加新内容，提高技术，创造一个永远值得用户访问的环境。

本单元实训

访问 eGroups（http：//www.egroups.com）首页，利用该网站提供的免费邮件列表功能创建和订阅邮件，进行网络促销。

本单元习题

1. 什么是网络促销？网络促销方式有哪些？
2. 网络促销与传统促销的区别是什么？
2. 网络广告有哪些类型？
3. 什么叫网络公共关系？
4. 什么叫站点销售促进？常见的站点销售促进策略有哪些？
5. 网络促销的实施流程包含哪几个部分？

单元十

网络营销组织实施与控制及案例透析

知识目标

- □ 了解网络营销实施的运作流程
- □ 了解网络营销实施的风险因素
- □ 了解网络营销实施决策的原则
- □ 了解网络营销实施的投资成本
- □ 了解网络营销的组织结构形式
- □ 了解网络营销的风险控制

技能目标

- □ 熟悉网络营销实施的步骤
- □ 掌握企业实施网络营销的时机选择
- □ 掌握网络营销投资的效益评估
- □ 掌握企业实施网络营销的机构及业务重组
- □ 熟悉企业实施网络营销风险的控制

模块一 相关理论

案例导读

联想电脑积极拥抱互联网

联想电脑公司（http：//www.1cs.1egend.com.cn）是联想集团的子公司，它的产品主要有服务器、商用电脑和家庭电脑。目前联想电脑的PC产品在亚大地区销售量居第一，在全球排在第十。联想创导的“贸、工、技”道路强调先占领市场，然后了解市场生产自己产品，第三步是开发市场和领先市场，因此营销特别是销售在联想电脑公司占有很大的比例。作为电脑公司中的后起之秀，联想是如何在激烈的竞争时代站稳脚跟，迎接网络世纪的挑战呢？联想作为中国 IT 业的先锋，在面对互联网的冲击时，采取了积极拥抱互联网的营销策略。

首先，实施互联网战略转移。联想电脑公司自 1999 年全面转向互联网，同时，电子商务的开通也对联想互联网战略的实施起到了带动作用。联想使用电子商务系统进一步加强商务运作上的融合，同时协作代理商进行信息系统建设，共同改进双方的商务运作。

第二，建立互联网时代的经销渠道。联想电脑公司拥有近两千家分销商、经销商和代理商，这个被业界誉为拥有金牌渠道的公司，如今也正致力于互联网时代分销体系的建设，以加固其大联想体系，保持其渠道优势。互联网所带来的销售模式的转变不容忽视，而对于联想这一从 1994 年起便提出不做直销的厂商来说，互联网作为一种工具同样意味深长，它带来的不仅是运作的高效，而且是沟通的高效。联想于 1999 年 6 月正式开通了电子商务系统和专门用于专卖店的信息管理系统，网络的运用提高了大联想的市场应变能力，增强了大联想的竞争力。正式开通电子商务系统后，正值暑期家用电脑销售高峰来临，因此电子商务系统于开通次日即传出捷报：首日网上订货交易额已达 8500 万元人民币（1000 万美元），订货台数上万台，全天共有 1 万多人次访问了该系统。电子商务系统开通后，公司 80%以上的定单将从网上获得。据悉此次联想电子商务系统是对其所有签约代理商开通，覆盖全国三十多个省市自治区。

代理伙伴可以通过访问联想的电子商务网站，进行网上信息查询、网上订货和网上信息沟通。据代理反映，电子商务的开通大大简化了工作流程，而且因避免了人工录入所造成的误差，使商务运作过程更加流畅。更重要的是，由于代理通过电子商务体会到网络所带来的方便，因此促使很多代理有了自己建网并进行网络化管理的意图，使大联想促进因特网的运用落到了实处。另一方面，联想认为，无论是电子商务系统还是专卖店信息管理系统，它们所带来的好处不仅局限于商务运作，同样重要的是网络的运用，实现了联想与伙伴之间的互动式交流，使得联想能迅速了解代理及市场情况，及时进行产品线调整，有效地降低了库存，缩短了供货周期，尤其是专卖店信息管理系统的运行，还使联想能通过每一位最终用户的资料，指导专卖店进行个性化服务，从而使大联想的服务水准有了大幅度提升。

联想有关人士指出，互联网带来了竞争的加剧，联想会始终坚持大联想的策略，从长远出发，不仅把伙伴纳入自己的销售、服务体系，而且把他们纳入自己的分配、培训体系，竭尽全力让伙伴充分发挥自己的优势，运用个性化的客户服务系统，走上专业化道路。联想认为根据用户不同，渠道的专业化方向主要有以下几类：其一是针对行业用户和中小企业，这类用户要求渠道公司有一定的技术储备，有相关的系统集成经验；其二是针对家庭用户，由于他们对电脑了解程度存在差异，因而需要销售人员为他们提供耐心细致而且多样化的服务；此外，由于中国市场潜力的巨大，需要一些专业的渠道管理者，他们应有很强的渠道开拓和渠道管理经验，诸如一些大的分销商。

第三，开发设计具有互联网特色的 Conet 产品。1999 年 11 月联想在美国拉斯维加斯 99 'Comdex 展上，举行了联想因特网电脑的隆重发布，产品一经亮相即获得了与会同行和美国用户的广泛赞誉，他们对中国企业能推出这样一款“特别”的产品感到十分惊讶，“交口称赞，惊叹不已”，可谓对联想因特网电脑亮相美国 Comdex 的最佳形容。这也是中国大陆信息产品第一次在海内外同时举行大型产品发布，这标志着联想作为中国信息产业的代表已经为其在国际同行中树立自己的品牌和形象迈出了第一步。联想 Conet 电脑外观设计新技独特、有强烈的视觉震撼效果。它采用了多项国家专有技术使其能够便捷地接入因特网；全新设计的互动操作界面，“频道”式网页设计配合独特的频道旋钮，使得 Conet 更加平易近人，能够方便寻找和浏览所需要的网上服务和内容。正如联想总裁柳传志在致辞中所讲，中国人面临因特网应用的瓶颈在于“上网不易、操作复杂、内容难寻”，而这款他称之为 Conet 的产品，正是为中国老百姓量身定做的互联网电脑，他指出联想将从过去的 PC 供应商而逐步成为 Internet 技术和产品的供应商、应用方案的集成商和信息服务的运营商这样“三合一”的 Intemet 中坚力量角色。

一、网络营销实施运作过程

网络营销的实施运作过程可以概括为以下五个步骤：

（一）通过网络收集各方面的信息、技术、用户需求等等，并将这些信息整理分析后反馈给企业。

（二）企业根据上述信息开发新技术、新思路、新产品，并通过网络进行宣传，与需求者进行沟通。

（三）通过网络收集订单，根据订单完成产品设计、物料调配、人员调动，再到生产制造。

（四）通过网络进行产品宣传与发布，与客户进行在线交易。

（五）通过网络获得客户的信息反馈，完成客户支持，积累经验，为下一个生产、销售循环作好准备。

根据上面所说的企业在网络时代的生产周期，网络营销的内容应包括网上的信息收集、网上商业宣传、网上市场调研、网上广告投放与发布、网上销售、网上客户支持服务等。一个完整的网络营销实施的运作过程应包括以下基本步骤：

（一）通过确定合理的目标，明确界定网络营销的任务。

（二）根据营销任务，确定营销活动的内容。

（三）申请域名，创建全面反映营销活动内容的网页。

（四）与互联网连接。

（五）发掘信息资源，广泛收集网上信息。

（六）树立网上企业形象。

（七）开展网上市场调研。

（八）在网上推销产品与服务。

（九）与客户沟通，通过网络收集订单。

（十）将上述信息反馈给企业决策和生产部门。

（十一）通过网络与分销商联系。

（十二）促进在线销售。

（十三）使网络营销与企业的管理融为一体，形成网络营销集成。依靠网络与原料商、制造商、消费者建立密切联系，并通过网络收集传递信息，从而根据消费需求，充分利用网络伙伴的生产能力，实现产品设计、制造及销售服务的全过程，这种模式就是网络营销集成。

二、网络营销实施的时机决策

网络营销的实施可以给企业带来很大的竞争优势，但是实施网络营销是一项投资比较大的涉及高新技术的有很大风险的决策。任何一种信息技术，只要在社会上健康存在，就必然会为企业所利用。但因为信息技术的应用必须有助于拓展企业的核心业务，因而信息技术的应用就必然受到行业特点的制约。虽然网络营销已经在一些行业中得到了成功的应用，但仍有相当多的行业还未找到有效运用网络营销的途径，企业面临着实施网络营销时机的选择。

（一）网络营销实施面临的风险

要掌握实施网络营销的时机，必须能够判断出行业竞争、消费行为、经济与社会在2~7年间的变化趋势及其对于信息技术的影响。企业的决策者必须积极主动地制定网络营销的实施规划。企业率先进入网络营销领域无疑是想藉此获得先发性优势。但是，先进入的企业必须面对以下风险：

1. 市场观念风险。再好的网络营销观念，如果顾客不接受，企业是很难实施的。

2. 技术风险。一般技术越新所面临的风险就越大，因而新技术必须经过多次实践和反复完善才能满足需要。

3. 执行风险。网络营销是一个系统工程，它涉及到系统开发、组织结构调整、人员培训和市场培育等诸多方面，一旦某个环节出现问题势必影响整个网络营销的实施。

4. 经济风险。一项有效的商业观念与技术，实际执行的结果及所产生的成本与效益，是否与原先的乐观估计有所出入？

5. 组织风险。一项技术上可行的新方案，可能无法保证公司内部人人都能接受。

6. 政治风险。这指的是一项网络营销的应用方案，因政府政策、法令、社会争议或利益集团的压力而产生问题，而不能实施执行。

（二）网络营销实施决策的原则

究竟是采取领先政策还是跟随政策并无标准答案，但企业可以重点综合考虑三个方面的因素：

1. 行业内竞争手段的饱和程度。即除了网络营销外，是否存在其他值得公司集中精力采用的主要竞争手段，如产品开发等；

2. 网络应用方向的明显程度。是否可以预见到网络的应用能够明显提高企业某些核心竞争能力，如掌握顾客需求、顾客服务；配送等；

3. 本企业在信息技术应用方面的能力。公司在以往信息技术应用方面的成果如何，是否具有较好的基础架构以从事网络营销的一些实验性工作，同时不影响公司的正常运营。

企业可以采取一种变通的方式，即在互联网上注册一个空的网址。许多企业都采用这一方式。这样做有几个方面的好处。一是防止好的网址被其他企业强占；二是建立空网址所费甚少，却可以树立企业的先锋形象，至少可以向消费者展示本企业积极进取的态度；三是事实上目前拥有电脑并联网的消费者并不多，空网址并不会对他们造成多大伤害，而一旦网络营销开始普及化，企业便可以该网址为基础构建自己的网络营销系统。

所有这些都说明了一个问题。网络营销并非是万能的，至少在很长一段时期内，传统营销方式依然是大部分企业生存与发展的基础。随着网络营销技术与观念的发展，网络营销的重要性亦会日益提高。企业的任务是如何实现两者之间的良好配合。

三、网络营销实施的投资决策

网络应用于营销的根本目标是为了更快、更好地获取顾客信息，使企业做出更加快速而有效的反应，但网络本身并不能独立完成这一任务，它仅仅为此提供了通道，通道要发挥作用，势必要求企业具备与之相配套的信息处理及决策系统。因此，这必然涉及一整套信息技术的建立与应用问题，从而企业花在网络营销上的信息技术投资便十分可观了。

此外，网络及其配套信息设备与技术的投资之所以值得企业高度重视，还由于存在着成本的潜在增长性问题。一般而言，在软硬件开发上每1美元的花费，意味着今后每年将造成0.2美元的营运成本以及0.4美元的维修成本，即100万美元的初始投资将造成每年60万美元的额外开销。因此，任何一家企业都不会不考虑，为开展网络营销进行如此高的投资是否值得。

（一）网络营销的投资成本及其管理

对于网络技术投资，企业的主要决策人可能会面临两难选择：竞争上的需要使得企业必须做出更加积极的努力，但未来难以控制的成本及难以预测的收益又会使企业犹豫不前。

网络技术成本管理的第一个任务就是找出系统投资过程中的所有成本，这不仅仅包括财务报表上列示的各个成本项目，还包括许多隐藏在内的成本。

网络技术成本管理中的一个难点是网络技术成本的不好辨别性。在建立起网络之后，几乎有一半的费用都投入到个人电脑、办公室自动化及改进会计业务等配套功能上了。各部门负责编写各处的预算，但许多涉及整体组织调整的衍生成本根本就未进行追踪。因此，为了进行有效的网络技术投资成本管理，有必要彻底了解其基本构成。从系统的整个生命周期看，其成本包括两大部分：

1. 供应者成本。所谓供应者成本是指最终由业务部门所承担的、自信息供应者（信息部门）那里划转或转移而来的成本费用。在转移的供应者成本当中，尤其要注意网络系统的维护费用。因为现有系统若得不到及时的维护，可能会陷入瘫痪。

2. 使用者成本。使用者成本是指直接发生在业务部门的关于使用网络系统方面的成本，或者由信息部门支出但可以直接归算到业务部门的费用，包括配置在业务部门的电脑等硬件购置费及使用、维护费等。

组织过程中的成本，如管理和学习所花的时间以及教育费用等，都是较少或没有列入预算中，而与系统开发费用相比却是十分可观的费用。

供应者成本可以通过“准利润中心”或“模拟利润中心”的方式得到有效的解决，而无需依赖传统的以成本核算为基础的分配方式。所谓“准利润中心”方式是指，信息部门成为一个相对独立的部门，负责网络基本线路、基本系统及配套信息技术的投资与开发，并制定价格，根据业务部门各自的使用情况收取费用。这样，哪些部门应该负担什么和多少成本费用便很明晰了，而且比硬性摊派成本更有说服力。当然最主要的是能使业务部门意识到网络对本部门的重要性。

需要注意的是，信息部门不能成为真正的利润中心，否则容易导致业务上的矛盾。比如，若信息部门为了扩大本部门的利润而收取高额费用，将会损害业务部门的利益；同时，信息部门将有可能过度追求对外承揽服务，进而影响内部服务。

（二）网络营销投资的效益评估

人们一方面关注网络技术的投资、成本和风险，但更为看重的是网络建成之后的效益问题。当然要想计算出在营销及内部管理中运用网络空间能够为企业带来多大的经济效益并不是件十分容易的事情。

由于网络建设是一项长期投资，因此应该从长远的角度来评估其经济效益。此外，网络的建设本身并非产生效益的唯一来源，近似于铁路建设，网络建设最根本的作用在于促使企业以新的思考方法去重新规划其营销活动，并调整内部组织与管理以适应这一新的营销理念。

综合起来看，管理阶层需要意识到以下几个方面：

1. 网络技术所创造的效益，与研究和开发十分类似。研究开发方面的投资与效益之间存在时间差，使得两者很难直接联系在一起，网络技术开发同样如此。

2. 同一技术上的投资，可能会产生不同的结果，组织与管理将会起到巨大的作用。

3. 网络零售、服务等手段产生的效益可能无法独立体现在会计报表中。因为它并不能直接使企业的总体成本减少，而且它的目标在于提升服务，增强顾客满意度，这些是企业的无形资产。

为了能够较好地体现出网络技术的应用所带来的效益，企业需要为其单独设计一套“主锚指标”（Anchor Messures）。信息技术所创造的价值往往被计入到业务部门身上，而信息技术本身却成了耗费金钱的累赘。主锚指标的建立需要管理者判断出该项信息技术的最终作用点，并设计一项或一套指标来反映其效果。

在建立指标方面，网络技术比其他信息技术更为方便一些。因此网络技术直接运用于营销，与市场占有率、销售额等指标能够建立起直接的联系。网络技术的作用可分为对内与对外两部分：对内可以降低通讯成本，提高生产效率，提高信息的处理与传播速度；对外可以提升服务，增强顾客满意度。企业可以根据这些功能制定相应的主锚指标以反映网络技术所产生的效益。

四、网络营销的组织机构

（一）网络营销组织的概念

网络营销组织是企业内部涉及网络营销活动的各个职位及其相互关系的设计。网络营销组织的任务就是在明确网络营销目标的基础上，根据人员、环境和任务的具体要求，进行工作任务的分类和相应职务结构的设计，并通过组织内信息沟通和协调配合提高组织工作的效率，使整个网络营销组织结构成为一个严密而有活力的整体，以保证企业网络营销目标的实现。

（二）网络营销企业组织机构的重组

在网络营销的条件下，原有的工作单元间的界限被打破，而重新组合形成了一个直接为客户服务的工作组。这个工作组直接与市场接轨，以市场的最终效果衡量自己生产流程的组织状况，以市场的最终效果衡量各组织单元之间协作的好坏。实际上，这已经发展到一种新的管理模式，企业间的业务单元不再是封闭式的金字塔式层次结构（如图 10－1 所示），而是相互沟通、相互学习的网状结构（如图 10－2 所示）。这种结构打破了原来的业务单元之间的壁垒，业务单元之间广泛进行信息交流，共享信息资源，减少内部摩擦，提高工作效率。

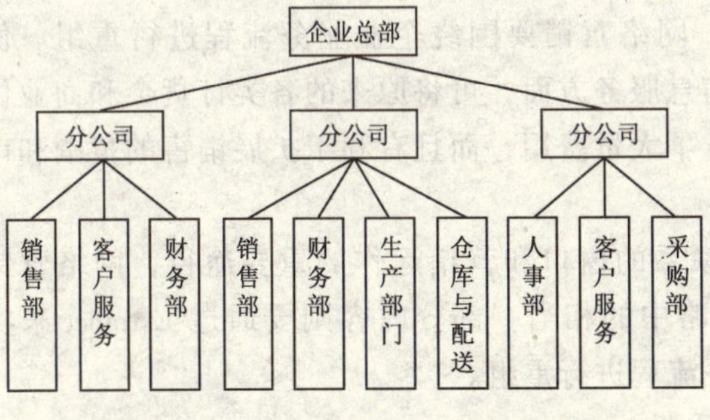

图 10－1 企业金字塔式的层次结构组织

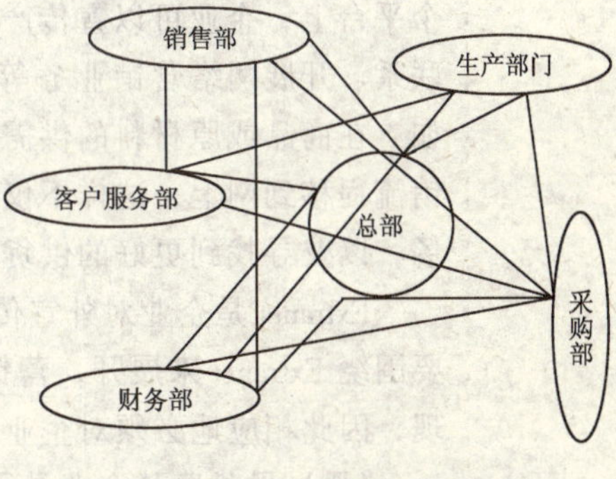

图 10－2 企业网络式的网状组织结构

由上图的组织结构可以看出，在网络营销的构架下，企业组织信息传递的方式由单向的“一对多式”向双向的“多对多式”转换。可以看出，网络式的企业组织结构里的信息传递无需经过中间环节就可以达到沟通的双方，大大地提高了工作效率。这种组织结构的管理模式被称之为“第 5 代管理”，这是 21

世纪信息时代的新的管理模式——信息模式，这种管理模式下的网络营销主要具有以下两个特点：

1. 网络营销构成了企业的内部网、数据库，所有的业务单元可以很快的通过网络直接快捷的交流，管理人员之间沟通的机会大大增加，组织结构处于分布化和网络化结构。

2. 网络营销使得中间管理人员获得更多的直接信息，大大提高了他们在企业管理决策中的作用，从而实现了扁平化的组织结构（如图 10－3 所示）。

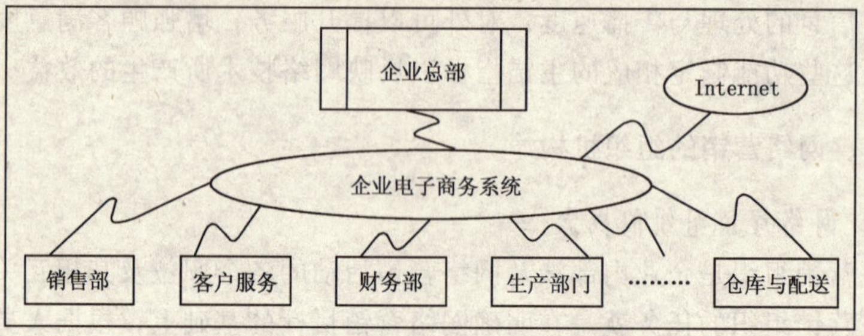

图 10－3　企业的扁平化组织结构

网络营销模式下的企业结构重组的另一个特点即是由集权制向分权制转换。网络营销的推行，使企业过去高度集中的决策中心组织改变为分散的多中心决策组织，也就是企业组织的扁平化结构趋向。企业的决策都由跨部门、跨职能的多功能型的组织单元来制定，这种多组织单元共同参与、共担责任、由共同利益驱动的决策过程使员工的参与感和决策能力大大提高，充分发挥了员工的主观能动性，从而提高了整个企业的决策能力。

（三）网络营销企业业务流程的重组

在网络营销中，有条件的企业可以利用 Internet Web 技术创立企业的 Extranet 系统，该系统是企业对外设立的一个营销运作的虚拟网络平台。在这个平台上，企业可以宣传产品品牌、企业形象、服务内容、沟通与外界的商贸联系、开展网络营销业务等等。网络营销要围绕企业业务流程进行重组。例如，在商品或原材料的供需和信息服务方面，可将原来的各类订货会和商业供销流程移到网上，这样不仅节省了大量费用，而且有利于扩展销售的范围和市场，以及寻找到更好的供货商。

Extranet 是企业对外宣传、联系的窗口和营销运作的重要途径，网络营销要围绕 Extranet 来展开，营销策略中的相当一部分内容则要通过 Extranet 来实现，因此相应地必须对企业业务流程进行重组。

（四）网络营销企业员工的重组

网络营销中信息和业务的紧密结合使得企业员工工作及职业生涯的本质会发生重大变化，这就需要对企业员工进行重组。

那么，究竟什么类型的员工能够适应网络营销战略的需求呢？首先应确定员工“职业生涯”的两种不同的层面：业务与信息技术。换句话说，员工在进入企业后，要么按照业务方向发展，要么按照信息技术方向发展。

这种相互分离的人才培养方式将会隔离网络营销中业务与信息的关系。业务部门会缺乏能力开发自己的应用方案，而不得不依赖于信息部门，但信息部门的开发成果又难以使业务部门满意，认为信息部门不了解业务。实际上，信息部门的人比业务部门的人更懂得主动地去了解对方的工作，许多信息部门的人员都十分重视对业务知识的积累，但企业内部组织安排的限制又使这批人员的业务水平难以真正成长起来。

因此，企业应该改变人才培养模式，注重培养出能够横跨业务、管理与网络及其他信息技术的通才，以实现对企业员工的重组。

五、网络营销经营风险控制

（一）网络营销风险因素分析

网络营销的风险包括两大类：一类是经济性风险，包括时机风险、市场风险、技术风险、实施风险、效益风险、组织风险和政府风险等方面；另一类是人为风险。下面主要介绍一下人为风险因素。

人为风险，或称非经济风险，是指由于人为破坏等因素造成的风险。人为风险主要包括由计算机病毒和“黑客”的网络犯罪等形式而引起的风险。

1. 计算机病毒引起的风险。影响网络安全的一个重要因素是计算机病毒。所谓计算机病毒是指一种隐藏于计算机中，破坏其正常运行及存储于其中的文件，并且能够繁殖传播的程序。

2. “黑客”的网络犯罪引起的风险。除了上述的一些别有用心的人通过编制病毒对企业网络进行恶意破坏以外，还有些被俗称为“黑客”的犯罪分子通过网络对企业进行骚扰，盗窃企业机密，以获取非法经济利益。“黑客”的原意是指热衷于设计电脑程序的人，他们对电脑非常着迷。但更多的“黑客”是犯罪分子，他们有的截取银行账号，盗取巨额资金；有的盗用电话号码，使得电话公司的客户蒙受巨大损失。这些人因此也被称为“骇客”。

“黑客”对社会造成的危害极其严重，已经引起各国政府和公安机关的密切关注。数不胜数的黑客犯罪事件的发生进一步提醒人们：“黑客”渐趋于普遍化。

3. 由网络知识产权受到侵犯而带来的风险。网络侵权实际上经常指的是侵犯版权，但实际上网上侵犯知识产权的形式还是多种多样的。网络营销服务对知识产权保护提出的新问题，主要体现在版权保护领域，而这一方面受到的侵犯也就形成了网络营销中人为风险的一大因素。

（1）作品和录音制品在网络营销环境下传播的问题。有些网站以链接的方式来复制，不直接盗版，他们主要采取链接合作的方式，和一些小网站，主要是个人网站建立链接，由个人网站上载盗版的作品，在自己的网站上建立链接，效果一样。

（2）对作品和录音制品技术保密的问题。

（3）作品和录音制品的权利管理信息问题。

（4）数据库的保护问题。

在网络营销中，侵犯知识产权造成的风险还包括因著作权、域名和注册商标及名称权的侵犯所带来的风险。

（二）网络营销风险的控制

1. 网络营销风险控制概述。

（1）网络营销风险控制的范围。网络营销风险控制的核心和关键问题是交易的安全性，也是电子商务技术的难点。为了降低交易的风险性，必须从以下四个方面进行风险控制：①信息保密性：交易中的商务信息均有保密的要求；②交易者身份的确定性：能方便而可靠地确认对方身份是交易的前提；③不可否认性：由于商情的千变万化，交易一旦达成是不能被否认的。否则必然会损害一方的利益；④不可修改性：交易的文件是不可被修改的。网上交易文件也要能做到不可修改，以保障交易的严肃和公正。

（2）网络营销风险控制的措施。一个完整的网络交易安全体系，至少应包括以下三类措施，并且三者缺一不可：①技术方面的措施：如防火墙技术、网络防毒、信息加密存储通信、身份认证、授权等。但只有技术措施并不能保证百分之百的安全；②管理措施：包括交易安全制度、交易安全的实时监控、提供实时改变安全策略的能力、对现有的安全系统漏洞的检查以及安全教育等；③社会的法律政策与法律保障：包括在网上进行交易的统一商法以及各种网上的法律和法规等。开展网络营销的企业，只有从上述三方面人手，才可能真正实现电子商务的安全运作。

2. 客户认证。客户认证（Client Authentication，CA）是基于用户的客户端主机 IP 地址的一种认证机制，它允许系统管理员为具有某一特定 IP 地址的授权用户制定访问权限。

客户认证技术是保证电子商务交易安全的一项重要技术。客户认证主要包括身份认证和信息认证。前者用于鉴别用户身份，后者用于保证通信双方的不可抵赖性和信息的完整性。在某些情况下，信息认证显得比信息保密更为重要。例如，买卖双方发生日用品业务或交易时，可能交易的具体内容并不需要保密，但是交易双方应当能够确认是对方发送或接收了这些信息，同时接收方还能确认接收的信息是完整的，信息在通信过程中没有被修改或替换。

3. 防止“黑客”入侵。“黑客”可分为两类：一类是骇客，他们只想引人注目，证明自己的能力，在进入网络系统后，不会去破坏系统，或者仅仅会做一些无伤大雅的恶作剧；另一类是窃客，他们的行为带有强烈的目的性。早期的这些“黑客”主要是窃取国家情报、科研情报，而现在的这些“黑客”的目标大部分瞄准了银行的资金和电子商务的整个交易过程。

防范“黑客”的技术措施根据所选用的产品的不同，可以分为七类：网络安全检测设备、访问设备、浏览器/服务器软件、证书、商业软件、防火墙和安全工具包/软件。

4. 网络交易系统的安全管理制度。网络交易系统安全管理制度是用文字形式对各项安全要求所作的规定，它是保证企业网络营销取得成功的重要基础工作，是企业网络营销人员安全工作的规范和准则。这些制度应当包括人员管理制度、保密制度、跟踪审计制度、系统维护制度、数据备份制度、病毒定期清理制度等。

(1) 人员管理制度。从事网络营销的人员,一方面必须具有传统市场营销的知识和经验,另一方面,又必须具有相应的计算机网络知识和操作技能。为保证网络营销系统安全运作,可以遵循下面一些基本原则:①双人负责原则:重要业务不要安排一个人单独管理,实行两人或多人相互制约的机制;②任期有限原则:任何人不得长期担任与交易安全有关的职务;③最小权限原则:明确规定只有网络管理员才可进行物理访问,只有网络管理员才可进行软件安装工作。

(2) 保密制度。网络营销涉及企业的市场、生产、财务、供应等多方面的机密,需要很好地划分信息的安全级别,确定安全防范重点,提出相应的保密措施。信息的安全级别一般可分为三级:①绝密级:包括公司经营状况报告、订/出货价格、公司的发展规划等。此部分网址、密码不在互联网络上公开,只限于公司高层人员掌握;②机密级:如公司的日常管理情况、会议通知等。此部分网址、密码不在互联网络上公开,只限于公司中层以上人员使用;③秘密级:如公司简介、新产品介绍及订贷方式等。此部分网址、密码在互联网络上公开,供消费者测览,但必须有保护程序,防止"黑客"入侵。

保密工作的另一个重要问题是对密钥的管理。大量的交易必然使用大量的密钥,密钥管理必须贯穿于密钥的产生、传递和销毁的全过程。密钥需要定期更换,否则可能使"黑客"通过积累密文增加破译机会。

(3) 跟踪、审计、稽核制度。跟踪制度要求企业建立网络交易系统日志机制,用来记录系统运行的全过程。系统日志文件是自动生成的。它对系统的运行监督、维护分析、故障恢复,对于防止案件的发生或在发生案件后为侦破提供监督数据,都可以起到非常重要的作用。

审计制度包括经常对系统日志的检查、审核,及时查看对系统故意入侵行为的记录和对系统安全功能违反的记录,监控和处理各种安全事件,保存、维护和管理系统日志。

稽核制度是指工商管理、银行、税务人员利用计算机及网络系统,借助于稽核业务应用软件调阅、查询、审核、判断辖区内各电子商务参与单位业务经营活动的合理性、安全性,堵塞漏洞,保证电子商务交易安全,发出相应的警示或作出处理的一系列步骤及措施。

(4) 网络系统的日常维护制度。网络系统的日常维护制度包括如下内容:①硬件设备维护。要求网络管理员必须建立系统设备档案。一般可用一个小型的数据库来完成这项功能,一旦某地设备发生故障,可便于网上查询;②软件的日常管理和维护。一个是支撑系统软件,包括操作系统 Unix 或 WindowsNT,数据库 Oracle 或 Sybase,开发工具 PowerBuilder、DelPhi 或 C 语言等。另一个是应用软件的维护,应用软件的管理和维护主要是版本控制;③数据备份制度。这种保护措施还包括对系统设备的备份;④病毒防范制度。病毒在网络环境下具有更强的传染性,对网络交易的顺利进行和交易数据的妥善保存造成极大的威胁。防止病毒入侵的有效方法是:安装防病毒软件、不打开陌生地址的电子邮件、认真执行病毒定期清理制度；⑤控制权限。可以将网络系统中易感染病毒的文件的属性、权限加以限制，对各终端用户，只许他们具有只读权限，断绝病毒入侵的渠道，从而达到预防的目的；⑥高度警惕网络陷阱。网络上常常会出现各种非常诱人的广告及免费使用的承诺，在从事网络营销时对此应保持高度的警惕；⑦应急措施。应急措施是指在计算机灾难事件，即紧急事件或安全事故发生时，利用应急辅助软件和应急设施排除灾难和故障，保障计算机信息系统继续运行或紧急恢复。在启动网络营销业务时，就必须制定交易安全计划和应急方案，一旦发生意外，立即实施，最大限度地减少损失，尽快恢复系统的正常工作。

(5) 网络营销交易安全的法律保障。网上交易安全的法律保护问题，涉及到两个基本方面：①网上交易首先是一种商品交易，其安全问题应当通过民商法加以保护；②网上交易是通过计算机及其网络而实现的，其安全与否依赖于计算机及其网络自身的安全程度。

5. 网络营销风险的消费者保护。企业在开展网络营销活动过程中，一个突出问题是要保护消费者的利益。网络营销作为电子商务的重要组成部分，同样如果缺乏对消费者保护，网络营销也难以顺利发展。

对于企业来说，在开展网络营销过程中保护消费者，也是保护企业自身利益，培育市场的发展。目前，企业在网络营销过程中对消费者的保护要从下面几个方面进行考虑：

(1) 消费者隐私保护。在信息透明度很高的互联网上，企业可以很容易地在消费者不知情的情况下获得消费者的个性化信息，而许多信息都是消费者不愿意透露的。当企业为自己利益利用或者透露消费者个人隐私信息时，就对消费者造成了伤害。基于消费者对隐私的考虑，美国著名市场研究机构 Forrester 估计电子商务公司在去年就损失约 28 亿美元。根据研究，一些担心企业会使用他们个人资料的消费者不是停止在线购物，就是他们在网上的支出低于在其他方面的消费。

企业保护个人隐私的主要措施有如下三个方面：①在消费者知情的情况下来收集消费者的个人信息，并承诺对个人信息进行保护和非公开商业化使用；②收集消费者的信息时，隐藏消费者信息的隐私部分，不包含消费者的个体识别信息（身份证号码、电话号码、姓名等）；③在使用方面，如果企业搜集的消费者信息只限于企业内部分析使用，消费者一般都比较能接受；如果企业将搜集的消费者信息出售，则有可能造成对消费者隐私的侵犯，这是企业应当非常注意的。

(2) 消费者免受侵扰. 由于网上信息发布非常方便，特别是随着 E－Mail 的广泛使用，许多企业为发布信息，经常向消费者发送 E－Mail 广告，造成对消费者的侵扰。这类电子邮件一般被称为垃圾邮件。企业在向消费者发送 E－Mail 时，要注意减免对消费者的侵扰。

企业发送 E－Mail 时，为避免对消费者造成侵扰主要可以采用下面两种方式：①企业利用一些邮件列表公司，向那些愿意接收广告信息的消费者发送广告信息，采用这种方式要收取一定的费用；②在搜集 E－Mail 地址时要遵照消费者的意愿，只对愿意接收的消费者发送 E－Mail，而且允许消费者取消对 E－Mail的接收。对消费者减少侵扰的最好方法是减少给消费者发送对消费者无用的 E－Mail。

（3）提供真实可靠信息。企业在网上开展网络营销活动时，要注意提供的信息的真实可靠性。消费者对网站访问的动因一个是感兴趣，另一个是信任。企业在网络营销活动中提供一些不真实信息，对消费者造成损害，势必对企业自身造成负面影响。

（4）提供完善的售后服务。企业利用网络营销渠道销售产品时，要特别注意产品质量和提供完善的售后服务。消费者在网上购买产品，最担心的问题是无法现场检验产品的质量和感受产品的品质。因此，消费者在网上购物时，比较关心网站的信誉和售后服务。如果消费者在购买产品后，发现产品质量不符合要求，或者购买的产品与预期有很大差距，则可能给消费者带来不满足感。如果企业不能保证产品质量，同时又没有完善的售后服务，势必妨碍消费者利用网络营销渠道进行购物。

企业保护消费者既是保护消费者权益，同时也是保护自身权益。在互联网的虚拟网上市场中，企业实施网络营销活动，最大的挑战是树立网站的信誉，增强消费者对网站的信任。如果不采取积极措施保护消费者，消费者的反抗可能给企业带来致命的打击。

由于我国目前发展网络营销的环境还不是很完善，网上交易本身缺乏法律的认可和保护。目前我国的经济合同法尚未承认网上交易合同，当然更谈不上保护，网上交易需要新的立法对消费者权益进行保护。对网络营销风险的控制，除了政府、企业方面的努力外，消费者自己仍需要相应的提高自我保护意识，以免自身权益受到侵犯，其中最主要的保护手段是充分利用法律手段维护自身权益。

模块二　整体大于部分之和
——联邦快递公司

案例导读

联邦快递公司案例

一、公司概述

联邦快递公司（fdxcorp.com，简称 FedEx 或 FDX），是一家全球快运业巨擘。它仅用25

年时间，从零起步，在联合包裹服务公司（UPS）和美国运通公司等同行巨头的前后夹击下迅速成长壮大起来，在小件包裹速递、普通递送、非整车运输、集成化调运管理系统等领域占据大量市场份额的行业领袖，并跃入世界500强。公司现有全世界员工总数14.5万人，开展业务的国家和地区211个，全球业务空港366座，备有各类型运输飞机达624架，日出车数近4万辆、处理超过200万磅的空运货物。这家奇迹公司每月提供两次机会供人参观，一批批客人也愿付每人250美元的票价，来到其位于田纳西州孟菲斯的超级调运中心，亲身感受一下它的恢弘气度、高速繁忙而精确的作业现场，领略其非凡的竞争力。

公司网站于1995年开通。其1998年度提交股东的报告页面上，以“FDX = 新的领先者品牌”为题，自豪地宣称：FedEx开创了快递产业中的“基地源泉”，史无前例地将智能化系统引入该行业中。FedEx主推“服务、技术、与顾客协同拓展市场”的营业理念，成为在当今快速、竞争、全球一体化市场上，唯一能向顾客提供其需要的“综合性物资调运解决方案”的企业。

可见，虽然同是快递行业，FedEx将其卖点建立在智能化服务体系上，深度介入到客户的物资调运业务中去，提供能与之协同运作的“整体解决方案”，让客户与股东俱欢颜，就能在强大的对手面前领先一步而发展壮大起来。

二、网站定位

FedEx网站注重的是它与客户、尤其是企业客户间的亲合力，这对发挥其智能化运输控制系统的作用是至关重要的。因此，网站定位在宣传“整体大于部分之和”的营销理念、力求与客户协同运作、共谋最佳效益。与UPS等企业网站一样，FedEx网站也是个面向实际作业的服务窗口，故每层页面都有业务宣传、实地作业和树立企业形象的功能。同时，由于公司历史较短或其他原因，FedEx并未争取到如UPS“2000年悉尼奥运会指定承运商”那样高度的“形象工程”，虽少了一份云中漫步的潇洒，倒也能无所牵挂地在网页上做好自己的文章。

首页仅起迎客及目录入口作用。左上角是FedEx标志，其下以多种语言写上“欢迎”字样，一段说明为：“全世界约200万人由FedEx及时、可靠的包裹送达开始其一日之计。您从本站点就可获得世界级的服务”。然后是一幅地球风云图片，环绕以由浅至深的单翼形饰边，一件邮包喷出尾气从饰边反向飞出，画面立意明晰、简练。再下是整个屏幕唯一的活动区，一条下拉目录为FedEx开展业务的各国，由此可实时提交业务、跟踪运输情况、得知抵达时间等。

由首页目录进入的各国页面才是FedEx的作业区页面。画面采用标准版式设计，页面左上角是公司商号标志，FedEx五个字母分紫色与桔红两色，非常醒目。画面有两个不完整的椭圆区，大的在页眉部仅显蓝色曲冠，小的在中央人物左边。两个曲冠中都显示蓝色天空，大曲冠是星际空间，国名、国旗、地球均布在星空下，太阳初升，灿然耀目，取星夜兼程、飞送客货之意；小曲冠为晴空白云，反衬下的人物已抵达地面，带着清晨的背影将包裹送到顾客面前。

对不同国家，页面仅是国名、国旗和递送员形象三者不同。如中国主页的递送员选择了电视广告中主流模特形象，清纯靓丽、笑容可掬；而美国主页中则是位短发干练、体型结实、夹着大包裹风风火火闯天下的姑娘。FedEx 业务流主页的兴趣点都直接设在中央区，且都是递送员的形象，忙碌而面带微笑，体现网站设计的立意重在本地化、人性化服务上，力争给人以亲切感、可信赖感。

任何一个网站，可以有无穷多的页面链接关系，许多企业网站也轻易地建立了无数的内外链接关系，但是应记住：一个成功的企业网站还应有一种超乎页面间的精神链接关系，它是企业的价值取向、管理风格、经营宗旨、营销手法等的综合体现，也可以说是“网站艺术”中的神韵所在。如美国运通网站（AmericanExpress.com）中，不变的主题是绿色币纹水印背景，象征其以效率和成本为宗旨；而 FedEx 网站则处处是笑面世界、忙碌奔波的快递姑娘。

主页左侧一排选择按钮，分别为“登录”、“发货”、“查询”、“送达”、“服务”、“与我们联系”、“FDX 公司”等等；右侧向用户介绍其改进后的“FedEx InterNetShip”（联网运送）业务系统，帮助世界各地顾客更便捷地查询 FedEx 信息，获得服务。它是基于国际互联网的一套智能化货物运送系统，目前为第四版，可提高发货速度，并能一次查询 25 件货运信息。这些都是 FedEx 网站业务类主页的标准格式部分。

三、网站结构

FedEx 网站共 3000 多页，功能强大。页面大致分为两类，一类是业务页面，以国别为页簇平行组织；另一类是宣传页面，按企业介绍及业务进程组织。两类页面互相链接，便于切换。所有页面均以清亮简洁为风格，页面间脉络清楚，链接关系简单。这些都是面向作业、面向流程的服务性网站所应具备的特征。否则，到处设活动区、链接关系复杂、不能按业务进程组织的页面，必然给顾客造成许多麻烦。

网站设有“新用户欢迎中心”和“在线服务中心”。新用户欢迎中心在简单的欢迎词后对服务项目（国内、国际的包裹航运及陆运），接货及送达（核实与接收待送货品、文件、包装、处理、送达等），运输及管理工具（如 Internet、专用软件、硬件、解决方案、运输进程的费用与时间优化等），运输示例（演示介绍 FedEx 系统的简单步骤、申请和提交业务表的填发等）做逐栏介绍。

在线服务中心功能也大致类似，只不过页面增加了实际作业按钮，故除向顾客介绍外，主要是对实际操作提供指导。

在公司宣传中，FedEx 很注重媒体对其报导，将其收入站点，尤其如《财富》、《华尔街周刊》、《巴伦》等权威杂志对其评论，目的是借助第三方之口来树立企业形象。其中精彩篇章如《联邦快运将从货物运输转向比特运输吗?》、《FedEx 的 API 演绎了灰姑娘成功的故事》等等。

四、网站商业竞争力分析

FedEx 网站上述页面属常规部分，与其他快递公司相同。FedEx 能在短期内迅速崛起，自有多个原因，其中之一是它旺盛的竞争力。近两年来，FedEx 的竞争力就体现在它在 Internet 上构建的智能化运输管理系统，其核心威力是对企业用户和对个体用户的吸引力。

对于企业用户，FedEx 的智能系统能与用户企业网无缝联接，或通过 Web 页面直接介入到用户物资运输中去。这样的结果是，任何公司在逻辑上都可直接将 FedEx 庞大的空运阵容和陆地车队当作自己的运输资源，而且 FedEx 智能系统还告诉他们，一切最快并非一切最佳，明智的运输方案应是各种待运物资在送抵目的地总体等待时间最短、或最实时的解决方案。

一般企业不具备智能物资排运系统，也无建立的必要。FedEx 知其系统对它们有独特吸引力，就主推“整体大于部分之和”的协作化、智能化货运解决方案，深受各类企业欢迎，大小公司趋之若鹜。如一家全球性女装零售商兼家居饰品商打算自己做产品的贮储和批发业务，它请求使用 FedEx 的系统来跟踪本企业的定单、检查库存、安排运货时间等等。结果，FedEx 使其实现了所有接单送货均在 48 小时内完成。

FedEx 的成功杰作之一，是其向计算机直销巨头 Dell 公司提供的“全球一体化运输解决方案”。它将 Dell 在马来西亚和美国本土总部分为两大整机及零部件制造与供应中心，对于世界任何一地、任何单位数量的零件或整机需求，均由 Inter Net Ship 系统排出总体成本最低、最快捷的优化递送方案，以“展示 Dell 对其顾客的那种‘成功、质量和服务’的独具魅力之承诺”。而它介入另一行业领袖——优利系统（Unisys）的供货业务时，更显示出该系统在处理不确定、突发性紧急需求时的非凡能力。

对于个人用户，FedEx 网站的规范化作业流程能使他们方便地进行自我服务，可以接发定单、提交运输业务、跟踪包裹、搜集信息和开账单等。

该网站每月有 300 多万次的访问，所有数据都同时进入公司内部网。由于约 2/3 的运输都是通过该系统自动处理，极大地降低了用户向 FedEx 电话应答中心的巨额查询费用，从而为其节省了数百万美元，成本的降低就意味着竞争力的增强。

案例评析

FedEx 网站证明：在当前信息时代，一个公司的先进系统、运作模式和处理的信息，其价值远不止于在公司内部使用。它能在“整体大于部分之和”营销理念下，借助于国际互联网冲破无数企业在行业范围、物理形态和地理行程上的差异，彼此在虚拟的作业环节上实现无缝连接；借助于这种连接，一个企业可以让其先进的管理技术、战略资源，如在时间管理、信息管理、复杂的后勤规划、庞大的空中与陆上贮运资源等对其他无数企业产生如天体黑洞那样的无穷吸引力。

同时 FedEx 还表明，在服务业中，先进的系统和技术仍须与充满亲情的人与人的面对面交往为基础。令人仰慕的企业形象是要花很多年建立的，并具体体现在各员工与顾客接触的那几秒钟内。公司力求最大限度地调动员工积极性，让他们在一个表情和举手投足之间将企业的好形象传递出去。

在 FedEx 主页上最引以为豪的服务案例，是其在母亲节这一天中为成千上万的家庭送去充满人情的“FedEx之盒”。因为这天是全美餐馆最繁忙的一天，也是无数家庭表达其亲情与和睦的一天，但许多家庭会因临时找不到餐馆空位而驻足久等，或在一家又一家的餐馆前徘徊。FedEx就与一家全美最大的餐馆调查公司联手，运用其智能系统，根据各餐馆订座、距离、家庭人数等情况编排出应去哪家餐馆使用哪个餐位的计划，将其连同公司祝贺词一道灌录在那个著名的绿色小盒中，递送到千家万户，真正体现了“礼轻情意重”之服务要旨。

公众现在已经把“交给联邦快递”这句话同遵守诺言等同起来。这一成果来之不易，诚如FedEx电子贸易营销经理布朗称：“无论顾客是通过电话、亲自上门，还是通过国际互联网，我们的目标都是要保持百分之百的顾客满意。”

（中国网络营销网）

模块三　思科系统公司

案例导读

思科系统公司案例

一、公司概述

思科是由桑德拉·勒纳（Sandra Lerner）和伦纳德·博萨克（Leonard Bosack）于1985年创建的，1986年生产第一批产品。这家公司成立伊始即受到欢迎。思科是当时为数不多的生产路由器的公司，路由器是一种可以将不兼容的计算机连接起来，从而共同分享数据的产品。随着计算机革命的兴起，数以千计的组织都急需通过某种方式实现计算机之间的对话。思科的路由器使这一愿望成为现实。不到一年，这家蒸蒸日上的公司的利润每月就达到25万~35万美元。

思科一开始就确立了企业的DNA：高技术设备制造公司，生产和销售先进技术，执行重要的数据加工任务，为各类组织服务。这种定位很好地利用20世纪80年代末和90年代企业和技术领域出现的重要趋势。到1990年，也就是思科上市这一年，公司迅速发展壮大起来，部分原因是硅谷著名的红杉资本投资公司为思科注入了风险投资。迫于风险资本的压力，公司聘请了新的CEO——约翰·P·摩根里奇。在新的管理层带领之下，公司取得了更快的增长率，收入从1990年的7000万美元增加到1992年的3.4亿美元，1994年为12.4亿美元。思科同期的复合年增长率达到惊人的105%。员工队伍迅速扩大，公司在孟罗园建设了面积为12万平方英尺的厂区，并在日本开设了一家公司。

但所有这些都只是一个开头。Internet内容的爆炸性增长，以及思科转向客户兴趣的勇气都为其有更大的增长铺平了道路。到了1999年会计年度，公司年度利润为25.5亿美元，公司的股票市值飙升为2356%，资本市场总值达到2220亿美元，排名全球第五，为当时GM资本市场总值的4倍。2000年财政年度第一季度表现更为出色，营业收入达到了38.8亿美元，比上一财政年度同季增长了49%。这份报告公布后，思科的股票价格强劲上涨，2000年11月23日的市场价值达到了3010亿美元，成为继微软和GE之后第三个市场价值超过3000亿美元的公司，在NASDAQ股票交易市场上跃居第二位。2001年度，思科全球销售额折合人民币1000亿，超过"巨大中华"总和的一倍之多，给业内的震撼是非常强烈的。

目前，思科公司在约翰·钱伯斯（世界上最受尊重的CEO之一）的带领下，正在继续以平均每月新增1000名员工的速度进行扩张，思科创造的财富在滚雪球似的增长。思科的股票市值（大大超过收入的100倍）使它成为世界上最有价值的公司，甚至可以与微软和GE这样一些老牌大公司相媲美。思科公司在保持利润水平大大高于竞争对手的同时，继续向新的市场进军。如今，思科在其20项业务领域里，有16项名列第一（另外4项名列第二），并快速抓住下一个机会，也许是前所未有的重大机会：占领电信—互联网合一的业务市场。

二、追寻客户

在过去的15年左右的时间里，技术领域很少发生像计算机网络这样彻底和迅猛的变化。随着计算机网络的变化，思科的客户基础及其对公司产品和服务的需求也发生了变化。在一个迅速变化的环境中要想满足客户的需求，并且让客户方便地使用这些产品是特别困难的。

20世纪90年代初，思科的主要市场是所谓的企业客户，即那些首先建立大型内部计算机网络（局域网）的国际公司和其他大型组织。它们需要思科生产的各种设备，包括路由器、集线器和交换器。路由器是信息网络的"交通警察"，它阅读每一个数据包，选择合适的发送路径；集线器又称concentrator，是个数据转播装置。一般情况下，在一个局域网里及各个复杂的网络里，这三种设施都是必需的。

20世纪90年代中期，思科客户群开始发生变化。思科既要为众多的企业客户服务，又要为新兴的互联网提供商（将自己的客户与万维网连接起来的公司）市场服务。这种新的客户群要求思科有容量大、可靠性强的交换器、路由器和其他一系列新产品，例如异步传送模式、广域网和远程访问等。

思科能够比竞争对手更有效地回应这种变化，因为它认识到并利用了两种转变模式：产品解决方案和事实标准。思科不把自己看成是制造路由器和交换器的公司，而是努力把自己看成一个计算机网络解决方案提供商。驱动这种变化的力量是计算机网络日益的复杂性和风险性。随着网络的复杂化和对企业要求的增加，客户急于从一个渠道购买所有的网络产品和服务。

思科追赶市场需求的能力来自于它的一种非凡的意愿，这就是倾听客户的声音，并作出相应的反应。为了回应客户的需求，思科一直致力于扩大产品线，而不局限于传统的路由器和交换器。从战略的角度看，它没有其他的选择。公司的收购是一个主要工具。只要客户需要的技术，思科都可以收购，目的是为将思科转变为一个彻底和可靠的客户所有网络需求的提供商，确保在联网工业每一个领域的竞争优势。到1997年，来自被收购的公司和技术的收入占公司年收入的一半。

思科管理网络设备的软件程序一直很松散。20世纪90年代中期，思科将这些软件合起来并命名为网络操作系统（Internetwork Operating System，IOS）。1997年，随着思科销售持续增长及思科积极致力于成为全面解决方案的提供商，IOS成为计算机系统间传送数据的全行业标准。思科许可Compaq、Intel和Microsoft以及Bay Networks（港湾网络）和3com这些直接竞争对手使用它的技术，从而使其成为思科的一个收入来源，它们使IOS成为网络世界无所不在的影子。今天，思科路由器和IOS软件控制了所有网络通信量的70%，遍及整个互联网、局域网和广域网。IOS标准成为思科的主要资产，它使思科客户感到风险小了，这种感觉是思科价值理念中的一个环节。与PC操作系统的微软一样，思科在网络世界拥有80%的客户基础。它的强大的销售渠道只要不断补充最好的新产品就可以了。

三、互联网架起“虚拟企业”

作为全球最大的网络互联网设备供应商，为全球联网提供80%以上的核心设备，思科系统公司也是互联网商业的卓越实践者，基于互联网进行虚拟结算和虚拟制造，创立了“虚拟企业”的成功模式。在《商业周刊》2000年公布的100家最大公司中，思科公司从上年的第32位跃升为第9位，市值达1700多亿美元，在全球大型公司中增长最快。对思科系统公司来说，充分利用互联网来管理和运作企业，是增强企业竞争力、给企业带来巨大财富有效的手段。它成功地开发和应用了全新的基于互联网的企业管理和生产系统——“虚拟结算”和“虚拟制造”系统。

（一）“虚拟结算”

在大型企业中，企业管理层制定策略、投资计划和资金运作方式等关键性政策的一个重要基础是定期汇总的企业结算数据。一般企业往往每隔几周甚至更长时间才能够完成一次结算工作。对大型跨国公司来说，由于企业的部门和分支机构多，这个周期往往很长。企业管理层只有在一次结算完成后才能总结前一时期的经营策略和运作方针是否成功，以及企业有哪些地方出了问题。因此，在企业管理层采取措施之前，一个问题可能会在企业中存在几个月甚至更长时间，而企业管理层针对这些问题制定或修改的经营策略也会相对滞后。

“虚拟结算”利用网络将企业的各个部分连接在一起，把企业各部分的经营数据通过网络汇总到一起进行处理和结算。由于网络的高度是实时性，这种结算工作可以实时完成，而不用像原来那样每隔很长时间才能进行一次。这种快速结算的能力使企业管理层迅速地发现问题、把握机会。它可以使管理者洞察企业运营的每一个方面，对企业进行整体的运营管理。如果让企业的雇员根据其授权了解这些数据，那么他们会更积极主动地执行企业的策略。这样，公司整体效率将得以提高。

（二）“虚拟制造”

在传统企业管理模式下，企业内部的零部件采购、产品生产和销售等各个部门难以高效地配合工作。当零部件库存、产品订货等重要信息不能很好地在各个部门之间传递的时候，就很有可能出现零部件短缺或者产品积压等问题，这不仅将降低企业的生产效率，而且将显著增加生产成本，使企业在市场竞争中处于劣势。采用“虚拟制造”技术则利用了网络的巨大优势，大大简化了生产管理和决策工作。

简单地说，“虚拟制造”就是将大型企业在世界各地的众多部门虚拟成一个单一的大工厂，使得管理决策层可以在全局范围内轻易地管理和控制企业的生产。而这一切对企业雇员和客户来说是完全透明的，企业员工只需负责自己的工作，客户也只接触到一个统一的企业和产品形象。

（三）应用效果

利用“虚拟结算”和“虚拟制造”系统，不仅可以在企业内部实时共享和交换信息，而且可以在企业与零部件供应商和销售商之间建立快速的信息共享和交换通道，使得从原材料采购到产品销售的整个企业运作过程变得通畅无阻。

“虚拟结算”和“虚拟制造”系统在思科系统公司的成功运用，极大地提高了思科系统公司的生产效率。

“虚拟结算”使思科系统公司能够随时跟踪其全球范围内各种产品的销售及运用情况，及时抓住商业机会，走在竞争对手前面。

思科系统公司的成功，使“虚拟结算”和“虚拟制造”受到了广泛关注。人们越来越认识到，网络应用对未来企业的发展至关重要。

思科系统公司总裁约翰·钱伯斯说：“如果一个公司没有为其未来10年做好准备的话，必然会在竞争中处于劣势。这不仅是三高科技产业中的现象任何国家的任何产业都是如此。互联网的发展不会等待任何人、任何公司甚至任何国家。”

四、思科网络客户服务系统

思科是第一批试图挖掘互联网业务潜力的公司之一。思科在网上设立了专用于销售产品和提供客户服务支持的站点，其中尤其以客户服务体系统独具魅力，能与顾客建立很好的一对一关系，赢得顾客的信任，建立顾客的忠诚。它在网上的销售业绩是骄人的，自20世纪80年代后期至今，它已销售的路由器比其他销售总量的和还要多，它的股票在NASDAQ的行情一直看好。它的站点很受欢迎，获得POINTS的TOP 5%，以及MAGELLAN评选的4星级站点的称号，这两项荣誉一般很少授予专门从事商业活动的企业站点，但因为思科的顾客服务系统如此成功，以致同时获得这两个荣誉，这是非常难得的。

公司从1992年就开始利用电子工具为顾客提供更为满意的服务迄今，它对网络的利用经过了工具、服务手段和贸易三个阶段。最初它建立站点的唯一目的是为了向顾客销售产品，以顾客作为生产、销售每一个步骤的出发点；然后它又将顾客服务作为一个主要的方面来发展，逐步开发出独具特色的顾客服务体系。随着这种顾客的整和，思科网上站点从原有的单纯的售货途径发展成为贸易的有力工具和手段。

思科公司在管理中强调以客户为中心，这一理念最主要体现在“思科在线连接（Cisco Connection Online，CCO)”，它是信息和网络应用的一个全面的、基于 WEB 的在线资源。CCO 在全球拥有 15 万名注册用户，每天访问量有 150 万次。这使 CCO 成为为客户提供反应迅速、全天候服务的主要手段。CCO 为客户解答问题，诊断网络故障并提供解决方案，在全球范围内给客户以专家支持。思科 80%以上的技术支持都是通过 CCO 提供给客户和经销商的，这为思科每年节省了近 5 亿美元的开支，并使服务于国际客户，CCO 的部分主要内容还翻译成多种语言，在近 50 个国家有不同的网页。

思科公司的站点，以 CCO 为主题的主页就像一个企业的电子商务中心——7 个版块中的 6 个分别是；联网解决方案；产品与技术介绍；网上订货；网上服务与支持、网上培训、认证和讨论；伙伴与分销商。在一般公司网站通常占据显著地位的公司新闻和介绍在此只占一个版块。

思科公司不仅有全球领先的联网设备和应用方案，也是网络时代创新企业模式的实践者和成功典范。通过电子商务网站“CCO”，思科在网上销售复杂的网络设备。目前每天的销售收入达到惊人的 2800 万美元，全年在线销售额超过 50 亿美元；每天从网上得到的订单超过 4000 万美元，并由此节省约 8 亿美元的运营费用。华尔街商业评论家说，通过商务在竞争中获得优势，思科公司是“一个优秀的范例”。

思科公司鼓励和引导它的全球客户通过互联网订货，并希望这些网络订货的客户至少有一半成为思科的“合伙人”，而不仅仅是购买思科的技术产品，钱伯斯要求主管经理与伙伴们密切合作，指导他们运用网络技术，帮助他们利用 Internet 来与供应商和客户联系。

思科建立了一个全球性订购与产品供应网，能迅速与合作伙伴的主页相连，从而使得它与供应商、合作制造商和装配商，以及贸易渠道伙伴看起来更像一家公司，一个客户的定单可以立即触发部件供应商将部件装船发运，思科公司可能连包装箱都不会碰一下。目前，思科有 70%的产品由外部资源生产，无需建立新的工厂就能将生产能力扩大 4 倍，并能将新产品交付市场的时间缩短了 2/3，仅需 6 个月左右的时间，在思科公司每年的零部件采购中 80%是通过网络进行交易的。对思科的合作伙伴来说：“除非他们通过网络做生意，否则就别想成为思科的供应商!”

思科对客户的技术支持，有 80%是通过网络进行的，这种交互式服务及时快捷，使客户的满意度提高了 1/4。思科负责客户利益的副总裁道格·阿尔雷德认为，有了思科网站，可以减少招聘 1 万名技术支持工程师，从而将这些人力资源投入转移到新产品开发上，可以获得极大的竞争优势。利用互联网实现公司内部一些职能，包括管理内部费用账户，解决用户的咨询问题及处理用户的订单，思科一年至少可以节省 3.6 亿美元，这比思科的主要竞争对手花在研究上的钱还要多。

钱伯斯坚信 Internet 将改变我们的工作、学习和生活方式。事实上，思科进行的创新实践，就是 Internet 如何改变这一切的最好范列。

五、思科网络客户服务系统的实施过程

在思科网站，有一个专门介绍思科网站高级客户服务系统小组成员的页面，详细地介

绍了小组中每个成员的职能，这一重要举措使网站更加人性化，并能给客户以亲切感和信心。网站对客户经常性问题（FAQS）能够自动回复，对客户稍复杂的技术性问题则转由“开放论坛”或“案例库”来提供帮助。

通过网站回答客户的问题，分为两步来进行：第一步，对问题进行解析，得出其关键词。然后利用关键词在 CCO 的“Q&A（问题与答案）”中搜索答案；第二步，当搜索结束时，系统会提供一系列可能的答案，如果返回的答案不能满足客户的要求，客户可以换种方式重新叙述问题，或单击“Send to Forum”按钮，将问题发给思科负责寻找答案的专职人员，但这并不一定能保证一定能找到答案，如果仍不能找到令客户满意的答案，问题提出者应将他所需要答案的时间告诉“Q&A 时限表”。这样，客户服务小组可以按照问题缓急程度来决定先回答哪些问题。如果需要马上知道答案，最好打电话。问题的答案提交给开放论坛的同时，也会给问题提出者发出 E－mail，并通过一个电灯泡的图标提示他答案已发到，正等候阅读。单击图标，便可以看到所提问题的一个或多个答案，客户可以根据自己的需要选择最优的解决方法。

客户接受答案后，他所提出的问题及答案会被添加到 Q&A 数据库中，以后出现类似问题只要搜索 Q&A 数据库即可解决。从 1995 年 4 月开始启用“开放论坛”以来，思科 Q&A 数据库中的问题及答案已超过数千个。目前，每周大约要收到 600 多个问题，其中有 500 多个有现成的答案，只有大约 70 个需要进入“案例库”讨论。

在“开放论坛”中搜索不到答案的问题要进入“案例库”，由 TAC 负责解答。TAC 由一组资深客户服务专家组成，他们知识渊博、经验丰富，可以当场回答问题，或通过适当实验后再回答，或请其他部门经理帮助解决。思科公布对各类问题回答的先后顺序，如果出现的问题涉及客户的根本利益，他们建议客户打电话寻求解决。他们还公布各层次问题回答的时间限制，如果你的问题处于第三层次而未能在规定时间内得到答案，那就意味着你的问题有可能被上升到第二层次，并请求专家辅助解决。总之，思科公布他们内部的操作方法是一种可敬的顾客服务哲学。如果你遇到非常棘手的问题，你甚至可以找思科的总裁、首席执行官钱伯斯，他的地址在公司人员表就可以找到。

六、思科客户分类服务策略

客户分类服务是思科网络客户服务最具特色的部分。思科建立用户的 Entitlement Database（授权数据库），利用这个 Database 可以使部分用户获得密码，允许他们可以接近公司的某些重要信息，而对另一部分则保密。这就是思科可以灵活地根据客户的不同类型创建不同内容的服务。

第一层次是最广泛的网上居民，他们没有在思科系统中登记。他们只是想浏览一下思科的产品目录，或阅读公司产品年终报告的普通上网者。这类访问者只能接触有关公司、产品和服务的最基本的公开信息。当然，思科非常欢迎他们所提供的反馈信息。

第二层次是从思科的零售商、代理商手中购买思科产品的客户。他们可以获取思科有关信息，但由于他们不是思科的直接贸易伙伴，所以思科不知道他们的要货需求，他们也无法获取公司有关价格方面的信息。这个层次中还有一类是“公司用户”，他们可以获取价格及订货状况方面的信息，但只能得到他在市场区域的这类信息，只可以查看自己的订货状况。有些情况下，企业对这类交易的历史非常保密，不愿让同一组织中的其他成员知道。因此，思科要求有专职人员处理这类问题，而不是采取自动查询的方法。

第三层次是“签约服务客户”。他们是由思科商业伙伴组成，并接受思科商业伙伴服务的客户群。他们可以浏览思科技术细节和参考部分内容。另外，用户也可以创建自己的网络环境，通过 E-mail 或传真接受思科软件中新的、可实施的 BUGS 更换。他们可能会获得接触软件库中全部信息的权利，这要取决于思科商业伙伴和客户之间的支持合同是只以硬件还是同时兼顾硬、软件。由于他们应从思科的商业伙伴那里获得技术支持，所以他们一般不能使用技术支持的案例管理工具。

第四层次是思科的直接购买者，他们与思科有服务约定。本层次的客户可以获得上一层客户所接触的所有信息。此外，他们还可以从思科那里直接获得技术支持，可以下载软件库中的所有软件。思科分销商、代理商等也归入这一层次，他们能获得比直接购买者更多的信息。同时，他们还掌握一些管理工具，控制哪些信息对其顾客保密。

思科的雇员可以接触以上所提及的所有信息，并掌握一些控制、报告的工具，对系统用户的使用过程进行监测。思科采用的另一种方法是将信息放置在服务器上一个隐藏的地址上，给它一个隐蔽的名称，并且不和其他任何的页面相衔接。如果一个客户打电话来询问一个特殊的问题，比如说解决的方法是能修改一个用户路由器的软件，思科的技术人员可以对软件进行修改，在实验室中测试，然后将修改好的软件采用这种方法放置在站点上，并告诉用户隐蔽的地址和名字，用户可直接到该地址上取用软件。

案例评析

一般来说，经历 40% 以上增长的企业要想在长期内保持这种增长势头是不可能的，特别是像思科这样取得巨大规模的企业。不过，今天技术发展的趋势使思科有可能在未来几年内取得一流的增长速度。目前，75% 以上的互联网信息是通过思科产品进行的。随着未来世界上网人数的急剧增加，思科仍有较大的发展空间。但也面临着严重的战略挑战，思科可能失败——惊人的失败。

首先，客户演化加快。思科的客户及其需求不断迅速演化，思科产品和服务也要求以相同的速度演化。企业客户目前占思科市场的 50%，服务提供商占 35%。小企业占 15%，是思科的新兴市场。为了满足现有客户的新需求和新客户的需求，思科正在寻求垂直的和水平的解决方案，以简化服务手段。Intel、3com 和其他公司已经开始进军家庭网络，以尽早占领该市场，思科如果不能及时作出策略调整，所造成的后果是不堪设想的。

其次，新技术的挑战。思科的交换器控制了以数字为基础的互联网，但是新的数据传输方式——光纤交换具有无限的宽带能力，能够提供更快、更便宜的数据交换，即使光纤交换也需要有形连接。随着无线解决方案的增加，思科在地面网络方面的统治地位将会发生无法预知的变化。

再次，新兴的公司也有可能威胁思科的霸主地位。例如，康柏开发了一种新一代的路由器装置，其速度是思科的4倍。结果，这家小公司的市值已达到430亿美元。思科在与世界大企业争夺市场的同时，也要防止来自小型竞争者的袭击。

最后，新行业的挑战。目前，一种三合一模式正在出现。以前三种相互分割的数据线路（有线、电缆和无线）、三种相互分割的内容形式（语言、书籍和影视）、三种相互分割的转换形式（电路、信息包和光纤）都已经开始重新合并或复合。新的竞争者正在进入这些业务领域，客户的需求变化越来越复杂。目前还不清楚，这种新行业将采取什么形式。但有一点很清楚，电话设备制造商如 cabletron 和 3com 也将日益进入 Nortel 和 lrcent 的领域。面临 Nortel 这样一些语言数据领域的强者，思科在这样一个不熟悉的领域，要做的事情还很多。

总之，市场竞争是残酷的，任何一家企业都有可能在市场上称雄，但关键是要看其是否具有随市场要求变化的应变能力和实力。

本单元实训

访问搜易得网站（http：//www.soit.com），了解该 IT 数码商城如何通过五重保障体系，解决电子商务信用、安全问题的？对企业的网络营销组织控制有何启示？

本单元习题

1. 网络营销实施的运作过程分为哪几个阶段？同时还应注意什么问题？
2. 网络营销实施应如何把握时机？
3. 我国传统企业进行网络营销，应如何看待投资成本与营销效益的问题？
4. 请区别传统营销与网络营销中企业组织机构的差别，并说明后者的管理模式的特点。
5. 你认为网络营销中企业对人才的培养应注意些什么？
6. 在网络营销中，什么叫经济性风险？它包括哪几个方面？
7. 网络知识产权的侵犯带来的风险属哪一类风险？主要是哪些方面的侵权？对保护网络知识产权，你有何建议？
8. 如何进行网络营销风险的控制？
9. 网络营销风险的消费者保护有两大方面，试展开说明。

附　录

网络营销案例集锦

案例一　海尔“一对一”中国农村市场营销案例

2000年底海尔集团冰箱事业部面对国内城市冰箱市场日益激烈的竞争，决定对国内冰箱市场实施战略转移，将目光转向具有良好销售前景的农村市场。

烟台科特管理顾问公司根据海尔冰箱农村市场营销战略的需要，对农村冰箱市场的需求特征、竞争状态、消费者行为、网络渠道、促销方式、广告宣传、村镇消费习惯、区域消费文化等涉及制定营销策略的信息进行随机抽样问卷调查、整村整队分群问卷调查和电话跟踪调查等调查方式，在一年多的时间里共进行了四次市场调研。调研对全国不同省份地区采用入户调查，四次共发放问卷88105份，共回收问卷73797份，有效问卷共65845份。他们还采用SPSS软件对调查数据进行处理和分析，建立了海尔农村冰箱市场营销数据库。

在充分调查的基础上，经过不断的市场推广实验总结，最后制定了海尔冰箱的“一对一”中国农村市场营销策略。一对一策略就是根据农村各地区不同的收入和消费行为特征，分别采取直接入户销售、直接对村队的销售促进和对乡镇的销售推广的三个层次的营销手段。

一、市场分析和目标

目前我国大中城市的家庭冰箱拥有率已超过95%，在个别城市已达到99%，而调查显示的农村冰箱拥有率是22.7%，说明在城市冰箱市场已趋成熟时，农村市场仍处于导入阶段，两者普及的程度相差十多年。以西门子、伊莱克斯为代表的外资品牌在近两年强劲地崛起，迅速占据了国内约20%的冰箱市场份额。在城市冰箱市场上，以海尔、容声、新飞和美菱等为主的第一阵营与伊莱克斯、西门子等为主的第二阵营之间的品牌之战势不可挡。另外，目前冰箱市场处于供大于求的状况，竞争趋于白热化。在激烈的市场竞争状况下，海尔认识到，只有抢先占有农村市场，才能占得市场先机。

同时，有两个重要的外部原因也促进农村冰箱需求增长：

1. 市场的宏观环境渐趋有利。中央把增加农民收入视为扩大内需的重点，改造农村电网，改善农村交通、通信设施等，都成为培育农村冰箱市场的有利因素。

2. 农村购买力的提高。近几年我国农村人均收入保持连续增长，农民手中储蓄存款约达9000亿元，手持现金8000亿元，这部分资金形成了很可观的购买力。

最终，海尔与科特公司共同确定的市场调查和营销方案的目标是：在农村市场进行品牌推广，让农村消费者接受、认可海尔冰箱，寻找适合农村市场的促销方式及新的营销组合策略，以及开发出适合农村需要的、经济适用的冰箱新产品，开拓农村冰箱市场。

二、市场推广策略

调查结果显示，海尔的产品能否进入农村市场并占有一席之地，在很大程度上取决于五个因素：产品质量是否过硬，能否经久耐用，是否有完善的服务措施，能否提供全方位的服务；价格是否合理，能否满足农民的需求；企业是否运用了正确的促销策略，真正贴近农民；企业能否因时、因地制宜地搞好销售；企业是否与农民消费者“打”成一片，赢得真心。

（一）产品策略——实用、耐用

降低冰箱科技含量，生产价低耐用的冰箱产品。开发农村市场产品，须注重科技含量的“平民化”取向，只有以“平民化”的面目才能取悦农民。通过对全国15个省市10362户农民家庭的产品需求调查，海尔投放农村的冰箱需做到：减少产品中不必要功能的设置，防止功能多余造成闲置；从大多数农民的消费能力出发，实施产品档次的多元化配置；合理提高冰箱产品的民俗文化品味。

根据调查了解的农村家庭使用和结婚需求的特点，以及对冰箱一些指标的具体要求，海尔设计开发“囍”系列和“福”系列两大系列六个品种的冰箱。这些冰箱的容积从160升到216升，每个系列分三个档次，考虑到农村家庭中冰箱的使用条件及使用用途的特殊性，增加一些实用和适应性功能。

健全售后服务网络，消除农民的后顾之忧。海尔的售后服务网络是强大的，但在农村三级市场还不够完善。为了弥补农村市场服务落后的状态，海尔以巡回维修大篷车和小分队形式深入农村，进行宣传和实际维修服务。

（二）价格策略——中低价位

据调查显示，74.6%的农村家庭只能接受中低价位的产品。同时，被调查农民希望和能接受的价位是1600~1800元和2000~2200元。

因此，营销活动中将“囍”系列160升、180升和200升定价为1600~1800元；将“福”系列186升、196升和216升定价在2000~2200元之间。为防止“窜货”和“乱价”，对于“囍”和“福”系列的产品外包装上有明显的专供×××农村地区的标示。

（三）渠道策略——一对一上门销售

深入的调查分析表明，农民对冰箱的购买需求一般属于被动购买，仅有渠道还不够，还要能唤起农民的购买欲望。科特公司决定采用定点、定区域由冰箱市场部、当地海尔工贸和经销商联合进行一对一上门的销售。事实证明这是一种行之有效的方法，不但能迅速提高销售业绩，还能节省大量延伸销售网络成本费用。

（四）促销策略——贴近农民，做农民式促销

1. 一对一促销人员职能。对半年内有冰箱需求的消费者要直接上门入户推介海尔冰箱，确定消费者对冰箱购买的准确信息；对一年内有需求的要不断跟踪促销；对两年内有需求的要建档，并利用节假日和当地特有的风俗习惯的机会以海尔文化和品牌为主题进行宣传，建立良好的品牌和产品形象。

2. 广告宣传。通过调查了解到：广告在促使农村消费者注意、认知、了解、购买品牌的过程中起着重要作用。由于农村消费者的文化素质、生活范围、媒体接触习惯等都有自己的特点，因此海尔冰箱面向农村消费者的广告宣传力求因地制宜，有所创新。

3. 注重口碑宣传。调查显示：有20.4%的现有冰箱农民家庭购买冰箱时是接受了亲戚朋友的介绍和推荐，即口碑宣传。所以促销人员要抓住消费领袖和现有冰箱消费者，利用亲朋好友以及左邻右舍对产品的评价和信任，提高海尔冰箱良好的口碑形象。

4. 选择最有效的电视广告媒体。调查表明：17.3%的现有冰箱家庭购买冰箱时会受电视广告宣传的影响，电视是他们最重要的信息来源渠道。农民消费者看电视的高峰时段集中在19:00～22:00，电视频道侧重于中央一台和省级、县级电视台，电视节目则偏爱于电影、电视剧等影视节目。因此，海尔冰箱选择山东有线电视广告作为广告宣传的媒体，目光放在最基层的电视台，县城新闻、乡镇新闻等当地农民最关注的节目。

5. 营业外推广（按农村方式进行）。营业外推广能够高效地促成消费者的购买行为，在一定时期内提高销售业绩。农村冰箱市场有着典型的淡季、旺季之分：春节前夕和处于结婚高峰期的秋冬季节是家电消费的旺季。调查显示：农村家庭购买冰箱的时间都集中于5～6月份和10～12月份。根据淡季、旺季的特点，海尔制定了不同的营业外推广手段，充分发挥营业外推广的促销作用，抓紧时机，提高海尔的市场份额。

运输麻烦是农村消费者购买家电的一个难题，一对一促销过程中重要的环节就是送货上门。冰箱送上门后安装调试好，消费者使用满意后付款的措施将更易赢得农村消费者的信任，有利于海尔冰箱的口碑和品牌形象建设。

（五）公共关系策略——“海尔，真诚到永远”

农村消费者是一个比较感性的群体，他们爱憎分明，如果有哪个企业给他们留下了好的印象、打动了他们的心、获得了他们的好感，他们将成为这个企业永远忠诚的支持者；相反，这个企业在农村将永远没有市场。因此，在开展一对一促销的同时还须十分注重与农民建立起良好的公共关系，塑造良好的公众形象。

(六) 营销组合的整体相互作用

在策划海尔冰箱农村营销策略时，为实现所确定的市场目标，必须综合发挥营销组合的作用，但单靠促销、价格或产品都无法达到海尔冰箱提高农村市场占有率的目标。因此，一对一策略要充分考虑到营销组合要素的关联性和相互作用。

“囍”和“福”两个系列冰箱产品在农村市场的供不应求证明了产品策略是正确的，同时还说明在制定产品策略时充分考虑消费者对产品价格承受能力是正确的。通过减少不必要的功能降低生产成本，又通过一对一直接上门销售减少销售环节费用，保证两个系列的冰箱价位在1600～1800元和2000～2200元之间，适应农民对海尔冰箱价格的预期，也为海尔冰箱在农村市场赋予价格上的竞争优势。一对一入户促销还将渠道功能和促销有机结合起来，充分发挥海尔农村冰箱价格上的优势，辅以营业外推广手段，使海尔冰箱在短期内农村市场的占有率有了较大的提高。

三、一对一营销策略业绩成效

(一) 市场推广

在2001年调查分析的基础上，海尔2002年2月起对全国33个重点村庄实施一对一营销策略。实施过程中，科特公司在山东随机选择500户农民做了市场实验。后期实施中，海尔冰箱的入户有效率为94%。

考虑到山东市场对海尔的重要性，2002年5月海尔对山东26个重点村庄进行了全面一对一营销活动，入户有效率87%。2002年10月在山东省77个实施一对一营销的村庄抽取5个村庄的1267家农户作为样本，进行一对一营销效果跟踪调查，海尔冰箱市场占有率提高了7%。

(二) 商业成效

考虑冰箱销售在农村处于导入期和市场开拓期，海尔公司对冰箱在农村销售就没有确定销售额目标。初期的目标重点是建立海尔冰箱在农村市场的品牌和文化形象。调查表明：海尔冰箱在农村市场的第一提及率和第二提及率都有提高，说明海尔在农户心目中还是有较高地位的。

原来由于销售网络、促销分离，每台销往农村市场的海尔冰箱平均销售费用约150元，实施一对一策略后降为每台50元，一对一入户销售在降低销售费用方面效果显著。这个结果正好符合海尔公司希望一对一营销策略能够降低农村市场的销售费用的期望。

案例二　雪花啤酒尝试网络营销案例

一、啤酒行业的营销现状

当很多快速消费品企业还奔波于电视广告轰炸和终端促销拼杀时，雪花啤酒已经开始牵手网络，别出新招。雪花从 2004 年涉足网络营销，到 2005 年全面进入，虽然时间不长，但在操作理念上已经比较成熟，比如“勇闯天涯”活动与网易的结合，在线上线下都取得了很好的传播效果。

品牌营销的突破，离不开对市场发展趋势的洞察和对变革机会的把握，雪花做到了。由于以下几个方面的原因，中国的啤酒企业对于网络的运用尚处于初级阶段：

（一）国内啤酒品牌化的进程才刚刚开始

中国缺少一个真正全国化、国际性的啤酒品牌，尽管有表现相对突出的几家企业，但燕京、青岛和雪花这三家的销售总和也还不到全国啤酒总量的1/3，大部分企业都处于小区域运作当中。这样的一种现状，就决定了啤酒行业中绝大多数企业当前的重点仅仅是销售而非品牌，自然也不会借助网络媒体进行品牌的打造。

（二）企业对网络广告的认知存在误区

营销人员对于网络的重视程度不够，对网络的作用研究不到位，操作技巧欠缺。这一方面与网络本身的认知推广有关，另一方面也与当前企业营销人员的自身素质有关。

（三）目前市场上对网络广告的评估体系不完善

没有精确合理的投入产出计算方法，多数企业在无法评估网络广告效果之前通常都采取观望的态度。

（四）网络广告的形式总是在不断创新

从网络媒体近几年的发展看，一些传统的广告形式已经被淘汰，而一些新的形式如视频等正在出现。

其实，啤酒的消费者特征决定了其可以与网络达成很好的沟通合作。以雪花为例，其针对的人群是 25 ~ 35 岁的青年一族，而这恰恰是目前网络媒体的最大受众，这种自然形成的针对性就构成了品牌与网络媒体的结合点。因此，啤酒企业乃至更多的快速消费品企业实现与网络媒体深度合作的核心难点，不在于受众，而在于企业思维上的突破。

二、雪花选择网络营销的优势

（一）网络媒体可以在短时间内传递大量信息给广泛的用户，企业可以把有关活动的信息迅速传递出去。

（二）可以提高活动的关注度，使更多的人进入到企业自己的网站中，参与到相关活动中。

（三）网络媒体可以克服平面、电视等传统媒体广告费用投入大、内容受限制、时效性差等缺点。网络媒体不但费用投入远低于传统媒体，还可以将更多的文字、更详尽的介绍放在网页上，并通过不同的网页链接来体现不同层次的内容。再者，如果进行活动的推广，目标受众在看到报名启示后，就可以直接点击、登录、报名，实现了即时参与和随时参与，从而最大程度地增加了参与人数。

事实上，网络广告具有非常大的发展空间，其参与人数多，链接层次多，内容丰富，对于快速消费品是非常适用的。

三、雪花网络营销成功的关键

当前，雪花啤酒用于网络广告的投入已经超过了数百万元，从数额上已略具规模。虽然这在整体广告投入中所占的比例还不足 10%，但投入产出比却要优于电视广告，所达到的效果要远超过 10%。根据监测数据，雪花网络广告高峰时期的点击率达到了 100 多万人次。雪花在网络营销上的投入和实践比较成功，总结一下，成功的关键有两个方面：

一是，要找到适合自己的网络媒体，根据自己的目标消费者和网络针对性来确定网络广告的内容。雪花的做法是通过专门的服务公司进行调查，考察网站的影响力、点击率、目标受众、针对性等等，从而做出详细的媒介规划。

为配合 2005 年推出的“勇闯天涯”活动，扩大活动影响力，雪花开始运用网络传播，门户网站自然是首选。之所以选择网易，是因为感觉网易的形象比较年轻、时尚，与雪花的目标消费者很匹配。事实证明，雪花啤酒“勇闯天涯”活动在网易上的传播取得了不俗成绩，达到了预期效果。

其次，要选择最佳的网络广告形式，同时不断创新。广告形式不能太简单，否则很容易被用户屏蔽掉，影响预期效果。这里所讲的创新是指可以与企业产品、活动等相结合的广告形式。

二是，要增加互动性。网络媒体最大的优势就在于互动，因此不能只是简单地进行告知性广告传播，还要尽可能多的让消费者参与进来。

谈到后两个方面的具体体现，还是要举雪花啤酒“勇闯天涯”活动的例子。实际上，“勇闯天涯”不仅仅是一个参与性的活动，还体现了雪花啤酒的核心精神，是在产品之外刻意打造的一个活动品牌。而且，活动模式不会一成不变，每年都会在形式上有所创新，并且融入最新的流行元素。雪花将在网络上做成一个最具代表性的推广模式，让消费者在参与活动、享受网上乐趣的同时熟悉并忠诚于品牌，甚至可以在网上设置闯关障碍、闯关区域、闯关工具、闯关奖励等项目，形成一个“网上秀”的“勇闯天涯”虚拟活动。

在新的一年中，雪花会根据自身的宣传和活动规划逐步加大网络广告投入。除网易这个固定的合作伙伴外，也会加大对其他类别网站的投入，扩大与网络媒体的接触范围。另外，还会根据不同类别网站的特点采取不同的宣传策略，进行不同内容的传播。

总之，网络会成为未来营销中最重要的工具之一，网络营销也必然会占据越来越重要的地位，啤酒行业品牌化进程的加速也会更加重视网络的作用。

案例三 800Buy：预见成就未来

800Buy，对不熟悉中国互联网的朋友来说，这还是一个名词解释，它是一家国内著名的电子商务公司，专注于时尚礼品领域，是央视公众指定的唯一礼品提供商，2003年经营额已超亿元；2004年5月1日，成功地收购了莎啦啦鲜花网。

一、800Buy创业与背景

说到800Buy，自然要说到800Buy的高层领导美女CEO张毅女士，她用自己的行动和高瞻远瞩的策略预见中国礼品事业的发展前景，并一步步地成就着未来。800Buy诞生于祖国首都北京，1999年11月由张毅与一批留美工作人员从美国硅谷回国开始筹备，2000年3月正式启动，四年后的今天，公司现有员工200余名，以优秀的、具有高新技术与管理背景的归国留学人员为领导核心，服务网络遍及全国，在全国23个大中城市提供送货上门、货到付款的购物方式。2004年5月并入其中的Salala鲜花速递则早已建立了服务国内300多个城市含海外185个国家和地区庞大的配送体系，形成了国内主要城市的计算机订单处理系统、用户端双向售后服务流程。

一个公司经营得好坏，成功与否，很大程度上与公司的管理团队，特别是首席执行官的经历和领悟能力密切相关。张毅的经历，有人用了“幸运”两字来作结论，本人认为这还是与张毅的成长与学习有很大关系。张毅的中学时代是在河南省实验中学度过的，这是美国人投资创办的一所学校。生活在中国，接受美国式的教育，使张毅在人生成长的重要阶段形成了一种融合中西文化的思考方式。中学毕业后，张毅免试被保送到清华大学计算机系；1991年，获清华大学计算机和经济管理双学位；1992年，赴美留学，在宜利诺易斯大学（University of Illinois）攻读计算机硕士学位；1993—1995年，任职于瑞银华宝银行（S. G. Warburg）。其间在芝加哥大学获得MBA学位，主修会计和金融；1997—1999年，任职于华尔街摩根斯坦利（Morgan Stanley）。其间，先后参与过美国汽车行业的兼并重组以及科技股、电信股、零售股的债券融资收购等大交易，曾协助Netscape上市，帮助Amazon进行过10亿美元的债券融资；1999年，张毅回国创办炎黄新星网络科技有限公司，2004年，炎黄新星信息技术有限公司更名为八佰拜信息技术有限公司。

二、幸运与机遇

张毅看上去好像杯子里的咖啡那样平静而富有味道，一颗火热的心却在另一个时空里搅拌翻腾，成就中国第一礼品网似乎是她坚持不懈的追求。她有着很多“天生的优势”，女性细腻的观感，让她将800Buy的工作做得更为出色。“我和中关村白手起家的创业者不同的是，他们完成原始积累需要很长的时间，往往在40岁的时候才跨入其他行业，进行投资；我通过在华尔街这些年的投资经验和心得体会，原始积累一次到位，主要就是一个融资过程。”谈起创业张毅说，“我现在也经常去美国过上一段时间，我从来就没想过自己是东方人还是西方人、是东方文化的还是西方文化的这类问题。张毅就是张毅！不管在哪里做事，不管做什么事情，都要把事情做得最好。”张毅是成功的女人，她的投资理念也更得益于她在美国的学习，美国的八年学习与生活，使她每迈出一步都和投资银行家的梦想更接近一步。

张毅是成功的也是幸运的，其实机遇对每个人都是公平的，就看你能不能在到来的时候抓住它。张毅认为自己幸运是因为自己早作准备，比别人眼光看得远一些。出国前，她就想好了去美国学习技术和商业经验，然后回国。当时，张毅给自己定的目标是五年进入华尔街。实际上，两年后，华尔街就出现了张毅的身影。“出国以后我一直追求能在华尔街立足，成为很好的投资银行家。对于个人来讲，这是另一种形式的积累，我没有积累原始资金，那我就积累原始经验，这样在我需要资金的时候就可以拿到。这是个很好的经验，可以终生受益。”

机会是稍纵即逝的，只有有能力的人才不会与它失之交臂。张毅的团队之所以成功，一靠眼光，二靠机会，缺一不可。800Buy收购莎啦啦也是看好了莎啦啦有国内鲜花第一的品牌和一个执行能力、创造能力很强的团队。张毅说：“收购莎啦啦，能够补足业务链条，并增加公司现金流；补足和增加之后，公司能更快地实现盈利；但莎啦啦原来资金和市场能力比较小，800Buy的资金实力和业内人脉能把莎啦啦的品牌做得更好”。业内人士认为800Buy成功收购莎啦啦，最大的优势在于互补，合并后总体消费人群达到了一个全面的均衡，这一切都体现了张毅资本运营的能力和对机会的把握。

三、800Buy经营与定位

800Buy将“礼尚往来”作为公司的经营理念，奉行“以人为本，用户至上”的原则，致力于成为最好的“时尚礼品服务”的电子商务网站。自2000年3月开通运营以来，800Buy凭借其特有的“多位一体”加“黄金销售”的营业模式、热情周到的客户服务、灵活多样的支付方式和实惠便利的配送体系，吸引了大量的固定客户群。目前注册用户有500万人以上，服务涵盖珠宝化妆、服装服饰、体育商城、家居生活、数码世界、商务精品、莎啦啦鲜花、数字卡和影视城九大类，针对客户的需求细化精品种类，并不断推出自有品牌的时尚产品，以贴近现代人的生活节奏。

张毅说："把800Buy做成中国最大最好的时尚礼品网站，这是最重要的，其他的一些业务都是为800Buy的服务理念增色的。"这既是800Buy定位在B2C的结果，也与张毅对800Buy投入的精力和感情有关，更是张毅对中西文化现状的理解并对推动先进文化融合与进行电子商务所做的有益尝试。

开始的时候，800Buy陈列的商品有上万种，现在只有3000多种，但是定单量比以前反而有增加，这是什么原因呢？张毅解释说，这是800Buy改善服务的结果。以前几万种商品，可能用户要查自己所需要的商品也不容易，或者用户不知道800Buy是否能够给他提供所需要的商品。而将产品精选细分，定位在做现在九大类的时尚礼品服务后，用户就能留下很深的印象，有一个很明确的目标去查找，也能够很快地找到。商品数量减少定单量却增加是个性化服务的结果。

四、800Buy服务与管理

800Buy步入良性循环的轨道，张毅对中国的电子商务也有了更深的体会，张毅说："电子商务一定要帮用户解决某一个问题，解决某一个方面的困难，或者使用户得到增值服务。"她认为800Buy的礼品服务同时满足了用户对电子商务这些方面的要求。第一，当用户需要知道更多更详细的商品信息时，能够从网站很快地了解。第二，大大减化了商品交易的复杂度，提高了交易的效率。比如说传统的礼品服务，用户可能需要定购、包装，花时间送给朋友或亲人，过程长、时间多，而在800Buy上，他只需要填一个订单，花几分钟的时间，到时候就会准时送到朋友或亲人的生日party或者聚会上，大大减少了用户的繁琐程度。尤其是异地亲友互送礼品，在过去传统行业里非常困难，现在电子商务就能解决这类问题。通过促销、捆绑等多种形式进行打折销售，能为用户提供高质量、低价格的礼品，使用户得到增值服务。随着800Buy做得越来越大，很多供应商主动找到他们，他们对供应商的报价进行比较，加之采用批量采购的方式，自然就能为用户提供价廉物美的礼品。

800Buy能够实现全国各地的100多种产品甚至是全部产品的购买和送达服务，这些产品很多是他们自己制作的，比如莎啦啦鲜花，都是通过自己的设计师设计的。再有就是批量采购的产品，主要通过邮政的渠道进行配送，支付方式多种多样，包括网上支付、货到付款、手机支付等，比如他们与中国移动共同推出的"手机钱包"，就能实现手机支付的便利。

对于品牌，每一位管理者都会给予异乎寻常的关注，对于800Buy，张毅觉得，800Buy与众多媒体及网络运营商强强联手的策略非常成功，一系列的会员俱乐部为会员提供多种打折优惠、积分返点等服务活动，大大拉动了其目标人群的需求增长。大量广告带来了宣传上的成果，伴随着网站知名度的提高订单不断增加。但她同时保持着一个决策者的冷静。目前800Buy的礼品有中、高、低档，能满足不同用户的需求。其中中端和低端用户比较多，相对于对设计方面的要求，这类用户更注意性能价格比。虽然800Buy也兼顾了高端用户如企业、大客户和贵宾招待时的礼品服务，但他们的侧重点是服务大众市场。

张毅认为，不管是哪类用户，对于800Buy来说都是一样的。而对她自身来说，她也并不认为现在所做的可能是几元钱的小生意与以往在华尔街做的可能是上亿美金的生意有什么不同，“这都是一份工作，都要把它做好。”

五、800Buy前程与未来

张毅认为，从目前访问量和日订单量来看，800Buy的电子商务是中国在“时尚礼品服务”这个领域做得最好的，而且是遥遥领先的。她并不认为人们对于网上礼品的需求不及对书籍和音像制品的需求，她说：“如果人们以前有这种感觉，可能是没有人很专业地把礼品服务做好。目前在800Buy上，用户量跟提供书籍音像的网站差不多，礼品购买踊跃度、活跃度也跟书籍音像的差不多。我们感到只要非常专业地做好礼品服务，抓住时尚的感觉，礼品的需求量同样是很大的。”张毅坦言：把800Buy做成中国最大最好的礼品网站——这个现在已经做到了；把800Buy做成中国B2C的第一，其标志是营业额超过5亿人民币（目前只是这个数字的1/3），这当然还需要800Buy人的更多奋斗与努力。随着800Buy迅速地做大规模，合作会越来越多，它将来的盈利能力就会有一个突破性的进展。

总裁张毅是坚定的，这不仅仅与她的名字相关。多年CEO生涯，练就了她认真果断、条理明晰的管理风格。绝对优越的个人经历，又使张毅在800Buy的企业文化中平添了几分个人色彩。公司里，张毅拥有着员工们心悦诚服的尊重，并将这种尊重转化为工作指令的不二执行。在这个现代电子商务企业的运作中，以张毅为坚定核心的高品质管理，对企业形成了最有力的推动和支撑。

张毅在互联网春天的时候投入进去，中间遭遇了冬天和新一轮复苏，她却一直在考虑互联网的未来，考虑未来五年之后的状况。很多人认为张毅做事很有预见性。炎黄新星成立后，张毅感到互联网热到头了，必须拿到能够保证公司撑到上市那一天的资金，所以她进行了融资。当时投资非常踊跃，张毅很轻松地得到了3000多万美金。资金到位之后第二天美国纳斯达克股市就崩盘了。在800Buy，最有成就的预见来源于张毅将电子商务与传统贸易相结合实现的有机转换。收购莎啦啦这一战略决策，极快地将800Buy的经营业绩提高到前所未有的地步。多年的投资银行生涯让张毅比别的企业领导者更加“痴迷”于上市，她曾经有句名言深得投资人的心，这句话是这样说的：“不想创业板上市的公司不是好公司。”梦想的成就显然带给张毅莫大的快乐，成就中国第一礼品网也不再是梦想了，接下来，就是上市了。幸运与事业相得益彰，人生何乐而不为？

案例四 强生公司网络营销策略案例

一、强生公司简介

美国强生公司是世界上最大的、综合性的医药保健公司，也是世界上产品最多元化的公司之一。公司成立于1886年，迄今为止已在世界54个国家设有200家子公司，全球共有员工11.2万多名，产品畅销全球175个国家。强生公司为世界500强企业，长期以来，强生公司在各个领域获得一系列殊荣：自1986年起，强生公司被《职业母亲》杂志连年评为职业母亲的最佳公司；被《商业周刊》评为2001年度全美最佳经营业绩的上市公司，2002年度全美50家表现最杰出公司榜首，2002年度全美“最佳声誉公司”；2003年被《财富》杂志评为全美最受赞赏公司之第5位。强生生产婴儿护理、医疗用品、家庭保健产品、皮肤护理用品、隐形眼镜和妇女卫生等系列产品。著名的“邦迪”牌创可贴更是人人居家外出的必备品。策划强生这类企业的网站要比策划通用、戴尔等企业的网站难得多。因为设计单一产品企业网站时，当以纵横捭阖为旨；而建立多种产品企业网站时，则以聚敛收缩为要。这有点类似于书法要诀中“小字贵开阔，大字贵密集”之辩证关系。

面对旗下众多的企业、产品和品牌，强生网站如果不厌其烦地一味穷举，就可能做成“医疗保健品大全”之类。当然，“大全”本身并无不好，问题是互联网生来就是“万类霜天竞自由”的辽阔天地，人们希罕的不是遍地“山花烂漫”，而是在寻觅哪边“风景独好”？今日网上谁主一方沉浮，谁就为一方豪杰，可谓英雄割据正当时。因此，强生以“有所为，有所不为”为建站原则，以企业“受欢迎的文化”为设计宗旨，明确主线，找准切入点后便“咬住青山不放松”，将主题做深做透，从而取得极大成功。

二、强生公司站点主题及创意

管理学者素来对强生公司的“受欢迎的文化”推崇备至。该企业文化的内涵体现在公司信条中。这是自其成立之初就奉行的一种将商业活动与社会责任相结合的经营理念：第一，公司需对使用其产品和服务的用户负责；第二，对公司员工负责；第三，对所在社区和环境负责；第四，对公司股东负责。这些信条自开创者做起，已为历届继任者坚持至今，而且他们坚信，只要做到信条的前三条，第四条就会自然做到，企业也会受到公众的欢迎。强生的百年成功历史，就是其执着地实践了这些信条。

进一步而言，网上的“受欢迎”是什么？它是指企业对千百万网民实际需求的关注与满足，而且这种满足必须是与互联网媒体特性、企业现有产品相结合，同时在网上还要具有特色的、别人难以模仿的新颖服务项目。最后，这种服务对于网民和企业都必须是可持续性的、能不断交流的、可增进双方亲和力与品牌感召力的项目。

明确这些边界条件后，强生就选择其婴儿护理品为其网站的形象产品，选择“您的宝宝”为站点主题，整个站点就成了年轻网民的一部“宝宝成长日记”，所有的营销流程自然就沿着这本日记悄然展开。

将一家拥有百年历史、位居《财富》500强企业的站点建成什么“您的宝宝”网站?! 变成一部“个人化的、记录孩子出生与成长历程的电子手册”?! 这一创意是否太滑稽、太离谱了？但是，只要顺其网站走上一遭，就会发现这的确是个“受欢迎”和充满“育儿文化”气息的地方。

在这里，强生就像位呵前护后、絮絮叨叨的老保姆，不时提醒着年轻父母们该关注宝宝的睡眠、饮食、哭闹、体温、如何为他洗澡……年轻父母们会突然发现，在这奔波劳顿、纷乱烦杂的世道中，身边倒确实需要一个这样角色的不断指点。随着孩子的日日成长，这老保姆会时时递来“强生沐浴露”、“强生安全棉”、“强生尿片”、“强生围嘴”、“强生 2 合 1 爽身粉”、“强生 Ve 保湿蜜”，以及其他几十种“强生…、强生…、强生……”。

虽然“不尽强生滚滚来”，但这份育儿宝典会告诉您这些用品正是孩子现在所必需的。而且这时的网站又成了科学与权威的代言人，每种产品都是研究成果的结晶，还有各项最新研究报告为证，您只需按这吩咐去做准没错！所以人们不会觉得它比街头推销员更讨嫌。一个站点做到这样，能说它不成功吗？

三、公司网站内容与功能

进入强生网站，左上角著名的公司名标下是显眼的“您的宝宝”站名。每页可见的是各种肤色婴儿们的盈盈笑脸和其乐融融的年轻父母，这种亲情是化解人们对商业站点敌意的利器。首页上“如您的宝宝××时，应怎样处理?”“如何使您的宝宝××?”两项下拉菜单告诉来访者，这是帮人们育儿答疑解难的地方。

整个网页格色调清新淡雅，明亮简洁。设有“宝宝的书”、“宝宝与您及小儿科研究院”、“强生婴儿用品”、“咨询与帮助中心”、“母亲交流圈”、“本站导航”、“意见反馈”等栏目。

“宝宝的书”由电子版的“婴儿成长日记”和育儿文献交织组成。前者是强生在网上开设的日记式育儿宝典，任何用户登录后，站点就生成一套记录册，并可得到强生“为您的宝宝专门提供的个性化信息服务”。

事实上，育儿宝典的服务是从孕期开始的，其中有孕期保健、孕期胎儿发育、娱乐与情绪控制、旅行与工作、产前准备、婴儿出生、母婴保健……，然后是初生婴儿的 1 周、2 周、3 周…、4 月、5 月…，使用者按此时序记录婴儿发育进展时，站点就不断提供各类参考文章，涉及婴儿的知觉、视觉、触觉、听力系统，对光线的反应、如何晒太阳、疾病症状等。

各项操作指导，可谓细致周全。如教人如何为婴儿量体温，居然分解成 6 个步骤进行。至于如何为孩子洗澡，更是先论证一番海棉浴和盆浴不同的道理，然后再要求调节室内温湿度，再分解出浴前准备6步骤和浴后处理6步骤……。一个网站认真到了这种地步，不由你不叹服其“对服务负责”信条的威力，相信其进入《财富》500强决非偶然。

网站还为年轻父母提供了心理指导，这对于某些婴儿的父母来说具有特别重要的意义。如“我的宝宝学得有多快?”栏目就开导人们，不要将自己的孩子与别人的孩子作比较，“将一个婴儿与其兄弟姐妹或其他婴儿比较是很困难的，只有将他的现在和他的过去作比较；而且你们的爱对婴儿来说是至关重要的。因此，无条件地接受他，爱他，就会培养出一个幸福、自信的孩子来。”

促进人们的交流是互联网的主导功能，强生参与运作了一个“全美国母亲中心协会”的虚拟社区。“全美母亲中心”是分布于各州的妇女自由组织，目的是“使参加者不再感到孤立无助，能展示其为人之母的价值，切磋夫妇在育儿方面的经验，共同营造出一个适合孩子生长的友善环境”。如今，强生助其上网并归入自己站中，除保留原来交流作用外，还从相关科研动态与信息方面来帮助她们解决问题。

强生网站提供服务时，客户输入的数据也进入其网站服务器。这是一笔巨大的资产，将对企业经营起着不可估量的作用，这也是对其认真服务的回报。当然，网站对任何登录的客户数据均有保密的承诺，但这些信息对该公司却是公开的。它需要登录者提供自己与婴儿的基本信息，并说明其与婴儿间的关系（母亲、父亲、祖父、祖母……）。对于愿意提供“婴儿皮肤类型”、“是否患尿布疹”、“如何喂养（母乳、牛乳、混合、固体食品）”者，就可获得皮肤保健、治疗尿布疹和喂养方面的专项信息服务。当然，对于顾客主动从“反馈”栏发来的求助与问询，网站的在线服务自会给予相应解答。

同样，凡参加“母亲中心”论坛的妇女在被正式接纳前，也需按“极感兴趣”、“有兴趣”、“不太感兴趣”、“不感兴趣”的选项，对各种讨论题作出回答，如“母亲工作”、“残疾儿童”、“抚养婴儿”、“取名字”、“孩子出生前后家庭关系变化”、“孕期保健”、“婴儿用品”、“我的宝宝做得如何”、“趣闻轶事”等。

上述这些客户登记及回答信息到了公司营销专家、心理学家、市场分析家等手中，自然不久就会形成一份份产品促销专案来，至少对企业与顾客保持联系会起相当重要的作用。并由于这些方案具有极强的家庭服务需求针对性，故促销成功率应当不低。

四、强生公司网站简评

面对庞大的企业群和无数产品，强生网站若按一般设计，可能就会陷入“前屏页面查询加后台数据库”的检索型网站之流俗格局。从网络营销角度上看，这类企业站点已呈“鸡肋”之颓势。这就如同各种典籍类工具历来都有，但任何时候都不会形成阅读热潮和建立起忠实的顾客群体，且对强生来说，那样做还无助于将其底蕴深厚的企业文化传统发挥出来。

如今，企业站点在设计上作了大胆的取舍，毅然放弃了所有品牌百花齐放的方案，为旗下每家公司注册了独立域名，并能从站点“Websites”目录中方便地查到，只以婴儿护理用品为营销主轴线。选择“您的宝宝”为站点主题，精心构思出“宝宝的书”为其与客户交流及开展个性服务的场所。力求从护理层、知识层、操作层、交流层、情感层、产品层上全面关心顾客痛痒，深入挖掘每户家庭的需求，实时跟踪服务。

借助于互联网络，强生开辟了丰富多彩的婴儿服务项目；借助于婴儿服务项目，强生建立了与网民家庭的长期联系；借助于这种联系，强生巩固了与这一代消费者间的关系，同时又培养出新一代的消费者。强生这个名字，必然成为最先占据新生幼儿脑海的第一品牌，该品牌可能将从其记事起，伴随其度过一生。网络营销做到这一境界，已是天下无敌。

案例五　马化腾——腾讯 QQ 的成功案例

他创造了庞大的虚拟家园，海角天涯变成咫尺之间；他营造的世界，年轻的心态是唯一的通行证；他用那个在电脑右下角频繁闪动的小企鹅提醒投资者：“玩”也是生产力。2004 年 12 月 28 日晚，被誉为中国经济界奥斯卡奖的 CCTV 2004 中国经济年度人物各个奖项揭晓，马化腾异军突起摘走年度新锐奖。在中国，或许有很多人不知道马化腾是何许人，但很少有人不知道那个以可爱的小企鹅形象为代表的聊天工具——QQ。马化腾创建的腾讯公司就是靠着这个聊天工具改变了 1/13 中国人的沟通习惯，并取得了广泛的国际影响。在由美国《时代》周刊和有线新闻网（CNN）评选的 2004 年全球最具影响力的 25 位商界人士中，马化腾也榜上有名。六年来，马化腾把“聊天”当成事业，在网络即时通讯领域干出了一番引人注目的成绩。

一、从聊天中寻找商机

1993 年，毕业于深圳大学计算机系的马化腾选择了自己的专业本行，到深圳润讯做寻呼软件开发工作。工作之余，这个文静的年轻人最大的爱好就是上网。当时的深圳，真正了解互联网的人还不多，马化腾是最早的一批网虫之一。一个偶然的机会，马化腾看到了基于 windows 系统的 ICQ 演示，他开始思考是否可以在中国推出一种类似 ICQ 的集寻呼、聊天、电子邮件于一身的软件。1998 年 11 月，马化腾利用炒股所得的资金与大学同学张志东注册了自己的公司，这就是腾讯之始。跟其他刚开始创业的互联网公司一样，资金和技术成了腾讯最大的问题。“先是缺资金，资金有了软件又跟不上。”他们常常为了一个项目倾巢而出，马化腾的名片上也仅仅印了一个“工程师”头衔，当时的主要业务只是为深圳电信、深圳联通和一些寻呼台做项目，QQ 只是公司的副产品。这家由十几个人组成的公司力量单薄得可怜，创业的艰难让马化腾和他的同事们疲于奔命。马化腾回忆，在那时的深圳，这样的公司有上百家，他当时只有一个愿望，就是公司能生存下来。

公司创建 3 个月后，马化腾和他的同事们终于开发出第一个“中国风味”的 ICQ—— OICQ，这就是 QQ 的前身。可是这个后来风靡全国并为腾讯公司创造巨大财富的聊天工具并没有给当时的腾讯人带来太多喜悦，因为那时国内也有好几款同类的软件，用户也不多，没有人看好马化腾的 OICQ。

然而这位 1971 年出生的倔强的潮州人不肯服输，他认定这个聊天工具中隐含着巨大的商机。马化腾抱着试试看的心态把 QQ 放到互联网上让用户免费使用，可是就连马化腾本人也没有料到，这个不被人看好的软件在不到一年的时间里就发展了 500 万用户。大量的下载和暴增的用户量使马化腾兴奋的同时，也让腾讯难以招架，因为人数增加就要不断扩充服务器，而那时一两千元的服务器托管费让小作坊式的腾讯公司不堪重负。没有资金更新设备，工作人员也快发不出工资，“我们只能到处去蹭人家的服务器用，最开始只是一台普通 PC 机，放到具有宽带条件的机房里面，然后把程序偷偷放到别人的服务器里面运行。”

眼前的困难迫使马化腾把自己的公司转给他人，但由于很多内容和提供商没有谈拢，马化腾下定决心留下这个给自己带来麻烦的“孩子”，并把它培养长大。于是他四处筹钱，国内筹不到就寻找国外的风险投资。功夫不负有心人，几经周折，马化腾遇到了 IDG 和盈科数码，“他们给了 QQ 220 万美元，分别占公司 20% 的股份”，利用这笔资金，马化腾给公司买了 20 万兆的 IBM 服务器。“当时放在桌上，心里别提有多美了”，马化腾喜不自禁地回忆。

不过马化腾很清楚，仅靠国外的风险投资是不够的，他开始想办法从客户身上挣钱，因为如果每个用户愿意花 1 至 2 元的话，就是近 4 亿元的收入。有一次他发现韩国有种给虚拟形象穿衣服的服务，于是马化腾把它搬到了 QQ 上。他还找来了诺基亚和耐克等国际知名公司，把这些公司最新款产品放到网上，让用户下载。所有注册用户都可以得到他们一如既往的免费服务，以满足其即时通信需求，而想享受到更具诱惑力的体验性增值服务，就必须付出相应的费用。这一措施使腾讯逐步走上了健康发展良性循环的轨道。目前这一块业务增长很快，有超过 40% 的用户已尝试过购买。

2004 年前三季度，腾讯盈利达 3.28 亿元。2005 年 6 月份，腾讯成功在香港上市，又募集了 2 亿美元的资金。当年弱不禁风的小树苗终于长成了参天大树。

二、玩也是一种生产力

熟知马化腾的人都知道他有一句名言：“玩也是一种生产力。”从玩中找到乐趣，把玩的心态和现实结合起来，不仅是马化腾发展事业的原则，也是他开发聊天软件的一个宗旨。

对创业者来说，乐趣最重要；对 QQ 的用户来说，乐趣也同样重要。马化腾告诉记者，QQ 有两个用途，一是商用，一是娱乐。除了精心强化 QQ 本身的通信功能外，马化腾一直希望 QQ 能往娱乐方面发展。“因为在 QQ 发展的过程中，我发现很多人把 QQ 当作娱乐工具而不是简单的‘网上传呼机’，这也是 QQ 迅猛发展的一个重要因素。”而在娱乐化方面，QQ 也可以孵化并开发出很多种个性化的产品和功能。马化腾觉得在这方面腾讯人重视的程度还不够，所以他决定把用户的兴趣点定为公司的重点发展方向。

有了这个原则，马化腾坦言自己与普通的技术人员有很大的差别，他很少对技术有强烈追求的愿望，更多的是从用户需求的角度思考问题。在他看来，技术做得再好，如果没有人用，意义就不大。所以他希望自己的 QQ 聊天软件能够以娱乐功能吸引更多的客户，让客户从中聊出乐趣。

其实，所谓对娱乐功能重视不够，只是马化腾对自己的更高要求。事实上，作为对 QQ 娱乐功能的呼应，小小的企鹅头像不仅改变了很多人的交流方式，还创造了一种独特的休闲文化。现在，这只可爱的小企鹅，每天都会发出一个非常可爱的声音，这个声音平均每天有 15 亿次的消息通过腾讯的服务平台来承载用户的资讯。而这个声音是六年前马化腾通过自己的一个寻呼机录制的。因为当时条件非常简陋，他就通过呼台呼自己的呼机，然后录制下来，并一直使用到现在。

天相投资公司董事长林义相曾这样评价马化腾：“他改变了我们很多人的生活方式，很多人认为 QQ 纯粹是个简单的交流或者沟通方式，这种方式的改变实际上改变了人的生活方式。”现在街头随处可见 QQ 族产品，可爱的小企鹅形象已经走进了千家万户。不过最让马化腾自豪的一件事是现在的腾讯公司时常会收到用户寄来的喜糖，说是通过 QQ，让他们认识并结了婚。毫无疑问，QQ 软件在网恋上的成功事例在一定程度上体现了马化腾倡导的娱乐与实用相结合的初衷。

三、向游戏进军

腾讯成功了，马化腾出名了。如今，腾讯 QQ 已经拥有超过 1.6 亿人的用户群和 730 万人付费会员，同时拥有 1310 万人的注册短信用户，成为亚洲第一、世界第三的即时通讯运营商。

然而随着免费即时通讯的不断开发，即时通讯工具如微软的 msn、网易的泡泡、UC、ICQ、Yahoo Messenger、Microsoft .NET Messenger、AOL 的 Instant Messenger 等等，层出不穷，他们纷纷向 QQ 的垄断地位发起进攻。面对竞争，马化腾并不担心，因为即时通讯市场非常特殊，并不是简单地卖一个软件产品就可以了事的。产品、服务、运营三者任何一方面缺位，都无法满足用户的需求。腾讯在国内运营了几年，这方面的优势已经凸显出来。而其他的新产品从构筑运营、服务体系，有很长一段路要走。谈到这里，这位年轻的 CEO 举重若轻地说：“在战略上我们欢迎竞争，但在战术上我们非常重视竞争对手。我们会做很多具体的分析，比较各自的优劣短长，挖掘用户的潜在需求。”

事实上，面对激烈的市场竞争，腾讯早已采取了相应的策略。前不久，腾讯公司在北京举行了一个活动，庆祝他们刚刚推出一年的 QQ 游戏突破 100 万用户。而 QQ 游戏的推出正是腾讯挖掘用户在即时通讯以外的娱乐需求以应对激烈市场竞争的一个重点。

马化腾透露，腾讯还将继续加强网络游戏业务，并杀入网上拍卖业务市场，从而使腾讯的整体收入有所提高。在网络游戏业务上，腾讯计划今后每月至少推出一款小型在线游戏；每三个月推出一款中型规模游戏；每九个月推出一款全方位的多角色游戏，而这些游戏软件，腾讯将自行开发。

有专家分析认为，网络游戏市场与过去的即时通讯市场不能相提并论。目前腾讯已不具备客户渠道的垄断性优势，腾讯的网游产品也不具备独特优势及差异化。也有人认为，游戏还是和 QQ 联系在一起优势会大些。面对这些问题，马化腾笑了，他说："每进入一个新的市场领域，我都会问自己三个问题，第一，新的领域是不是我们所擅长的；第二，如果我们不做，用户会蒙受什么样的损失；第三，如果做了，我们在这个新的领域中具有怎样的竞争优势。"

经过长时间准备，马化腾早已得出了成熟的答案。这位以"聊天"起家的年轻 CEO 表示，他不会放弃自己钟爱的 QQ 软件，但也要向更大的市场进军。

案例六　福特汽车中国市场网络营销案例

一、百年品牌焕发青春

当一个具有百年历史的老品牌面对互联网时代日新月异的市场变革及越来越年轻的主流消费群时，会怎样做？

福特选择了创新。时间的车轮不会禁锢品牌前进的脚步，从"你的世界从此无界"到"活得精彩"品牌理念转变，福特不仅在新产品开发上给予回应，更深入地从网络营销层面给予诠释和支撑。我们看到了一个百年老品牌的运筹帷幄，它正保持着开放、包容的积极心态，在中国市场呈现出旺盛的生长活力。

二、重磅网络营销力推新鲜车型

2007 年 3 月，福特在中国市场推出一款极具特色的新车——福特 S - MAX，这是长安福特马自达 2007 年引入中国的第一款产品。福特S - MAX的推出打破了人们以往对汽车车型的概念，独辟蹊径地提出了 SAV 车型（运动型多功能轿车）的定位。它介于轿车和 MPV 之间，既具备了轿车卓越的驾驭品质，又具有 MPV 灵活多变的空间设计，集运动型和多用途型于一身，形成特有的 SAV 细分市场。

福特 S - MAX 的诸多特点也使其目标人群有了重新的定义。福特 S - MAX 瞄准的是 28 ~ 35 岁左右的年轻人，他们事业正处于上升期，拥有积极、乐观与探索精彩人生的生活态度，追求多元化的生活方式，他们需要外形与功能兼备，时尚、动感的车型来与之匹配。

针对车型及受众的特点，福特 S－MAX 在中国市场的推广除了投放精彩的品牌电视广告以外，还充分利用网络媒体开展线上线下结合的互动活动。

首先，福特与国内多家知名的门户网站与汽车专业网站合作，建立福特 S－MAX 专题，发布关于福特 S－MAX 的产品介绍、企业的最新动态等，将福特 S－MAX 的信息全方位、立体化地传达给受众。同时，福特还针对各网站的不同特色进行有针对性地推广。就在腾讯网的推广来说，考虑到腾讯用户与 S－MAX 新定义目标用户的高度契合性，福特除了建立专门的 S－MAX 专题介绍外，还综合了腾讯汽车焦点图推荐、焦点新闻推荐、QQ 终端广告、汽车 QQ 群等丰富的营销资源，利用其完善的营销体系和强大的用户资源将信息及时推送到用户端。

其次，为了迎合福特 S－MAX 目标受众的喜好，福特还开展了以“让梦想重塑精彩”为主题的推广活动。以网络为平台进行“梦想征集”活动，由网友投票最终评选出“S－MAX 梦想至尊”，给予双人豪华欧洲游奖励。为了使活动的气氛更加活跃，还同时举行“S”无处不在、我的“MAX”主题活动，鼓励网友上传相关图片或视频，将福特 S－MAX 产品的核心元素与活动内容充分结合，逐渐渗透到消费者。

此外，为了与线上互动相配合，福特还在北京、上海、广州等十大城市举办“S－MAX 梦想特别活动”，深入到主要城市与消费者进行近距离接触。横向网络媒体资源整合与纵向网络营销活动的深入配合，使 S－MAX 一经上市便成功地将产品信息及其所倡导的生活形态逐渐地植入到消费者的心中。

三、倚重网络营销打造“活得精彩”

其实，对于福特来说，福特 S－MAX 不仅是一款新车的问世，它还寄托了福特的一个重任，那就是在中国塑造福特汽车“外观时尚、性能出众”的欧洲汽车品牌形象，对其新的品牌理念——“活得精彩”进行更深入的演绎。

而就营销层面来说，福特 S－MAX 上市的一系列营销也只是福特整体营销的一个缩影，从它所体现的福特品牌理念转变及它的营销推广中可以折射出福特在中国市场的诸多营销理念。

关注网络媒体价值。作为一个具有百年历史的老牌汽车企业，福特一直保持着创新的精神，在营销上的创新可以追溯到更早。2000 年第 28 届奥运会期间福特汽车投放的网络广告，是中国互联网发展史上的第一笔汽车广告。2001 年，福特就建立了自己专门的中文网站，将整个福特品牌的全貌展示给广大网民。

网络媒体具有快速传达信息、与用户充分互动、营销形式多样等特点，能够充分满足客户的营销需求；同时，网络可以完成实时、高效、不受地域局限的数据跟踪，对客户关系管理来说也是一个性价比相当高的使用工具。

目前，网络营销已经是福特品牌推广和客户关系管理的重要途径之一，只要有大型的品牌活动肯定会有网络的支持，有时甚至是主活动就在网络上完成。

与网民同行。年轻群体正成为社会的主流，对于像福特这样的老品牌来说，保持年轻的心态，与年轻人为伍显得尤为重要，而网络便是与这些人沟通的最好桥梁。

如今，上网已经成为了很多年轻人的一种生活习惯，它正在一步一步地改变人们的生活形态和消费模式。同时，网络正逐步突显一个特性，即在这个社会的各个团体中会有一个领导者，找到领导者就能影响无数人，形成病毒式的传播效果。

同时，网络可以对市场进行无限制的深入细分，准确地将品牌信息传递给细分市场的目标客户，准确定位目标人群，锁定他们的视线范围。

网络是个新鲜媒介，福特希望充分利用网络的个性化特点传递给不同的人不同的“活得精彩”品牌体验，与年轻人一起，为汽车生活增添新的乐趣。

开放营销心态塑造中国形象。福特品牌具有强大的包容力，勇于接受新鲜事物、大胆创新。福特来到中国，是希望带给中国市场需要的东西，而网络也正好可以帮助福特寻找到需求。同时，正是福特品牌具有的强大包容性、创新性，使得它对于行之有效的营销方式都不会拒绝，会做积极的尝试。

网络是一个可以让人有归属感的东西，汽车网络营销发展和网络的发展是相辅相成的，随着中国网络文明的不断成熟，福特会越来越多地倚仗于网络来把握市场脉搏，不断根据市场的需求研发不同的车型，并根据不同车型的不同特性采用不同的营销方式。在未来的推广中，福特希望能够逐渐把这个百年品牌“年轻化”，能够以一个全新的姿态呈现在中国消费者的面前。

（中国网络营销网）

案例七　真维斯，追着流行向前跑

曾有媒体撰文，题为“真维斯，追着流行向前跑”。确实，追赶流行，是对真维斯市场定位的准确描述。

如今，追赶流行的真维斯已经占据了国内休闲服装市场的龙头地位，成为最受18~40岁中高收入阶层喜爱的休闲品牌。值得一提的是，在网络新媒体的浪潮中，真维斯是国内最早应用网络营销的一个服装品牌。现在，更是通过与网易独家合作建立网上“休闲王国”，把休闲服装的领导品牌形象成功地铺向了互联网。

一、“紧跟流行”的成功品牌定位

真维斯（JEANSWEST）原本是澳洲的一个服装品牌，1990年被中国香港旭日集团与当地进口商合作收购，并经过不断的努力，成功地把产品分销网络伸展到了新西兰等其他地区。1993年，真维斯进军中国内地市场，第一间真维斯店在上海开业。此时，市场上还没有休闲服饰的概念，真维斯以其大气而又不乏时尚的休闲服装设计风格，一下子博得了年轻人的喜爱。

经过十多年的发展，目前真维斯已在国内20多个省市开设了近1000间专卖店，拥有现时中国最大的休闲服饰销售网络，当年的播种者已开始进入市场的收获期。

真维斯品牌的成功，归功于卓越的产品质量和优秀的产品设计，得益于十余年来建立的品牌形象和销售网络。更为关键的是，真维斯有着独到的品牌发展理念：紧跟流行而不引导流行，做到“名牌的大众化”。

真维斯董事长杨勋先生对此的解释是：“如果真维斯的市场定位是去引导流行或是去创造流行，真维斯可能走不了这么长的路。我们将真维斯定位在紧跟流行，就是要及时将世界上最新的、正在流行的东西拿过来，加入自己的设计风格，放到中国市场上。最广大的休闲服消费群就在中档服装的这70%～75%消费者中，如果放弃了这个市场而去做高端市场，胜算就会低很多。”

二、网易独家缔造真维斯线上“休闲王国”

真维斯在与客户的沟通交流方面，也走了与众不同的道路。真维斯没有找明星代言品牌，也鲜有电视广告的投放，却通过组织一系列倡导自由、休闲的活动来影响更多年轻、时尚的消费者。

早在2002年，网易就已经成为真维斯系列营销活动的独家网络合作媒体。作为国内最活跃的门户网站，网易连续多年帮助真维斯进行了成功的营销传播。近年来，真维斯连续举办了“真维斯杯校园服装设计大赛”，挖掘极具潜力的学生市场；举办了“真维斯休闲服装设计大赛”、“真维斯全国极限运动大师赛”、“真维斯中国模特大赛”以及正在紧锣密鼓进行中的“真维斯超级新秀评选”等一系列大型营销活动，来影响年轻消费人群。

另外，真维斯也非常注重利用网络这一以“年轻人”为主力受众的媒体来开展广告营销活动。时下，以网络媒体为平台的真维斯“休闲王国”活动正开展得如火如荼。

真维斯“休闲王国”，是一个大型消费者互动网络社区。在这个社区中，喜爱真维斯的消费者可以了解品牌的市场动态，参与一些饶有兴趣的互动活动和回馈客户的抽奖活动。

真维斯“休闲王国”为品牌与最忠实的消费者建立了更活跃的沟通渠道。消费者只要注册、登录真维斯“休闲王国”，就可以发现当今流行的休闲时尚是什么，真维斯最近又有哪些新品促销推广活动。

对于那些持有VIP卡的忠实消费者，真维斯在这里也为其提供了更多获取回报的机会。比如真维斯每年会举办“激赏之旅”会员活动，组成声势浩大的北京免费观光团，饱览北京名胜，参观每年一度的中国真维斯杯休闲装设计大赛总决赛等。这些活动的告知、参与都在社区中进行。

真维斯目前拥有数十万的VIP会员，其中18～25岁的消费者占多数。这些年轻的消费者喜爱时尚且已经习惯了与网络为伴的生活，他们通过网络形成共同的“兴趣团体”，每天都在进行与真维斯品牌形象、应季新品有关的信息传播和互动交流。

真维斯“休闲王国”创造了一个完全属于“休闲”的话语环境，成为无数喜爱休闲服装、休闲生活的消费者聚会的天堂。

“休闲王国”的网络合作伙伴，真维斯选择了最受年轻人喜爱的门户网站网易，分别在网易体育频道、论坛首页、娱乐频道这些年轻用户集中、用户活跃度高的频道设置了“休闲王国”的入口。

对于双方的合作，网易结合真维斯的消费者状况，提出了“真我阵营”的大论坛营销概念。真维斯认为借助论坛的形式与消费者沟通能够有效地达成营销目标，于是在此基础上，最终推出了“休闲王国”这样一个更具广度的消费者互动社区。

三、服装品牌的网络营销之道

服装品牌如何在网络上进行推广，真维斯的做法很具有借鉴价值。真维斯“休闲王国”的策略定位，契合了真维斯“领先休闲品牌”的市场地位，能充分体现真维斯在休闲服装领域的专业性和权威性。现在，作为一个行业领导品牌，在通过电视媒体树立品牌的同时，同样需要在网络上确立品牌地位。“休闲王国”作为一个立体的网络营销概念，能够迅速被网络用户接受，使品牌独占用户的大脑。

“休闲王国”在消费者与真维斯之间搭建了一个即时互动的平台。在“休闲王国”中，消费者能体验真维斯的品牌理念和服装文化，了解真维斯最新推出的产品，还可以互相交流最新的休闲流行趋势，针对服装的设计、做工等提出自己的意见，这些信息会及时反馈到真维斯的产品生产与设计环节。当消费者再去购买真维斯的产品时，当看到根据自己的意见设计的服装时，会获得更大的认同感和满足感。

服装品牌营销很大程度上需要依靠口碑传播，网络媒体创造了一个口碑传播的理想环境。用户可以通过网络形成不同的“团体”，这些团体中的意见领袖可以影响周围人的购买行为。只要对真维斯产品有好的体验，消费者就可以将使用感受发到网上与大家分享，通过这种口碑效应，能带动某款服装产品快速流行起来。

目前国内已经拥有超过 1.11 亿的网民，与此同时，网站的数量也数以万计，该如何选择合作网站？这取决于它对于网民的影响程度，门户网站是服装品牌的首要选择。以网易来说，作为领先的门户网站，不但拥有庞大的用户群体，网易首页、电子邮箱更是在国内领先的高价值营销资源；同时，网易还是大学生首选媒体，在青年用户中具有突出影响力。这些优势，都能帮助服装品牌有效实现网络推广目标。

真维斯以紧跟时代潮流的营销理念，在网上建立了一个“休闲王国”。借助网络营销的推动力，越来越多的消费者追赶着休闲潮流，跑进了这个属于自己的“休闲王国”。

（中国网络营销网）

案例八　中小陶瓷企业网络营销策略

一、中小陶瓷企业现状

一个企业的生存发展，主要依赖于对市场的拥有程度。作为企业，在竞争中取胜和极力占领市场份额是它的最终目的，也是最大限度地获取利润的良方。而在电子商务时代，Internet 的发展使计算机市场营销成为可能，而市场营销的计算机化——网络营销导致企业的营销和管理模式发生了根本的转变，这种营销和管理模式的转变为中小陶瓷企业提供了有利的手段，使它们能够有机会超过那些过去不可一世的大企业。

中小陶瓷企业因为其规模小实力相对较弱，虽然有很好的技术、产品，但由于信息不通畅，无法使消费者知道并订购自己的产品，使得中小陶瓷企业在其营销过程中存在着其他企业所不存在的诸多难题。而电子商务则为中小陶瓷企业带来先进的信息手段，从而为它们创造了与大企业对等的竞争机会和舞台，并带来了良好的发展条件与机遇。一家小陶瓷企业在网上做的广告可以把企业的促销信息传递给世界各地的潜在消费者。因此，我国中小陶瓷企业要想获得长足发展，要想在激烈的营销竞争中立于不败之地，必须树立现代市场营销观念，努力学习国外先进的营销方式，运用科学的营销手段、先进的物流配送方式，探索自身适用的营销策略，实行网络营销，并利用网络营销的优势来提高其竞争力。

二、网络营销——促进中小陶瓷企业营销国际化

网络营销（Cyber marketing，Online marketing）是指借助国际互联网络实施企业的营销战略和策略，以求实现企业的营销目标。借助于 Internet，企业可以以较低费用完成以下工作：建立与个人计算机使用者相连的新的销售渠道；接触新的潜在顾客；为深层次广告提供新的渠道，将大量可变信息转化为符合需要的适用信息，收集大量消费者信息，从而使面向消费者的营销活动更明确、更有针对性；建立更为有效的渠道，以自动解决问题、回答消费者问题；收集消费者反馈，并利用反馈改善产品、服务和销售。

中小陶瓷企业由于各方面的实力无法与大企业相比，所以很难实现营销国际化。网络的出现，改变了这一切，中小陶瓷企业完全可以利用网络实现营销国际化。以瑞士一家生产火车模型的小企业为例，该企业只有 15 名员工，其中有 6 人就专门负责外出参展等事宜，并且重点利用网络开展营销，使这家企业的火车模型占据了世界市场份额的 40%。瑞士中小企业努力实现网络营销的增值化，通过消费者反馈的信息，加快产品测试过程，积极提供定制服务、个性化服务；在网上提供各种免费咨询，满足消费者的求知欲，促进了产品的

国际化。

在网络时代，发展网络营销是促进中小陶瓷企业市场全球化的一种最佳方式。通过网络，中小陶瓷企业可以快捷发布企业最新信息，可以在网页上制作广告宣传企业形象，借助网络收集客户意见，及时把握市场和消费者对企业、产品及服务的需求，作为制定企业经营和市场营销策略的基础。企业可以通过向客户提供某些优惠活动，收集客户的相关资料，建立客户数据库，并在此基础上提供各种延伸服务，以增加销售机会。因此，中小陶瓷企业应积极利用互联网实现产品销售，积极抢占市场。

三、中小陶瓷企业网络营销的主要策略

(一) 产品策略

作为一种新型媒体，互联网络的运用必然会对传统的产品策略带来冲击，因为就像不同的产品适合采用不同的销售渠道一样，网络营销也有其适用的产品范围和策略。

由于互联网络具有很好的互动性和引导性，消费者通过互联网络在中小陶瓷企业的引导下对陶瓷产品或服务进行选择或提出具体要求。通过网络的良好服务功能，才能赢得消费者的满意，进而建立消费者的忠诚，将陶瓷企业的知名度转化为消费者满意度。

具体策略主要如下：

1. 利用电子布告栏（BBS）或电子邮件（E - mail）提供线上售后服务或与消费者作双向沟通。

2. 让消费者在网络上充分展示自己的需求并可亲自设计，企业据此为消费者提供产品与服务，比如对陶瓷工艺品的外观、色彩等均可运用该种方式。

3. 在网络上提供与产品相关的专业知识，增加产品价值的同时也提高企业形象，如对陶瓷机械维护与保养，陶瓷家电用品的性能、使用和注意事项。

4. 提供网上自动服务系统，依据客户需求，自动适时地利用网络提供有关产品的服务信息。例如，陶瓷机械产品的供应商可在网络上提醒客户有关定期保养等。

(二) 价格策略

价格对陶瓷企业、消费者乃至中间商来说都是最为敏感的问题，而网络上信息自由的特点使这三方面对产品的价格信息都有比较充分的了解。网络上的价格有两个特点：一是价格弹性化。由于网络营销的互动性，消费者可以和陶瓷企业就产品价格进行协商。另外，陶瓷企业也可以根据每个消费者对陶瓷产品和服务提供的不同要求，来制定相应的价格。二是价格趋低化。由于网络营销使陶瓷企业和消费者直接打交道，而不需要传统的中间人，使企业产品开发和促销成本降低，企业可以降低产品的价格促销；又由于互联网的开放性和互动性，陶瓷市场是透明的，消费者可以就产品及价格进行充分的比较和选择。

因此，要求中小陶瓷企业以尽可能低的价格向消费者提供产品和服务，在以市场为导向的营销中，中小陶瓷企业必须以消费者能接受的成本定价。

网上价格策略主要表现在：

1. 网上查询功能可以充分揭示市场相关产品的价格，消费者能理性判断欲购产品价格的合理性。

2. 建立网上会员制，鼓励消费者上网消费，以节省销售渠道的运行成本。

3. 开发智能型网上议价系统，与消费者直接在网络上协商价格。

4. 开发自动调价系统，可以依时间、季节变动，工厂库存情况，市场供需情形，促销活动等自动调整产品价格。

（三）促销策略

传统的促销是以陶瓷企业为主体，通过一定的媒体或工具与消费者进行联系，而网络促销的出发点是利用网络的特征实现与消费者的沟通，使消费者可以参与到陶瓷企业的营销活动中来。这种沟通方式不是传统促销中"推"的形式而是"拉"的形式，不是传统的"强势"营销而是"软"营销，它的主动方是消费者。消费者的需求趋于个性化，他们会在个性化需求的驱动之下自己到网络上寻找相关的消费者信息。中小陶瓷企业可以通过网络受访情况的分析，更能了解消费者的需求，实行有针对性的主动营销，这样更易引起消费者的认同。

网上促销的核心问题是如何吸引消费者，为其提供具有价值诱因的商品信息。但网络手段的运用，使传统的促销活动具有了新的含义和形式。常见的网上促销有如下一些形式：

1. 建立虚拟公共关系室。在网络上参与公益部门所举办的各项公益活动及提供赞助，如希望工程、扶贫救助等；也可结合本企业的优势，利用网络推动公共服务。

2. 利用网上对话的功能举行网上消费者联谊活动或网上记者招待会。这样做，一方面可以跨时空地进行沟通，同时也是一种低成本的促销。

3. 利用网络进行促销活动，包括新陶瓷产品信息提供、促销方式说明、提供折扣券或赠品等，提高消费者上网搜寻及购买产品的意愿。

4. 发布网上广告，与此同时，建立英文版的首页也是中小陶瓷企业国际化不可缺少的推广活动。

5. 积极参加网络资源索引，尽可能使客户容易查询到公司的推广资料，使其能快速获得所需的商品信息。与非竞争性厂商建立网上促销的策略联盟，利用相互的网上资料库，增加与潜在消费者接触的机会。

（四）渠道策略

营销渠道，也叫销售渠道或分销渠道，是指产品从生产者转移到消费者或使用者所经过的途径。网络营销是一对一的分销渠道，是跨时空进行销售的，消费者可以随时随地利用互联网络购买相关产品，因此中小陶瓷企业的产品分销应以方便消费者为主。下面列举网络条件下营销渠道可能展现的形态。

在首页设计上采取虚拟实境的手法，设立虚拟商店橱窗，使消费者如同进入实际的商店一般，同时商店的橱窗可顺应时间、季节、促销活动、经营策略等需要，轻易快速地改变设计。结合相关产业的公司，共同在网络上组织网络商展。消费者一经上网，即可饱览各类相关商品，从而增加上网意愿与消费动机。如生产建筑陶瓷、卫生陶瓷的中小陶瓷企业就可与房地产商联手举办网络商展活动。消费者在决定采购后，可采用电子邮件方式进行网上订购。可在网络上以首页方式设立虚拟经销商或虚拟公司，提供各类的商品目录及必要的售后服务。

此外，网络营销中一个最重要的渠道就是会员网络，会员网络是在中小陶瓷企业建立虚拟组织的基础上形成的网络团体。通过会员制，促进消费者相互间的联系和交流，以及消费者与陶瓷企业的联系和交流，培养消费者对陶瓷企业的忠诚，并把消费者融入陶瓷企业的整个营销过程中，使会员网络的每一个成员都能互惠互利，共同发展。

（五）营销集成策略

互联网是一种新的市场环境，这一环境不只是对中小陶瓷企业的某一环节和过程，还将对企业组织、运作及管理观念产生重大影响。一些企业已经迅速融入这一环节，依靠网络与原料商、制造商、消费者等建立了密切的联系，并通过网络搜集传递信息，从而根据消费需求，充分利用网络伙伴的生产能力来实现产品设计、制造及销售服务的全过程。这种模式就是网上营销集成，应用这一模式的典型代表有电脑行业 Cisco 、Dell 等公司。

网上营销集成是对互联网的综合应用，是互联网对传统商业关系的整合，它使中小陶瓷企业真正确立了市场营销的核心地位。中小陶瓷企业的使命不仅是制造产品，还应根据消费者的需求，组合现有的外部资源，高效地输出一种满足这种需求的品牌产品，并提供服务保障。

四、简评

网络营销作为一种全新的营销理念，具有很强的实践性，它的发展速度是前所未有的。我国陶瓷企业特别是中小陶瓷企业应积极利用 Internet 开展陶瓷产品的营销，拓展海内外客源渠道，勇于实践，大胆创新，谁能抢得先机，谁就能在未来市场中占据主动。

本单元实训

选取一个有代表性的网站，对网站状况与主要竞争者进行比较分析，采用常用的市场调研方法收集与该网站经营相关的信息，对网站进行分析评价，根据分析结果制定网站的网络营销策略，并撰写策划方案。

本单元习题

1. 结合本单元的案例分析，分析网络客户服务的策略。

2. 你认为网上营销存在的最大障碍是什么？

3. 通过本单元的案例分析的学习，如果由你来规划设计一个销售家庭装饰用品的企业网站，你将采取哪些营销策略？

主要参考文献

1. 张卫东主编:《网络营销理论与实务》, 电子工业出版社 2006 年版。

2. 刘茂福主编:《网络营销理论与实务》, 清华大学出版社 2007 年版。

3. 吕英斌主编:《网络营销案例评析》, 清华大学出版社 2006 年版。

4. 胡国胜主编:《网络营销与安全》, 清华大学出版社 2007 年版。

5. 胡国胜主编:《网络营销与安全实训指导》, 清华大学出版社 2007 年版。

6. 屈云波主编:《网络营销》, 企业管理出版社 1999 年版。

7. 黄敏学主编:《网络营销》, 武汉大学出版社 2000 年版。

8. 赵乃真主编:《网络营销》, 中国劳动社会保障出版社 2003 年版。

9. 史达主编:《网络营销》, 东北财经大学出版社 2006 年版。

10. 曲学军主编:《网络营销》, 大连理工大学出版社 2003 年版。

主要参考网址

1. http://www.tinlu.com (中国网络营销网)

2. http://www.ziiy.com (中国网络营销联盟)

3. http://www.yingxiaocn.com (营销中国)

4. http://www.marketingbbs.cn (中国市场营销论坛)

5. http://www.ecm.com.cn (中国市场营销网)

6. http://www.searchfrontier.cn (网拓前沿)

7. http://www.kookla.cn (酷拉网络营销)

8. http://www.tinlu.com/n3140c46.aspx (中国网络营销网)